Railway

铁路工程项目施工策划编制指南

主　编　邓旭刚　庞洪贤
副主编　付道兴　郭　光
　　　　丁建平　张占敏

东南大学出版社
SOUTHEAST UNIVERSITY PRESS
·南京·

内 容 提 要

本文依据铁路工程项目的普遍特点,结合具体铁路项目,建立项目管理策划模型,以指南的形式,按照费用最终归集的顺序,从项目组织、商务策划、财税管理、文宣工作等方面较为全面地介绍了铁路工程项目策划的内容及编制方法。本书力求将管理原理融于具体的工作中,内容丰富,贴近现场,实用性强,可供广大铁路项目管理人员作为工作手册直接使用,也可供相关项目管理研究人员参考。

图书在版编目(CIP)数据

铁路工程项目施工策划编制指南 / 邓旭刚,庞洪贤主编. —南京:东南大学出版社,2022.11
 ISBN 978-7-5766-0290-6

Ⅰ.①铁… Ⅱ.①邓… ②庞… Ⅲ.①铁路工程－工程施工——指南 Ⅳ.①U215-62

中国版本图书馆 CIP 数据核字(2022)第 200878 号

责任编辑:曹胜玫　责任校对:韩小亮　封面设计:余武莉　责任印制:周荣虎

铁路工程项目施工策划编制指南
Tielu Gongcheng Xiangmu Shigong Cehua Bianzhi Zhinan

主　　编	邓旭刚　庞洪贤
出版发行	东南大学出版社
社　　址	南京市四牌楼 2 号(邮编:210096　电话:025-83793330)
网　　址	http://www.seupress.com
电子邮箱	press@seupress.com
经　　销	全国各地新华书店
印　　刷	江苏凤凰数码印务有限公司
开　　本	787mm×1092mm　1/16
印　　张	20.5
字　　数	461 千字
版　　次	2022 年 11 月第 1 版
印　　次	2022 年 11 月第 1 次印刷
书　　号	ISBN 978-7-5766-0290-6
定　　价	68.00 元

本社图书若有印装质量问题,请直接与营销部联系,电话:025-83791830。

序

改革开放以来,我国铁路建设和铁路交通得到了快速发展,铁路的运营里程从1978年的5.17万公里发展到2021年的15.07万公里,电气化铁路也从1978年的0.1万公里发展到2021年的10.63万公里。随着我国国内统一大市场的建设和国内国际双循环的构建,铁路作为国民经济的大动脉和大众化的交通工具,其发展不仅有力促进了国民经济的发展,而且其社会价值和社会效益也日渐突出。

铁路项目建设是一项复杂庞大的系统工程,新时期的铁路,尤其是高速铁路,具有运行速度快、技术标准高、系统集成度高的特点,各子系统间既成体系,又互相关联,对项目建设管理提出了很高的要求。

管理是使事物的发展从无序走向有序、从低级走向高级、从自发走向自觉,从分散孤立的思想和方法走向综合统一的科学体系,而项目管理策划是整个项目管理的思想和灵魂,对整个项目管理具有战略性的指导意义,项目策划的好坏,是项目成败的关键。

本文的编著者们都是扎根施工一线的高级管理人员,他们在积累了数十年的施工管理理论研究和实践经验的基础上,结合我国铁路工程项目的特点和实际,运用科学的管理方法和理论,介绍了铁路工程项目管理体系,对项目管理工作、商务管理、财务管理及文宣工作等四个模块展开了深入分析和探讨,在一定程度上展现了现阶段我国项目管理上的诸多先进理念和特点,体现了我国工程管理人员在工程项目管理自主创新道路上的积极探索。

本书所总结的方法、经验和措施,不仅对铁路工程具有实际指导意义,也值得其他类别工程技术管理人员参考和借鉴。

本书主编邓旭刚是中铁北京工程局盐城至南通高铁的指挥长,曾经是我初为大学教师时相处三年的学生,看到他送来的新书《铁路工程项目策划编制指南》样稿十分高兴,特为序。

刘庆宽

2022 年 10 月

刘庆宽,京都大学博士,石家庄铁道大学教授,博士生导师,桥梁与结构风工程学术带头人,河北省政协委员,河北省科协常委。

前言

我国幅员辽阔,铁路作为重要的交通枢纽,是国民经济大动脉、关键基础设施和重大民生工程,在我国经济社会发展中的地位和作用至关重要。而铁路建设工程是一个大的系统工程,线长点多,一般分为站前站后工程或分成土建和"四电"工程。它除了一般建筑工程特点外,还具有结构形态特殊、涉及专业广、技术难度高、工程质量要求标准高、工程规模投资规模大、工期长、风险因素多,以及参建单位多、过程监管部门多、结算参与部门多、项目管理信息量大等特点。同时,随着市场竞争的日益激烈,工程利润越来越低,如何在确保工程质量、安全、工期和合同履约的前提下实现工程利润最大化是每个施工企业追求的目标。为了达到工程建设标准,协调建设参与各方的管理行为,满足建设参与各方的需求,从系统管理的角度出发,有必要在项目实施前,进行系统的全过程全要素策划。

工程项目策划就是通过现场调查和资料收集,在充分拥有信息的基础上,对项目管理内容进行科学有效的任务分解,对项目管理目标进行细化和明确,对施工全过程进行全面模拟,为项目顺利实施提供最佳的行动方案,以合理配置资源、规避管理风险,使工程项目施工安全、质量、进度、效益、环保、技术创新等管理全程受控,从而实现项目预期目标。

由于在建设工程项目实施过程中,各影响因素会发生一定程度的变化,针对各项影响因素做好预防和分析工作,能够最大限度地降低建设工程项目施工中存在的一系列质量隐患、技术隐患、经济隐患和安全隐患的概率,进而推进建设工程项目施工朝向科学性、安全性、稳定性方向发展。另外,科学合理的建设工程项目前期策划能够有效地保障工程项目的社会效益和经济效益的最大化,因此,做好建设工程项目前期策划工作具有十分重要的现实意义。

尽管项目策划对促进施工管理的规范化、精细化大有益处,然而,科学严谨、周密可行、便于实施的项目策划并非易事,而如何充分发挥策划对实践的指导与管控作用,保证项目策划能落地也不是件轻而易举的事。本书结合编者多年的工程实践,从项目现场组织管理、项目商务策划、项目财税管理、文宣工作等四个方面并结合具体某铁路项目,详细地介绍了铁路项目策划的组织、程序、内容及成果,并简要分析了项目策划在工程成本控制、实现工程利润最大化方面的重要作用。在撰写过程中,本书以指导现场施工为目的,力求在内容上贴近现场实际,将管理的原理融于具体的管理行为中。本书分上下两篇,共三十五章,由中铁北京工程局邓旭刚、中铁北京工程局庞洪贤担任主编,负责总体策划和定稿,南京长江隧道付道兴、中铁十八局集团郭光、中铁北京工程局丁建平、中铁北京工程局张占敏担任副主编。

在本书的撰写过程中,得到了中铁北京工程局盐通铁路工程指挥部同仁的支持,东南大学出版社曹胜玫、杨光等编辑对本书提出了一些宝贵意见,在此一并表示感谢。

邓旭刚

2022 年 9 月

目录

上篇 基础理论

第一部分 铁路项目施工管理策划实施背景 …………… 003
第1章 建筑业发展背景 …………………………… 003
1.1 建筑业改革与发展形势 ……………………… 003
1.2 建筑业企业改革及发展形势 ………………… 005
第2章 国内外项目施工管理策划的发展历史及现状 … 006
2.1 国外项目施工管理策划的发展历程 ………… 006
2.2 国内项目施工管理策划的发展历程 ………… 007
2.3 建筑业项目施工管理策划的发展现状 ……… 008
第3章 项目施工管理策划的作用 ………………… 010

第二部分 项目施工管理策划影响因素 ……………… 012
第4章 项目施工管理策划的相关方关注度影响 … 012
4.1 项目利益相关方 ……………………………… 012
4.2 项目利益相关方的关注程度 ………………… 013
4.3 利益相关方关注度对项目策划的影响 ……… 014
4.4 项目经理部与企业法人的关注度偏差 ……… 015
4.5 项目施工管理策划的执行问题 ……………… 017
第5章 项目施工管理策划的外部环境影响因素及解决对策
　………………………………………………… 018
5.1 影响因素 ……………………………………… 018
5.2 解决对策 ……………………………………… 018

第三部分 铁路项目施工管理策划模型设计 ………… 020
第6章 铁路项目施工管理策划模型结构 ………… 020
6.1 项目施工管理策划的总体思想 ……………… 020
6.2 项目管理要素 ………………………………… 020
6.3 项目目标管理 ………………………………… 021

6.4 项目施工管理策划的依据 ………………………………………………… 022
6.5 项目策划的内容 …………………………………………………………… 022
6.6 项目施工管理计划 ………………………………………………………… 023

第7章 铁路项目施工管理策划的模型设计 ………………………………… 023
7.1 项目策划的主要活动 ……………………………………………………… 023
7.2 公司部门和项目经理部在项目策划中的工作职责 …………………… 024
7.3 以费用归集为分析核心的策划一般流程 ……………………………… 025

下篇 策划应用

第四部分 铁路工程项目分析 …………………………………………… 030

第8章 项目概况 …………………………………………………………… 030
8.1 工程简介 …………………………………………………………………… 030
8.2 工程数量 …………………………………………………………………… 031
8.3 技术环境 …………………………………………………………………… 032
8.4 周边环境 …………………………………………………………………… 033
8.5 管理环境(包括合同环境及管理关系) ………………………………… 036
8.6 作业环境 …………………………………………………………………… 037
8.7 工程特点及重难点分析 …………………………………………………… 037

第9章 项目目标 …………………………………………………………… 038
9.1 工期目标 …………………………………………………………………… 038
9.2 质量目标 …………………………………………………………………… 038
9.3 创优目标 …………………………………………………………………… 039
9.4 安全、环水保、职业健康、社会稳定、文明施工目标 ………………… 039
9.5 信用评价目标 ……………………………………………………………… 040
9.6 主要经济技术指标 ………………………………………………………… 041

第五部分 项目管理工作策划 …………………………………………… 045

第10章 项目的组织管理 ………………………………………………… 045
10.1 项目管理模式 …………………………………………………………… 045
10.2 项目经理部的建立、运作、撤销 ……………………………………… 045

第11章 临时工程建设 …………………………………………………… 048
11.1 项目经理部、项目分部、架子队驻地建设 …………………………… 049
11.2 梁场建设 ………………………………………………………………… 052

11.3 轨道板场建设	053
11.4 试验室建设	054
11.5 拌和站建设	055
11.6 钢筋加工场及存放场	057
11.7 施工便道	057
11.8 取、弃土场	058
11.9 砂石料堆放场	058
11.10 辅助生产区建设方案	059
11.11 临水、临电、网络方案	059
11.12 临时雨污水排放及垃圾处理	060
11.13 工作网络、视频会议系统、监控系统、对讲系统	060
11.14 消防、治安、医疗卫生、环保布置	060
11.15 施工总平面布置	061
11.16 项目临建费用的管理规定	061
第12章 现场管理策划	**064**
12.1 总平面管理	064
12.2 施工区段划分	064
12.3 现场材料管理	065
12.4 现场机械设备管理	070
12.5 现场施工技术管理	074
12.6 工程测量管理	078
12.7 沉降观测管理	084
12.8 测量资料管理	085
12.9 现场文明施工管理	086
12.10 标准化管理	089
第13章 施工技术方案	**091**
13.1 施工组织设计编制层次划分	091
13.2 施工组织设计的管理程序	092
13.3 施工组织设计的编制	092
13.4 施工组织设计的分级及审批	096
13.5 备案制度	097
13.6 施工组织设计的实施及动态管理	097
第14章 科技创新管理	**098**
14.1 科技创新工作管理的范围	098

14.2 科技创新项目管理 …… 098
14.3 科技创新资金管理 …… 100
14.4 科技创新成果管理 …… 100

第15章 进度管理策划 …… 100
15.1 总体工期要求及主要节点目标 …… 100
15.2 项目工作任务分解 …… 101
15.3 检验批、分项工程工效分析 …… 101
15.4 进度计划系统 …… 104
15.5 关键线路 …… 117
15.6 月度、季度、年度产值计划安排 …… 117
15.7 影响工期重、难点分析 …… 117
15.8 实施项目进度计划 …… 117

第16章 采购管理 …… 122
16.1 劳务采购 …… 122
16.2 材料采购管理 …… 130
16.3 机械设备采购管理 …… 132
16.4 服务采购 …… 134

第17章 质量管理策划 …… 137
17.1 质量管理机构及职责 …… 137
17.2 质量管理责任制 …… 138
17.3 编制质量计划 …… 139
17.4 质量管理工作要点 …… 140
17.5 铁路项目质量管理工作内容 …… 141
17.6 工程质量事故处理 …… 158
17.7 工程质量检查与考核 …… 160

第18章 职业健康、安全、环境管理策划 …… 162
18.1 管理方针 …… 162
18.2 职业健康、安全、环境管理目标 …… 162
18.3 管理机构设置 …… 163
18.4 安全管理人员配置及要求 …… 163
18.5 安全保证体系 …… 163
18.6 安全生产责任制 …… 165
18.7 安全生产管理 …… 173
18.8 工程安全风险管理 …… 188

18.9	安全生产考核与奖惩	197
18.10	生产安全事故报告和处理	197
18.11	应急救援预案	200
18.12	安全生产专项费用使用方案	209

第19章 绿色施工科技示范工程管理 212

19.1	管理目标	212
19.2	创建职责	212
19.3	绿色施工科技示范工程创建基本要求	213
19.4	绿色施工评价指标	224

第20章 信用评价 227

20.1	信用评价目标	227
20.2	信用评价周期及方式	227
20.3	信用评价管理组织机构	227
20.4	信用评价工作计划	227

第21章 项目信息化管理策划 228

21.1	项目信息需求分析	228
21.2	项目信息收集	229
21.3	信息的加工、整理	229
21.4	信息的输出和反馈	229
21.5	信息化平台	231
21.6	信息化管理体系	231
21.7	网络信息硬件配置	232
21.8	组织与管理	232

第22章 项目风险管理 238

22.1	项目风险管理组织机构	238
22.2	全面风险控制管理工作流程	238
22.3	风险识别	239
22.4	风险评价	239
22.5	风险应对	240
22.6	全面风险管理的考核	240

第23章 项目沟通的管理 244

23.1	制定沟通与协调计划	244
23.2	沟通的内容	244
23.3	沟通方式	244

第24章 创新创优策划 244
- 24.1 组织机构建立 244
- 24.2 亮点打造策划 245
- 24.3 项目创新资金投入策划 245

第25章 项目收尾管理策划 246
- 25.1 收尾组织机构 246
- 25.2 公司职能部门主要职责 246
- 25.3 收尾项目的确认 247
- 25.4 收尾项目人员管理 247
- 25.5 收尾项目工程管理 247
- 25.6 收尾项目成本、费用(资金)管理 248
- 25.7 收尾项目竣工结算管理 248
- 25.8 物资管理 249
- 25.9 工程竣工验收管理 249
- 25.10 工程资料归档及移交管理 250
- 25.11 工程总结管理 250
- 25.12 项目经理部撤销管理 250
- 25.13 项目回访维修 251
- 25.14 项目收尾考核考评 251

第六部分 项目商务策划 252

第26章 合同管理策划 252
- 26.1 合同管理组织机构 252
- 26.2 合同管理分工 252
- 26.3 合同的审查与签订 253
- 26.4 合同管理 255
- 26.5 合同交底 255
- 26.6 合同备案 256
- 26.7 合同履行 256
- 26.8 合同的变更、中止、解除 257
- 26.9 合同纠纷的处理及基础资料 258
- 26.10 合同的奖惩 259

第27章 项目索赔管理 260
- 27.1 索赔管理组织机构 260
- 27.2 索赔管理各部门工作职责 261
- 27.3 变更索赔实施管理 262
- 27.4 变更索赔日常管理 264

| 27.5 反索赔 ··· 265
| 27.6 奖罚 ··· 267
| 第 28 章 成本管理策划 ··· 268
| 28.1 成本编制原则 ··· 268
| 28.2 预控成本策划 ··· 269
| 28.3 责任成本 ·· 274
| 28.4 二次责任预算 ··· 275
| 28.5 责任成本控制 ··· 278
| 28.6 责任成本的核算与分析 ··· 282

| 第七部分 财税管理策划 ··· 284
| 第 29 章 资金流策划 ··· 284
| 29.1 账户管理 ·· 284
| 29.2 资金集中 ·· 284
| 29.3 招标资信策划 ··· 284
| 29.4 供应链融资业务策划 ·· 284
| 29.5 现金流测算 ·· 284
| 第 30 章 税务策划 ·· 291
| 30.1 税务策划内容 ··· 291
| 30.2 各税种管理参考 ··· 291

| 第八部分 文宣工作策划 ··· 305
| 第 31 章 党群工作 ·· 305
| 31.1 项目党群组织机构设置 ··· 305
| 31.2 项目党群工作制度 ·· 305
| 31.3 党群工作目标 ··· 305
| 31.4 党群工作重要工作事项安排 ··· 306
| 第 32 章 企业文化建设 ··· 306
| 32.1 精神文化 ·· 306
| 32.2 行为文化 ·· 307
| 32.3 物质文化 ·· 307
| 32.4 项目宣传工作 ··· 308
| 第 33 章 廉政建设 ·· 309
| 第 34 章 共青团工作 ··· 309
| 第 35 章 工会工作重要工作事项 ··· 309

参考文献 ··· 312

上篇 基础理论

第一部分
铁路项目施工管理策划实施背景

第 1 章　建筑业发展背景

1.1　建筑业改革与发展形势

随着社会的发展、科技的进步和人类对居住环境的提高,促使建设项目从形式到内容都处于不断演变和发展中。周期短、规模大是目前建设工程项目的最新也是最显著的特征。

从国内建筑市场发展规模来看,中国建筑业大而不强(图 1.1～图 1.4)。

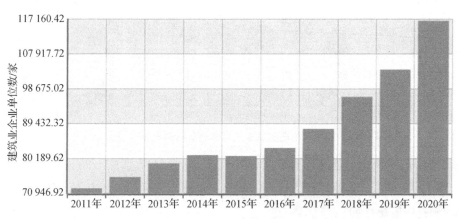

图 1.1　2011—2020 年中国建筑业企业单位数

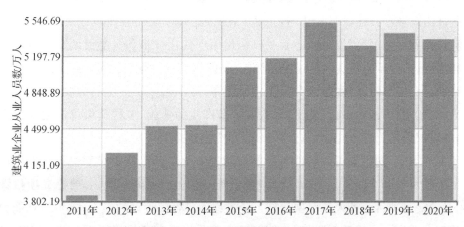

图 1.2　2011—2020 年中国建筑业企业从业人员数

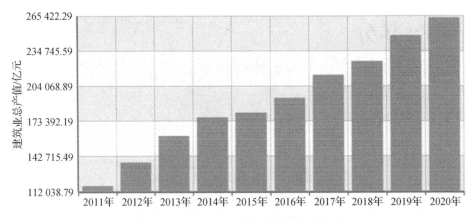

图 1.3　2011—2020 年中国建筑业总产值

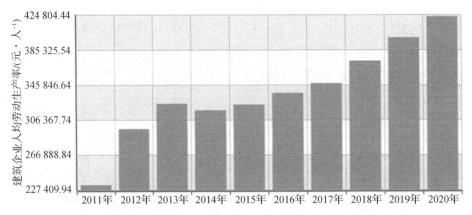

图 1.4　2011—2020 年按建筑业总产值计算的建筑业企业劳动生产率

2021 年中国建筑业企业共计 128 746 家,建筑业从业人员累计 5 283 万人,建筑业总产值 293 079 亿元,按照建筑业总产值计算的建筑业企业人均劳动生产率 473 191 元/人。(以上数据均来自国家统计局)

从国内外建筑市场环境变化看,投资人和工程承包单位两大主体不同程度地受到了市场环境的冲击。在项目建设过程中,投资人(或投资主体)面临着比过去更复杂的技术、经济、市场、法律和管理问题,急需社会专业机构运用现代化技术和科学管理知识以及长期积累的经验,为其提供全方位、多层次、宽领域的工程建设全过程项目管理服务,从而保证建设质量、节约投资并提高投资效益。对于工程承包单位,项目施工产生的利润空间越来越小,效益越来越低。为了减少设计、施工、采购等环节产生的费用,工程承包单位更多采用了工程、项目的模式承揽工程承包业务,这样既能为投资方提供全面的项目全过程经营管理,以满足投资方的需求,同时也可以保证自身效益的最大化。但这就要求工程承包单位具备较高的项目管理水平和全面策划能力。大型建筑施工企业已逐渐意识到,要提高项目管理水平,首先必须提高项目管理人员对项目施工全过程项目管理策划的能力,这种策划能力不仅是建筑施工企业进入项目管理市场的敲门砖,也将是实现工程全过程项目施工管理目标的重要途径。

从建筑业产业发展形势来看,从 2014 年开始,住房和城乡建设部便拉开了建筑业全面深化改革大幕。2017 年,国务院办公厅印发了《关于促进建筑业持续健康发展的意见》,肯定了建筑业支柱性产业地位,并对建筑业改革进行顶层设计,从 7 个方面提出了 20 条具体措施。未来"中国建造"将与"中国创造""中国制造"共同发力,继续改变中国面貌;建筑业改革仍将继续深化,国家和建设单位主管部门将在深化建筑业简政放权改革、完善工程建设组织模式、加强工程质量安全管理、优化建筑市场环境、提高从业人员素质、推进建筑业产业现代化、加快建筑企业"走出去"等方面继续加大改革力度。

当前,云计算、大数据、物联网、移动互联网、人工智能等新一代信息技术的发展,正加速推进全球产业分工深化和经济结构调整,重塑全球经济竞争格局。建筑业的深化改革与科技跨越形成了同步推进、高度叠加的态势,建筑业借助以云计算、大数据、物联网、移动互联网、人工智能等为代表的新一代数字技术,培育和发展一批领军企业,打造"中国建造"标杆;把握数字化、网络化、智能化融合发展的契机,以信息化、智能化为杠杆,培育新功能;推进数字技术与建筑业的融合发展,深度重构建筑产业模式、企业形态和价值链分工,推动行业加快转型升级步伐并向高质量发展迈进。

1.2 建筑业企业改革及发展形势

建筑领域承包和发包方式正在发生深刻的变革,促使利润重心转移。单一以设计或施工为主的企业竞争压力加大,难以为继。同时由于竞争加剧,单纯的工程施工业务利润逐渐降低,承包商的业务开始朝着项目的前期和下游发展,利润重心向产业链前端、后端和项目管理转移。这对施工企业工程管理能力、设计技术的创新能力,以及工程项目施工管理策划水平提出了更高的要求。按照国际惯例,转型升级、拓展功能,实现以设计、施工一体化为核心,对项目建设全过程服务的工程管理已是大势所趋,建筑企业的组织形式基本形成以企业为核心,以专业承包公司和施工公司为主要施工组织者,以大量劳务分包企业为基础的塔形结构。此外,带资承包成为普遍现象。除少数国家的政府项目外,多数项目都需要承包商以不同形式带资承包。据专家初步估算,带资承包项目约占国际工程承包市场的 65%,这对建筑施工企业的融资能力提出了更高的要求。

从传统项目管理对实现项目目标的作用来看,由于传统的项目施工管理不重视项目施工管理策划,以致在综合性大型项目的管理中经常会出现组织重叠、职责分工不明、计划制订针对性不强、目标管理能力低、工作内容不具体、信息不通畅、工程进度拖延等问题。如何提高项目施工管理水平、增强企业竞争,以及在保证目标的前提下,协调好进度、质量、安全和成本的关系,成为亟须解决的问题。

以往小项目大多忽视策划,目前项目数量越来越多,项目施工管理越来越复杂,影响因素更多,客观上对项目策划提出更高的要求。

风险管理能力比较弱,目标管理能力较低,导致公司项目管理经济效益低。

项目经理的策划意识淡薄,策划组织仓促,导致策划成果与实际偏差较大。

由于项目的前期策划不到位,影响在建项目的项目施工管理,进一步影响到后期工程的市场开拓。

要想解决以上问题,从项目管理本身而言,需要有一个规范化的策划程序作指导,以便于在项目策划过程中降低人员素质对策划文件质量的影响。同时进一步明确项目管理范围,确定项目要达到的目标,以及确定要达到目标所采取行动的原则、做法和时序,确定行动所需资源等,使这些策划内容有机地结合起来,通过提高项目施工管理策划水平来提升项目管理水平,全面实现项目科学性管理。

从企业管理层而言,需要对公司施工的行业特点、人员状况、发展阶段、企业文化等进行综合分析,制定项目策划的规范程序,指导项目策划全面、合理,兼顾公司和项目的实际,实现对施工进度、质量和项目成本的控制及安全、合同等的间接管理。通过提高项目的管理水平,达到提高企业竞争力的目的。

因此,实施工程项目施工管理策划,就可以在项目开始前以策划文件的形式很好地解决这些问题,并为成功实现项目管理提供方法和保证。工程项目施工管理策划不仅是执行层的工作指南,也是最高管理者和项目管理者度量项目绩效和监控项目的基准。管理者可以通过项目施工管理策划更好地控制项目成本,提高项目抗风险能力,从而提高企业的项目管理水平。

第 2 章　国内外项目施工管理策划的发展历史及现状

2.1　国外项目施工管理策划的发展历程

西方的现代策划是源于项目投资评价的。最早的项目投资评价起源于美国,早在 1936 年开发田纳西河流域时,美国国会提出的《控制洪水法案》议案中,就提出了将工程前期研究作为流域开发规划的重要阶段纳入开发程序,使工程建设得以顺利进行,取得了很好的综合开发效益。第二次世界大战后,战争刺激了经济的发展,以美国为首的西方国家进入了一个经济高速发展的黄金期,科学技术、经济管理科学以及世界经济一体化的发展,为项目策划提供了广阔的天地。

发达国家的项目策划在 20 世纪七八十年代后进入了成熟期。在理论和实际操作上,美国的策划业首屈一指。目前,在国外一些发达国家,社会化、专业化的项目的服务已成为成熟的产业,项目管理公司可受投资主体委托从事工程建设前期阶段的分析(投资机会分析、建设项目建议书、可行性研究等)、工程建设准备、工程勘察设计、工程施工监理竣工验收、投资后评价等各阶段的咨询管理工作,所以在国外综合型的咨询机构已经比较成熟,并能够提供高质量全过程的项目管理服务,对整个管理成果承担责任,这些工程咨询企业具备全面的工程管理和控制的能力,可以承担全方位的专业技术服务,市场竞争力强,并具有较强的全过程项目管理策划能力。

2.2 国内项目施工管理策划的发展历程

我国的建筑业工程项目管理模式大体上从筹建处开始,经历了指挥部负责制、项目经理部负责制,再到项目法人负责制的历史变迁。

新中国建国初期,百业待兴,为了尽快改善人民群众的生活水平,提高社会生产力,国家鼓励各单位自行设计、组织施工,进行工程建设。当时国家没有统一的设计规范,更没有标准化的管理模式;"一五"计划期间,随着经济形势的好转和工程项目的增多,原有的工程管理办法已经不能适应建设需求,为了加快施工效率,提高施工水平,国家开始组建筹建处,作为工程项目的建设单位;"大跃进"时期,我国借鉴苏联模式,开始成立设计和施工单位。但是,随着工程建设投资规模的急剧膨胀,工程项目数量的急剧增加,项目的技术难度急剧增大,建设方、设计方和施工方的矛盾也逐渐加深。为了解决上述问题,协调各方利益关系,保证重要工程项目建设进度,20 世纪 70 年代,我国产生了由地方主管部门、建设方、设计方、施工方等不同单位人员组成的工程指挥部。

20 世纪 80 年代后期,随着鲁布革工程项目管理经验的推广,我国的工程项目管理在积极借鉴国外先进经验的基础上,提出"项目法施工"概念,并在工程建设中实行项目经理部负责制。在工程建设全过程中,项目经理部负责实施并参与管理工作。为了提高投资效益,明确工程项目的责任主体、责任范围、目标和权益,建立更加有效的项目管理约束机制,在总结前期工程管理模式不足和借鉴国外优秀工程管理经验的基础上,1993 年 11 月通过的《中共中央关于建立社会主义市场经济体制若干问题的决定》中提出法人投资责任制,即项目法人责任制。1996 年国家计委制定并颁布《关于实行建设项目法人责任制的暂行规定》,项目法人责任制明确了工程建设中企业法人的主体和责任地位,奠定了目前主流工程管理模式的基础。2016 年住建部印发《关于进一步推进工程总承包发展的若干意见》,明确提出"深化建设项目组织实施方式改革,推广工程总承包制"。2017 年国务院办公厅发布《关于促进建筑业持续健康发展的意见》,将"加快推行工程总承包"作为建筑业改革发展的重点之一。工程企业按照合同约定,承担工程项目的设计、采购、施工、试运行服务等工作,并对承包工程的质量、安全、工期、造价全面负责。对于 EPC 项目(设计、采购、施工)而言,"E"不单纯是设计牵头,而是包含策划、整合、协同的内涵,是做好 EPC 的关键。采用 EPC 工程模式,施工单位可以根据工程要求和自身的施工水平、施工经验、管理水平等编制施工图。如此,施工单位在保证工程质量的前提下,可以加快施工进度,有效降低施工成本,节省资源。

随着中国经济的持续快速发展,中国在全球经济和政治格局中地位的不断提升,中国模式、中国经验也在全世界备受关注。同时,工程需求和工程管理目标也趋于多样化,工程项目也呈现出一些新特征,比如:项目规模和数量不断增大,所需投资额越来越大;项目复杂程度越来越高,所需技术也越来越复杂。这些新特征增加了工程管理的难度,因此,探索新型建筑业工程管理模式是建筑企业面临的一个重要任务。"项目法人责任制 + 项目经理责任制"的"双加强、双管控模式"是当前和今后工程项目管理模式发展的一个方向。

基于项目法人负责制、以项目目标责任制为基本特征的项目管理模式,无论是"大公司小项目""小公司大项目",还是"模拟股份制",都基本适应了传统的施工模式。随着工程模式的推进和发展,工程项目的基本目标、主要风险和创造价值的方式发生了根本性变化,建筑业应当探索新的工程项目管理模式。

对于项目策划,我国从 20 世纪 70 年代开始进行项目投资评价理论和方法的研究,真正的策划业出现得却较晚,甚至在 90 年代初、中期,人们对专业的策划了解也不多。但是我国的策划公司还是在这种氛围中应运而生,并发展起来。

从 20 世纪 80 年代开始,我国出现了专业的工程咨询公司,主要是接受投资主题委托进行项目前期的管理工作,而工程实施过程中的管理主要由监理公司承揽。近年来,随着我国社会主义市场经济的发展和建设投资主体的多元化,建设工程项目总体规模不断扩大,传统建设管理模式在很大程度上已经不能满足实际需要,专业的项目管理公司应运而生,其中一些项目管理公司可以承担项目的全过程管理(PMC)。但国内的工程建设全过程管理项目质量与国际水平相比还存在着较大的差距,国内更多的咨询公司也只是承担一些阶段性的工作,全过程项目管理尚未普遍开展,还缺乏提供全面工程管理和技术服务的专业能力,工程咨询人员还缺少项目统筹管理、经济、商务、法律方面的系统知识和综合管理能力,导致在项目总体策划、全过程管理、市场调查、经济评价、风险分析等方面能力的不足,影响到项目管理的科学性,且影响到项目管理目标的最优实现。

目前,我国的策划建设单位主要有以下流派:① 从建筑设计的需要出发,对设计的前提进行研究,其代表是清华大学庄惟敏教授提出的"建筑策划";② 从项目管理出发,对项目策划进行研究,由于受狭义项目管理概念的影响,再加上国内现阶段的项目管理研究者普遍建筑学基础薄弱,所研究的策划更多地侧重于项目实施策划;③ 从房地产营销的角度出发,对房地产项目进行策划,其重点在于房地产的营销策划,目前在市场中较为普遍的正是这一类策划;④ 从物业管理的角度,通过物业管理的提前介入,对项目开发提出条件,也称物业策划及战略性物业,这以新加坡和中国香港地区的房地产及物业代理咨询机构在我国内地的活动为代表。以上几种流派都提供了市场所需要的项目开发前期的某方面的服务,但都不是很全面和完善。综上所述,项目策划主要具有以下特征:① 项目决策阶段的一项咨询工作;② 它不仅仅是创意,而且是包含了一整套系统的工作内容;③ 策划工作需要多学科参与;④ 策划需要科学的工作方法。

2.3　建筑业项目施工管理策划的发展现状

随着国外项目管理水平和策划能力的提高,国内项目策划虽然有了发展,但策划水平与国外还存在一定的差距。项目策划的种类很多，国内各行业策划水平参差不齐，建筑施工企业的整体项目管理及策划水平远远落后于国外先进的建筑企业，也落后于我国其他行业，如信息产业、制造业等，而一些所谓的建筑项目管理仍停留在简单的模仿水平上，并没有充分领会和消化国外项目管理的精髓，在实施上还有很多亟待改进创新的地方。由于施工企业对项目施工管理及策划的内容了解不清晰，导致在管理的范围上模糊，对管理的目标不明确，造成工程项目管理上的混乱和失误，影响了项目管理水平的提升。尤其是在如今建筑市场竞争日益激烈的形势下，制约着企业的更大发展，降低了企业竞争力，更无法真正实现与国际建筑市场接轨。

首先，对建设工程项目前期策划的重要性认识不足，未能深刻理解项目策划的理念，在具体项目与施工中也未能充分发挥项目前期策划的重要作用，反而过于关注工程项目的成本和技术问题，他们往往认为诸如二次经营策划、施工过程策划、资金节点策划、劳务队伍策划等在过程中不具有指导意义。对工程策划的意识不足，导致在具体施工中出现了过多权益应变问题，阻碍了施工的正常进行，整个项目陷入了失控状态。

其次，工程项目策划机构不健全。一般情况下，工程项目策划机构主要负责安全质量防范、技术可行性分析、工程项目成本策划一级施工管理模式等方面的内容，工程项目机构需要有完善的项目策划管理制度做保障，以不断提高工程项目前期策划的水平。然而，工程项目策划机构存在着服务能力不强、策划人员流动性较大、策划专业知识和前期施工经验欠缺、项目策划能力不强等方面的问题，工程项目所涉及的内容繁多，前期策划人员还有其他工作，匆忙中所做的前期策划总会存在瑕疵。甚至一些企业不重视项目策划，在确认项目经理的责任成本目标时，采用"合同减去几个点"的简单方式，而不是去做准确的测算；对项目经理交底时，仅仅把合同中关于竣工时间、合同价格、质量等级等合同文本中非常明确的条款重述一遍，而不是详细地交代投标策略、投标时的成本测算、合同风险条款和其他重点条款、影响工程价格的重点问题、合同价款的调整方式、不平衡报价的内容、投标时承诺的技术经济措施等；当建设单位提出违背合同约定或者国家有关规定时，片面理解"顾客满意"，言听计从，缺少相应的应对措施。

最后，工程项目策划准备工作不充分。一般情况下，在制定建设工程项目前期策划时，需要到现场调研，通过与现场工作人员沟通的方式来掌握工程概况等，然后根据这些信息来编制项目策划书。然而所编制的项目策划书往往不具有指导性。项目策划书的编制正常流程应该是到现场调查水文地质、工程所处环境、工程量等施工条件，然后在遵循当地政策的基础上，对市场资源情况如监理、设计、建设单位、索赔条款、单价水平、合同类型等基本信息做全面了解，并以此为依据编制建设工程项目前期策划书，这对现场施工管理具有指导性。

目前，建筑施工企业还没有项目施工管理策划统一标准。在住建部颁布的《建设工程项目管理规范》(GB/T 50326—2017)和《建设项目工程总承包管理规范》(GB/T 50358—2017)中，虽然对项目管理策划大纲和项目管理实施策划内容做了部分规定，但对建设工程项目管理规划的内容所涉及的范围和深度,在理论上和工程实践中并没有统一的规定,而应视项目的特点而定。由于项目实施过程中主客观条件的变化是绝对的,不变则是相对的,在项目进展过程中平衡是暂时的,不平衡是永恒的,因此,建设工程项目管理规划必须随着情况的变化而进行动态调整。对建筑施工企业而言,解决项目施工管理策划问题已迫在眉睫。

总之,对建设工程项目前期策划工作的重要性认识不足,工程项目策划机构不健全及工程项目策划准备工作不充分是建设项目前期策划中存在的三个主要问题,需要在今后的工作中予以重视。

第 3 章　项目施工管理策划的作用

从项目施工管理的经验来看,项目施工管理成功的关键就在于首先要搞清楚项目所有人的期望是什么,项目交付成果必须达到什么样的水平才能使投资人(投资主体)满意。项目施工管理是在规定时间及批准的费用内,交付符合技术性能规范要求的成果,由于项目的一次性特点,项目施工管理的任何策划失误都有可能带来难以挽回的损失。因此项目施工管理策划作为项目施工管理的方法和手段对项目施工全过程的阶段来说都是至关重要的。

所谓的建设工程项目施工管理策划是指建设工程项目施工前,通过资料收集、工程调查,针对项目本身特点,对项目管理目标、管理方法、管理措施和管理手段进行科学分析和论证,以确保建设工程项目朝着正确的方向发展。项目施工管理策划既是提高项目管理水平、实现顾客满意的一种重要方法和手段,也是建设单位以此全过程跟踪、检查项目管理服务承诺的依据之一。因此项目施工管理策划研究对建筑施工企业发展有重大的意义。

(1) 提高项目策划水平和项目的管理水平。项目施工管理策划明确了组织的项目决策、项目目标。项目管理团队通过项目施工管理策划来管理项目,使模糊的项目概念变得清晰明确,解决了项目管理团队要做什么、怎么做、由谁做、何时做的问题。本文主要研究解决如何控制及协调好进度、质量、成本的关系,能够实现项目管理目标和经济效益,提高项目策划水平和项目管理的水平,促进建筑企业项目施工管理的规范化和科学化。

(2) 使企业管理层真正树立"低成本竞争,高品质管理"的经营理念,加强对项目的过程监控管理和考核管理,增强企业竞争力。项目施工管理策划不仅是执行层的工作指南,也是高层管理者和项目管理层度量项目绩效和监控项目的基准,通过研究可使管理层更有效地控制项目成本,提高项目的施工质量,最优实现项目目标。

(3) 提高企业抗风险能力和自身适应市场的能力,加速建筑企业与国际同行业的接轨。

(4) 建筑施工企业的管理逐步向规范化、精细化转变,项目施工管理策划是提高管理水平的必然选择和有效手段。

从其他行业对项目施工管理策划的实践来看,工程项目施工管理策划在提高施工管理的计划性、预见性和规避管理风险、制定管理措施、实现项目目标、合理调配资源、提高经济效益等方面能起到良好的效果。

项目策划是项目依法合规管理的基础,是项目管理的重要依据,它既是项目成功的重要保证,又是提升企业盈利水平的有效途径。工程的项目策划过程是专家知识的组织和集成,以及信息的组织和集成的过程,其实质是知识管理的过程,即通过知识的编写、组合和整理,从而形成新的知识。

项目策划是一种具有建设性和逻辑性思维的过程,在此过程中,其目的是把所有可能影响决策的决定总结起来,对未来起到指导和控制作用,最终达到方案目标。它以具体活动为对象,体现出功利性、社会性、创造性、时效性和超前性等特征。工程项目策划就是为实现目标而做的详细工作计划,制定方案、编制计划、实现预期目标。它的作用包括:

(1)明确项目系统框架;

(2)明确项目管理的方向,明晰各项管理目标;

(3)促进项目的相关管理工作规范化、系统化、标准化;

(4)有效控制项目的各项管理工作,确保过程的质量,以最低的成本实现项目目标;

(5)为项目实施计划的制定提供指导和依据。

第二部分
项目施工管理策划影响因素

为进一步发现项目施工管理策划存在的问题,找到相应的解决措施,我们从下列几方面进行项目施工管理策划影响因素的分析。

第4章 项目施工管理策划的相关方关注度影响

4.1 项目利益相关方

为了保证项目施工的顺利进行,在项目施工管理中,首先要识别出利益相关方中哪些因素会影响项目管理,并确定利益相关方对项目成功的影响程度。通过利益相关方图这种简单的方法可以快速地甄别出谁将影响项目、谁将受到项目的影响。项目利益相关方如图 4.1 所示。

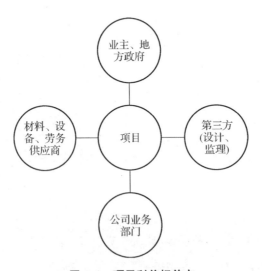

图 4.1 项目利益相关方

从图 4.1 可以看出,以项目为核心,线条延伸到各个利益相关集团、子集团和个人。从项目延伸出去的每一条线都不断细化,直到细化到组织中的每个人。识别利益相关方是一个持续性的过程。识别利益相关方,并理解他们对项目的影响力,这是至关重要的。如果这项工作没有做好,将可能导致项目工期延长或成本显著提高。例如,如果没有及时将法律部门作为重要的利益相关方,就会导致因重新考虑法律要求而造成工期延误或费用增加。利益相关方既可能看到项目的积极结果,也可能看到项目的消极结果。有些利益相关方会受益于一个成功的项目,而另一些利益相关方则会看到项目成功给他们带来的负面影响。对项目抱有积极期望的利益相关方,可通过帮助项目取得成功来实现自己的最大利益;而消极利益相关方则会通过阻碍项目的进展来保护自己的利益。忽视消极利益相关方,会提高项目失败的可能性。项目经理的重要职责之一就是管理利益相关方的期望并平衡利益相关方的不同利益,并确保项目团队以专业和合作的方式与利益相关方打交道。

我们可以通过利益相关方坐标图来对利益相关方关注度进行分析。利益相关方关注度坐标如图4.2所示。

图4.2　利益相关方关注度坐标

通过这个坐标系,可以根据利益相关方的"力量"和"支持度"对他们进行分类,还可以确定谁应该参与管理项目。

位于坐标轴上半部分的人是项目监控组的候选人。人们很自然地会注意到促进者,而邀请"项目威胁者"参与项目管理是个很不错的选择。这样,他们关心的问题会得到更有效的解决,并且也会更愿意看到项目的利益,从而由坐标轴的左边移到右边。位于坐标轴下半部分的质疑者和支持者,他们的力量和影响有限,他们不是项目的管理者,对项目几乎没有大的影响。但是,他们可以成为项目的参与者。随着个人力量的增减,这些观点会发生变化。而且,随着支持者和质疑者数量的增加,他们的力量和影响也会增大。虽然他们对项目组织结构没有直接影响,但是组织也应该经常关注坐标系的变化。

4.2　项目利益相关方的关注程度

项目利益相关方的框架是基于合同分解结构形成的,并随着项目的进展逐步到位。相关者利益直接关系着他们对项目管理影响程度,而且随着项目阶段的变化,影响的程度也在发生变化。通过对项目利益相关方的分析,可以得出项目施工管理单位项目利益相关方示意图,如图4.3所示。

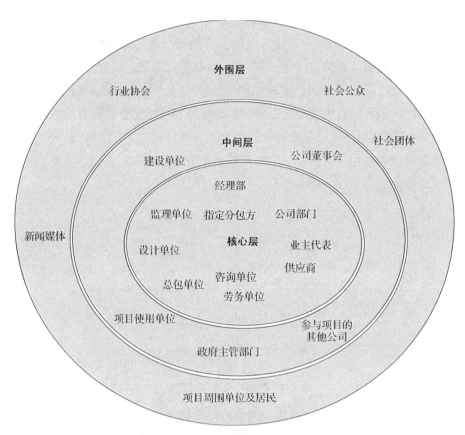

图 4.3 项目利益相关方示意图

对于建筑施工企业,按照相关方的关注程度,可分为三个层次:核心层、中间层和外围层。核心层是指项目的主要管理和参与方,属于紧密层;中间层是项目的其他参与方和有关方;其他关系者归属于外围层。

从图 4.3 项目利益相关方示意图可以看出,该图中三个层次的利益相关方对项目的影响程度是不同的。

(1) 核心层是对项目负有直接责任的各方,属于紧密层,对项目的成败相关度大。核心层主要包括本公司的项目经理部、本公司的主管部门、建设方代表、建筑设计单位、监理单位、分部、建设单位指定分包方等。

(2) 中间层的数量最多,对项目的成败有一定的作用。例如公司董事会、建设单位、律师事务所、项目使用单位、政府主管部门、参与项目的其他公司等。

(3) 外围层与项目相关度较小,但也不能忽略。包括行业协会、社会公众、现场周围单位及居民、社会团体、新闻媒体等。

4.3 利益相关方关注度对项目策划的影响

随着项目的进展,利益相关方的相关度在发生变化。在项目施工管理前期,利益相关方影响较强,随着项目的顺利开展,其影响在逐渐减弱。所以在项目施工管理中要不断识别利益相关方的权重来指导对利益相关方的管理。只有有效地甄别出利益相关方关注度,才能更好地协调与相关方的关系,从而保证项目的目标实现。因此,在项目施工管理策划中要做好利益相关方关注度分析、协调与管理工作,这对项目的成败至关重要。

不仅利益相关方的关注程度影响项目策划,利益相关方的关注角度也同样会有很大程度的影响。通过对项目策划影响程度较大的利益相关方进行分析可知,利益相关方对项目的关注角度是不一致的,如表4.1所示。

表 4.1 利益相关方关注角度

利益相关方	进度	费用	质量	采购	安全
项目经理部	★	★	★	★	★
建设方代表	★	★	★	★	
本公司主管部门	★	★	★	★	★
设计单位			★	★	
施工总/分包单位	★	★	★	★	★
监理单位	★	★	★		★
项目使用单位	★		★	★	★

注:关注的用★表示。

由表4.1可知,项目经理部、本公司主管部门、施工总包/分包单位、监理单位都关注项目的质量、进度、安全、成本(费用)、材料的采购管理,但各方关注的程度又不同,例如对质量而言,项目使用单位只对项目质量的完成情况进行验收,而本项目经理部、施工总/分包单位既要对项目的质量过程进行控制,还要对项目质量的完成情况进行验收,并与建设单位进行交接;监理单位要对施工总包单位的质量控制进行监督管理;本公司主管部门对项目的质量进行协调管理。因此,在项目策划中,不仅要考虑利益相关方的关注程度的影响,也要考虑利益相关方的关注角度。

4.4 项目经理部与企业法人的关注度偏差

施工承包合同签订后,企业法人将按照合同要求和承诺进行履约。为了更好地对工程项目进行管理,企业法人将整个工程项目及与本工程项目有关的施工管理活动授权项目经理,包括对人、财、物的支配调动权及奖罚权。项目经理将代表企业法人全面履行合同要求和承诺,对本工程一切施工活动包括工期、质量、安全、成本、文明施工等全面负责并组织落实。企业的工程、技术、质量、安全、财务、预算等业务部门,对项目经理部提供人、财、物全方位支持,对项目的管理以服务为主,监督为辅。因此,企业法人与项目现场的管理关系,可以概括为"法人监督,部门协助,授权管理,全面负责"。由于项目经理部与企业法人在项目管理中的定位不同,项目与企业法人对项目的关注度存在差别,从而使项目与企业法人在项目策划问题上存在一定的偏差。通过其存在的偏差来分析项目策划影响因素,其原因主要有以下两点:

1)企业法人与项目目标定位错乱

由于项目经理部权限的约束,项目是以价值最大化为目标,但是,目前大部分项目经理部的目标定位与企业不一致,仅以本项目利益为目标。当项目同企业利益主体发生矛盾时,项目总想多截留一些利润,想方设法变成微型企业,成为企业中的"企业";项目人员本应自负盈亏,但他们借用成本转移利润,实际上是包盈不包亏;另外,项目虽是授权作业,但有些项目经理不是想要为企业多创利润,而是想分权管理,试图与企业法人争权。其结果就产生了偏差,企业法人关心的是经营成本、项目对企业形象的影响,因此要全面关注企业的利润目标、成本目标和创新目标;而项目经理部则只重视本工程的成本和费用,因此更关注的是本项目的成本目标、时间目标、质量目标、安全目标。因此企业只有对资金进行高度的集权化管理,行使融资、投资的权利和责任,才能使企业最大限度地获得价值。

2)项目对经营与管理的关系理解不到位

企业是利润中心,项目是成本中心,企业层次服务于项目层次,因为项目是生产力形成的地方,项目层次要服从于企业层次。因此,企业层次是市场竞争主体、合同履约主体和企业整体利润主体;项目层次是成本中心,负责单体工程项目的质量、工期、成本等管理。理解了这层关系,就能更好领会经营与管理的关系。

企业层次服务于项目层次,是指企业法人层面要把自己当作生产要素控制的第一层面,同时也是调配生产要素的第一层面,在占有、控制生产要素的基础上,面向项目需要,要充分发挥调配生产要素的作用。

项目层次服从于企业层次,就是指项目经理必须按照规范定位,而不能截留利润,固化机构,变成微型企业,与企业的主体地位和利益发生对抗。企业与项目是委托与被委托、授权与被授权的关系,这是不可错位的,项目经理在这一点上必须清醒。但有些项目经理却不能正确理解企业经营与项目管理的关系,常常把两者割裂开来。

对建筑企业来说,经营管理与项目管理更是密不可分的。两者的一致管理是为了企业能够自主经营、自我发展、自负盈亏,以积累求得发展。项目管理是企业经营管理的基础,而经营管理又是项目管理的前提和条件。只有把两者结合起来,才能把建筑企业的改革和发展更为全面、协调和可持续地推向前进,才能全面提高建筑企业的市场竞争力。

总之,在建筑企业项目管理活动中,企业法人是依托,项目是主体,部门是保证,经营是目的,管理是手段。为了消除项目与企业法人关注度的偏差,决定以项目经理部为项目施工管理策划的编制和执行主体,企业法人关注的不是单个项目的管理,而是项目总体策划水平以及项目策划的落实情况,以促进项目管理水平的提高。

4.5 项目施工管理策划的执行问题

项目的施工管理过程中,项目策划执行很难到位。通过分析主要存在以下几方面原因:

(1) 投标阶段的策划与实际出入较大。由于市场竞争的激烈和残酷,在投标过程中,应重点在投标文件的科学性和先进性上下功夫,项目组织机构的建立、施工设备的选择、施工方案的编制都不同程度地与实际存在差距,以致中标后无法按照投标文件组织施工,有的投入的设备和管理人员等与投标文件完全不同,造成项目施工管理的实际变更,投标方案的实施难度大,可操作性不强,这对项目实施计划的编制影响很大。

(2) 项目经理的策划意识淡薄,策划组织仓促,由于策划人员力量不足,策划成果与实际相差大。由于近些年国家基础建设加快,为了跟上不断加快的商业节奏,抓住稍纵即逝的市场机会,项目工期开始变得越来越短。致使各施工企业的在建项目不断增加,但企业管理力量的增强与产值规模又不相匹配,无法按照要求实施有效的项目施工管理策划,很多项目策划人员在数量上、素质上均不能满足要求,致使策划过程仓促,策划成果与实际差距较大,无法对项目的实施进行有效的指导。还有很多项目由于策划力量不足,没有进行系统规划,造成项目施工的"前松后紧、仓促赶工",从而加大了成本投入,影响企业的经济和社会效益。

(3) 编制项目策划的人员水平低,由于对项目管理范围模糊、管理目标不明确、风险管理能力比较弱等,致使策划与项目实际不一致,很难成为执行的依据。

(4) 由于建筑项目施工的复杂性,部分项目不可预见性较强,致使策划成果的指导性不强。这也是由于基础建设加快,很多工程项目的前期准备工作不充分,项目实施过程中变更过多、过大,项目策划时无法进行预测,造成策划对项目的实施指导性不强。

(5) 策划成果文件落实力度不够,也是影响策划效果的一个重要原因。受项目经理的施工经验、项目经理部的经济效益追求等方面因素的影响,部分项目经理部策划成果执行不坚决,习惯按照常规方法组织施工,影响了施工策划的效果。有的项目出于紧急方面的考虑,追求短期效益,舍不得投入新的技术革新,从而影响了施工策划的效果。

(6) 实施动态调整得不及时,影响了项目策划的文件效果。由于项目实施过程是不断变化的,需要及时调整和完善项目施工策划,以促使项目的有序实施。但由于策划与实施之间往往存在较大的差异,从而影响了策划的效果。

以上是从施工方角度分析影响项目策划的因素,另外,建设单位对项目施工管理策划也会产生很大的影响,主要有以下两方面的原因:

一方面由于建设单位与设计方面的原因,常常出现项目变更,直接影响了施工单位的项目施工管理策划,致使施工单位无法有效地进行项目施工管理策划,给实际执行带来了不必要的麻烦。不利的变更甚至还会影响项目经理部分目标或整体目标的实现。

另一方面,由于建设单位对项目的粗放式管理,造成无法准确预计投资成本金额,他们常常从自身利益出发,为了减少项目成本严重超支,延期签订施工合同;或由于设计不到位,推迟开工时间,致使施工单位无法结合项目实际准确地进行项目施工管理策划,而是边施工边策划,甚至是按实际发生情况进行策划,造成策划不及时,更谈不上严格执行。最终造成有些项目可交付成果与最初的设计相差甚远,导致项目管理失败。

第 5 章　项目施工管理策划的外部环境影响因素及解决对策

5.1　影响因素

项目策划的外部环境影响因素主要包括市场情况、竞争者情况、企业形象、地理条件、地域条件、社会条件、人文条件、景观条件、技术条件、经济条件,以及总体规划条件和城市设计等,概括起来项目策划的外部环境影响因素分为直接因素和间接因素。

直接因素是属于客观资料的条件,如地理条件、地域条件、总体规划条件和有关设计规范资料及特殊要求,它们大多数属于其相应部门和机构特别研究的范畴。

间接因素是属于研究型的条件,如经济条件、市场情况、竞争者情况、企业形象、人员构成、文化构成、年龄构成、职业构成、社会条件、配套设施、技术条件等,它们没有直接或明确的资料来源,需要项目策划人员进行调查研究和分析把握。

项目经理在进行项目策划时,如何开展对直接和间接外部影响因素的调查和把握是对上一步所确定的项目规模及性质进行印证和修改的客观依据,也为下一步把握项目内部条件提供方向和范围。

项目策划时的直接外部影响因素资料文件,是由外部条件研究成果文件构成。由于资料来源比较可靠,可以在项目策划时直接应用,无须再进行调查和研究。由于项目策划的间接影响因素存在不稳定性,因此项目策划人员必须将其与直接外部影响因素资料区别对待。

5.2　解决对策

通过以上项目施工管理策划相关研究可以看出,当施工单位承包项目后,进行有效的管理,必须要积极与建设单位沟通,详细了解项目情况,提前谋划,编制项目施工管理策划文件,制定相应的目标,并通过有效的控制来实现项目效益的最大化。针对以上项目施工管理策划影响因素分析发现的问题,可采取如下相应的对策:

(1) 做好新项目利益相关方的协调工作,把握主动权,及时准确地制定项目管理策划文本。

(2) 各层思想上要重视。特别是决策层和管理层,要切实认识到策划的必要性和重要性,将策划作为项目施工管理的第一步,严格执行相关制度,认真组织实施,落实责任,提高项目策划的及时性和有效性。

（3）建立专门管理机构，配齐配强策划人员，提高策划的准确性和预见性，提高策划成果对项目的指导性。

（4）加强对策划成果的监督，及时跟踪了解项目的实施情况，发生偏差时应及时纠正。

（5）重视策划的动态调整，一旦项目发生重大变更，可能影响到项目实施的主要措施和目标的实现，及时调整和完善策划，确保策划对项目实施进行有效的指导。

（6）加强对项目目标的考核。除项目经济目标考核外，还应将策划中提出的社会效益目标及为企业长远利益设定的目标也作为项目考核的重要内容，以督促项目目标的实现。

第三部分
铁路项目施工管理策划模型设计

第6章 铁路项目施工管理策划模型结构

6.1 项目施工管理策划的总体思想

项目施工管理的关键是建立项目施工管理组织(机构),对项目施工进行管理策划,目标控制、动态管理、节点考核以及项目施工的合同管理、信息管理。在项目施工管理的全过程中,为实现各阶段目标和最终目标,必须加强管理,抓住管理工作的关键,才能保证各项工作的顺利进行。

项目策划总的指导思想为:应用控制理论的理念和技术方法来控制项目系统的运行,在工程项目管理中通过对费用、时间、质量等方面进行全方位、全过程的控制,保证项目的进度、费用、资源、质量等要素之间相互协调,并对项目内外部环节因素进行考虑,以成功实现项目目标。在项目的实施过程中,采用偏差分析法对项目的实施情况与项目策划进行对比,通过对项目实施中与项目策划的实际偏差进行分析,调整策划方案,采取补救措施,进一步完善项目策划的内容,实现项目策划的动态管理。

6.2 项目管理要素

一般项目主要由以下五个要素构成:项目范围、项目组织结构、项目质量、项目费用、项目进度。项目范围,即指项目要完成的临时任务,它是项目的一个边界;项目组织结构,即项目的组织形式,包括组织机构设置、职责、管理机构和相互关系等;项目质量指项目任务完成所需要达到的"一组固有特性满足要求的程度";项目费用指项目从开始施工到竣工结算完成后总体施工费用;项目进度即项目的时间安排,包括开始时间和结束时间等。

在上述的五个要素中,项目范围和项目组织结构是基本要素,而项目质量、项目费用、项目进度是项目的约束要素,它们依附于基本要素而存在,可以在一定范围内变动。因此,项目管理的主要控制要素是项目质量、项目进度和项目费用。项目的管理目标是在保证质量前提下,寻找进度和费用的有效控制。通过制定高效的项目施工管理策划,可以用最好的资源、最短的时间达到最佳效能的目的。

项目的进度控制属于项目时间控制的内容,一般采用里程碑控制计划,需要综合利用专家经验、公司同类项目的历史信息、当前人员配备情况、设备及重要物资的供应情况、项目所在地有关资源的供应情况、运输条件等调查结果。不合理的设置会造成执行工作中的困难。项目的进度控制应在施工组织设计策划中予以详细体现。

项目成本(费用)的控制是项目控制的关键要素。制定成本计划的目的就是有效利用财务资源,为项目监控提供依据,管理资金流量,同时也对相应工作的时间估算产生影响。成本计划是在初步预算技术上进行的,还会受到合同价格的制约。项目成本主要来自所需资源的成本,自然也包括人力资源成本,这些资源通过不同的方式获得,可以对应不同的成本,对资源的需求与工作范围和工作时间都有直接的联系。

项目质量是指项目满足明确或隐含需求的程度。一般通过定义工作范围中的交付物标准予以明确,这些标准包括各种特性及这些特性需要满足的要求,因此交付物在项目管理中具有重要的地位。另外,有时还可能对项目的过程有明确要求,比如规定过程应该遵循的规范和标准,并要求提供这些过程得以有效执行的证据。这些可通过项目质量计划予以实现。

在保证质量的情况下,项目进度、范围与成本这三方面具有相互制约、相互影响的紧密关系。为了缩短项目时间,就需要增加项目成本(资源)或减少项目范围;为了节约项目成本(资源),可以减少项目范围或延长项目时间;如果需求变化导致项目范围增加,就需要增加项目成本(资源)或延长项目时间。因此,项目施工管理策划的制定过程是一个多次反复的过程,根据各方面的不同要求,不断调整计划来协调它们之间的关系。在项目执行过程中,当项目的某一因素发生变更时,往往会直接影响到其他因素,因此需要同时考虑一项变更给其他因素造成的影响,项目的控制过程就是要保证项目各方面的因素从整体上能够相互协调。

而铁路项目受铁路自身行业性质的影响,尤其是近几年的高速铁路项目,其项目策划要求更加细化,还应包括配置项目人力资源、制定项目风险管理计划、编制项目预算表、制定项目质量保证计划、确定项目沟通计划、制定采购计划等等,共计三大项十八小项。

6.3 项目目标管理

项目目标就是实施项目所要达到的期望结果。对于铁路项目施工,基本目标可以表现为六个方面,即安全、质量、进度、成本、人才、市场。项目实施的目的就是要充分利用可获得的资源,使项目在一定的时间内、在一定的预算下,获得所期望的产品使用性能。然而这六个基本目标之间往往存在着一定的冲突。通常,缩短工期要以提高成本为代价,而降低成本、压缩工期可能会影响产品使用性能的实现。因此,项目目标的确定需要在这六个方面寻求最佳的平衡,项目的实施就是一个追求项目目标的过程。项目目标的确定不仅要达成一致,而且要具体、明确、可测量、切实可行。

项目目标的分解如图 6.1 所示。

图 6.1 项目目标分解图

6.4 项目施工管理策划的依据

工程项目施工管理策划必须随着情况的变化而进行动态调整。为了发挥项目施工管理策划的作用,它应符合以下要求:

(1) 符合招投标文件、合同文件以及发包人(包括监理工程师)对工程的要求。

(2) 符合施工工程自身的客观规律性,按照工程的规模、范围、复杂程度、质量标准、工程施工自身的逻辑性和规律性进行策划。

(3) 项目施工相关各方的实际能力,例如承包方或施工方的施工能力、供应能力、设备装备水平、管理水平和所能达到的生产效率、过去同类工程的经验、目前在手的工程数量、施工企业的管理系统等;发包人对整个工程项目所采用的发包方式、管理模式、支付能力、管理和协调能力、材料和设备供应能力等;工程的设计单位、供应单位的能力。

(4) 符合国际的法律、法规,符合国家和地方的规范、规程,符合施工企业的规章制度。

(5) 符合现代管理理论,采用新的管理方法、手段和工具。

(6) 应是系统化的、优化的。

6.5 项目策划的内容

依据上述管理要素分析,铁路项目管理策划的内容包括制定项目计划、确定项目范围、配置项目人力资源、制定项目风险管理计划、编制项目预算表、制定项目质量保证计划、确定项目沟通计划、制定采购计划等,分为项目组织策划、项目商务策划、项目财经策划及项目文宣策划四大板块。

在这些策划中,工程项目财经策划是对项目经济效益影响最大的。项目财经策划的活动过程是以合同管理为前提,通过综合分析项目各种因素,结合生产、技术等环节,预先策划形成完整商务实施方案,化解风险,推进项目管理精细化,追求效益的最大化,其实现的途径是在整个项目实施过程中的"开源"与"节流"。工程财经策划的具体内容针对不同类型的工程应区别对待,目前面临的工程主要有四种类型:总价包干工程、风险工程、"三边"工程、预结算制工程。对于总价包干工程,策划重点在"节流";对于风险工程,策划重点在"化解风险";对于"三边"工程、预结算工程,策划应分阶段进行,重点在"开源"。

6.6 项目施工管理计划

项目管理计划的设计是从项目综合管理内容入手的,分别从项目范围、项目目标管理、项目考核验收付款条件、项目管理计划的设计管理(包括人员、设备、材料等资源的配置)、项目实施管理、对项目利益相关方的管理、项目的沟通与协调、项目风险管理等方面进行内容设计,得出项目管理计划模型。

第7章 铁路项目施工管理策划的模型设计

铁路项目施工管理策划应针对项目的实际情况,依据合同和承包单位管理的要求等,明确项目目标范围,分析项目的风险以及采取的对应措施,确定项目管理的各项原则要求、措施和进程。根据项目的规模和特点,将项目管理计划和项目实施计划统称为项目施工管理策划。项目管理计划是项目施工管理的纲领性文件,是项目实施计划编制的依据之一。项目施工管理计划的内容可以直接或经过细化、修改、调整、补充后,在该工程实施计划中应用,项目实施计划的许多内容与项目管理计划是一致的。项目实施计划是项目实施的执行依据。

项目施工管理策划的完整模型构造如图 7.1 所示。

7.1 项目策划的主要活动

确定项目目标和范围,定义项目阶段、里程碑,估算项目规模、成本、时间、资源,建立项目组织机构,进行项目工作结构分解,识别项目风险,制定项目综合计划。

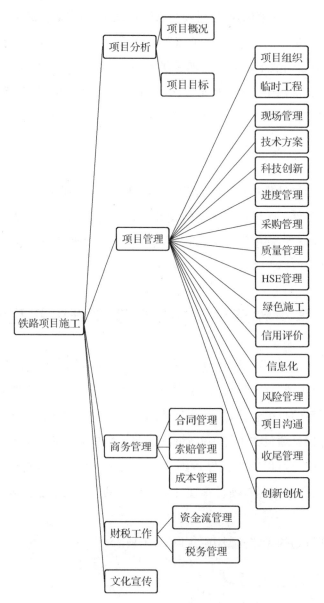

图 7.1　项目施工管理策划的完整模型构造

7.2　公司部门和项目经理部在项目策划中的工作职责

1）经营管理部门

经营管理部门负责指导、督促、检查项目开展经济目标策划工作,牵头组织合同及经济目标的公司评审会签。

2）市场营销部门

市场营销部门负责投标报价交底和施工合同交底工作,准确及时地为项目策划工作提出建议和参考意见。

3）技术部门

技术部门负责指导、督促、检查项目开展技术经济分析策划、计划成本方案策划及实施工作。

4）材料管理部门

材料管理部门负责材料市场信息的准确提供,指导、督促、检查材料费用控制计划的科学编制和有效实施。

5）设备管理部门

设备管理部门负责设备租赁价格的及时准确提供及指导,帮助和检查相关费用控制方案的策划、优化及有效实施。

6）施工管理部门

施工管理部门负责指导项目进行进度控制和质量保证、安全文明施工方案策划,督促、检查各方案策划的实施情况。

7）财务部门

财务部门负责指导、帮助项目进行间接费用、资金流的计划,并做好过程中费用偏差预警工作。

8）文宣部门

文宣部门负责指导、帮助项目进行文宣工作交底和策划。

9）项目经理部各部门

项目经理部各部门负责项目策划书的具体编制及实施工作。

7.3 以费用归集为分析核心的策划一般流程

(1) 市场营销部门对项目经理部进行工程投标报价策略交底和施工合同交底。

(2) 项目经理部深入分析研究合同、投标预算、现场实际情况。

(3) 项目经理部明确责任分工,收集并讨论项目实施各个阶段应注意控制的内容。

(4) 针对每一具体分项进行深入的分析策划,拿出具体的实施方案,并将责任落实到人。

(5) 编制计划成本方案,测算项目施工计划成本,对比分析计划成本与合同造价。

(6) 工程开工一个月内,项目经理部完成项目策划书编制、送审。

(7) 注意事项:

① 结合实际参与。项目策划涉及项目生产管理的各个环节,很多策划是从技术和现场管理的角度出发的,其策划方案讨论和具体实施落实的全过程必须要求结合现场实际,全员共同参与。

② 对比分析，先算后干。项目商务策划和实施过程中，针对每一分项工程，坚持做好以下几个分析：收入支出的对比分析、实际成本和计划成本的对比分析、多方案比较的经济技术分析，做到先算后干。

③ 避免片面强调综合。对管理模式和方案选择的策划中，应强调人、才、机、管理费等综合成本最优，而不仅仅局限于单独的某一分项。

④ 动态循环持续改进。项目的商务策划是一个动态循环的过程，随着项目的进展和环境的变化会不断增加新的内容，有些策划也需要在实施过程中不断地加以改进和完善。

⑤ 把握项目经济策划的阶段控制要点。项目经济策划的具体内容针对不同类型的工程应区别对待，目前面临的工程主要有四种类型：总价包干工程、风险工程、"三边工程"、预结算制工程。对于总价包干工程，策划重点在"节流"；对于风险工程，策划重点在"化解风险"；对于"三边"工程、预结算工程，策划应分阶段进行，重点在"开源"。

下篇 策划应用

本策划应用分五个部分:"铁路工程项目分析",包括项目概况、项目目标;"项目管理工作策划",包括项目组织管理、临时工程建设、现场管理策划、施工技术方案、科技创新管理、进度管理策划、采购管理、质量管理、HSE 管理、绿色施工科技示范工程、信用评价、项目信息化管理、项目风险管理、项目沟通管理、创新创优策划、项目收尾管理;"项目商务工作策划",包括合同管理、索赔管理、成本管理;"项目财经管理策划",包括资金流策划、税务策划;"文宣工作策划"包括党群工作、企业文化、廉政建设、共青团工作、工会工作。

以×××高速铁路 YTZQ-4 标段为例,开展项目策划具体应用。

项目策划书形成过程记录

项目名称				
中标日期				
中标额				
技术策划	日 期			
	参与人员			
合同交底	交底人			
	日 期			
	参与人员			
项目策划书编制	编制组成员	编制章节及内容	编制人员	审核人员
		总体策划		
		进度、施工组织		
		技术、质量		
		HSE		
		合同		
		设备		
		物资		
		人力资源		
		财务		
		信用评价		
		风险管理		
		党群		
		信息化		
		收尾		
对项目现场的考察	考察日期			
	参与考察人员			
	考察内容及评价结果			
完成日期		签发人		
备注				

第四部分 铁路工程项目分析

第8章 项目概况

8.1 工程简介

工程简介需主要说明工程项目的地理位置、工程等级规模,项目设计概况、技术标准,建设单位、设计、监理等情况;项目对单位的意义,以及对后续市场开发的影响。

新建×××铁路北起江苏省盐城市,由盐城站引出,向南经盐城市大丰区、东台市,南通市的海安市、如皋市、通州区,引入南通西站,与规划通苏嘉甬铁路贯通,南通地区新建陈桥联络线、南通动车所等相关工程。

由中铁×××工程局集团承建的新建××至××铁路站前工程 YTZQ-4 标段(以下简称 YTZQ-4 标段),项目位于江苏省××市和××县境内,线路起止里程:DK70+006.05—DK96+100.99,线路全长 26.098 89 km。

主要工程包括:×××特大桥(293♯墩—1097♯墩),桥长 26 098.89 m,简支箱梁制架 780 孔,连续梁 8 联;无砟道床 52.198 km 铺轨;正线范围内迁改和区间路基附属工程等,项目基本情况见表 8.1 所示。

表 8.1 项目基本情况一览表

序号	项目	内容
1	工程名称	新建×××铁路站前工程 YTZQ-4 标段
2	工程地址	江苏省××市
3	工程类型	公路、桥梁、水工、铁路市政等
4	分部地域	江苏省××市
5	工程承包模式	施工、DB、EPC、BT、BOT 等
6	工程内容	××特大桥 DK70+006.05—DK96+100.99
7	建设单位	×××集团×××建设指挥部
8	勘察单位	×××设计集团有限公司
9	设计单位	×××设计集团有限公司

续表

序号	项目	内容
10	监理单位	×××工程咨询监理有限公司
11	咨询单位	×××设计院集团有限公司
12	单位	×××设计集团有限公司
13	合同工期	总工期1461日历天
14	合同约定节点工期	标段阶段工期956日历天
15	合同金额	1 449 534 968元
16	资金来源	江苏省铁投、国铁集团
17	缺陷责任期	1年
18	质保期	符合国家法律法规、行业规定和设计文件规定的合理使用年限
19	其他	

8.2 工程数量

工程数量按照构成铁路项目的单位工程编制,包括构成铁路项目的桥梁、隧道、路基、站场等,并细化至分部工程,编制见表8.2所示。

表8.2 项目工程数量一览表

序号	单位工程	分部工程		单位	设计数量	备注
一	桥梁工程	全线共设桥梁26 098.89 m 1座,其中特大桥26 098.89 m 1座、大桥×××m××座、中小桥×××m××座				
1	桥梁1	基本情况		桥长26 098.89 m、孔数780、跨径32 m、箱梁结构形式、中心桩号		
		基础及下部结构构造	桩基	根		
			承台	个		
			墩台身	个		
			墩帽	个		
		上部构造	梁体预制	片		
			运架	片		
		现浇		m		
		桥面系及附属		m		
		有砟/无砟轨道		m		

续表

序号	单位工程	分部工程		单位	设计数量	备注
2	桥梁2					
二	隧道	全线设隧道×××m××座,其中特大隧道×××m××座、长隧道×××m××座、中长隧道×××m××座、短隧道×××m××座				
1	隧道1	基本情况		隧道长度、围岩等级、衬砌类型、洞口形式		
		明洞				
		洞身开挖				
		洞身衬砌	初支			
			仰拱			
			二衬			
		辅助措施	导洞			
			超前锚杆			
		道床				
2	隧道2					
三	路基工程	全线路基全长×××km,路基宽度×××m,其中CFG桩×××m,挖方×××m³,填方×××m³;弃方×××m³				
1	路基工程	基底CFG桩处理		m		
		土石方		万m³		
		涵洞、通道		m		
		防护工程		m		
		排水工程		m		
四	车站					

8.3 技术环境

工程的技术环境,包括工程地质、水文、气象等自然条件,其调查汇总及对项目影响可按照表8.3进行统计列举。

表 8.3 项目所在地自然条件一览表

序号	自然条件		对项目进度、成本、安全、质量的影响	二次经营方向	备注
1	地形	自西南向东北倾斜,水系发育,河渠纵横,交织如网,一般地面高程−3.5～14 m,相对高差 1～17.5 m,农耕发达,交通便利			
2	地貌	经过地貌单元为滨海平原区、冲海积平原区			
3	地质	沿线不良地质为饱和粉砂地震液化、地面沉降,沿线特殊岩土主要有填土、软土			
4	气候				
5	水文	线路地区气候润湿、雨量充沛、水渠纵横交错、地下水发育,对混凝土具微～弱腐蚀性			
6	气象	濒临黄海,属湿润的亚热带季风气候区。气候特征为四季分明,降水充沛,受季风影响,干旱、雨涝、低温、连阴、台风、冰雹等自然灾害或有出现			
7	地震	地震动峰值加速度为 0.1g			

8.4 周边环境

项目的周边环境包括工程临近的地下管线、建(构)筑物等,其清单项目及对项目的影响可按照表 8.4 进行统计列举。

表 8.4 项目施工条件一览表

序号	施工条件		对项目进度、成本安全、质量的影响	二次经营方向	备注
	主体工程位置及特点	线路交叉多,河道纵横,共有 8 联预应力混凝土连续梁,安全隐患大,且制约后续架梁工期。其中 DK92+347 跨 S353 省道、DK93+040 跨北凌河(防洪河流)、DK94+180 跨旧 G204 国道连续梁,施工工期紧,制约架梁施工,为重要节点工程			

续表

序号	施工条件		对项目进度、成本安全、质量的影响	二次经营方向	备注
	地材	当地碎石、沙子资源较少,大批量用料都是从江西、湖北、重庆调运。 江西赣江沙通过水运运至高港再运至工地,成本价 140 元/t 左右。 碎石,湖北、江西均为三级配碎石,运至工地成本价普料 115 元/t 左右,高料 130 元/t 左右			
	钢材				
	水泥	当地两家水泥生产企业,分别为南通海螺水泥和磊达水泥			
	商品混凝土	东台市凯仑商品混凝土有限公司,位于南通东台市台南镇董贤村 204 国道边,距离施工现场平均 30 km,日产量 2000 m³ 左右,现行单价 C30 为 410 元/m³(单价含运费、泵送等),C20 为 390 元/m³(单价含运费、泵送等),每降低一个标号,单价降低 10 元/m³,必须现金采购,并同意使用指定原材料生产混凝土,价格较高			
	粉煤灰	位于泰州永安洲镇福沙村,距离项目施工现场 130 km,电厂有 3 台 100 万 kW 发电机组,高峰期月产一级灰、二级灰各 3 万 t 左右,目前产量较少,月产一级灰 6 000 t,二级灰 9 000 t,资源较紧张,公司通过招标确定一级代理进行销售			
	外加剂	江苏苏博特新材料股份有限公司,位于南京市江宁区醴泉路 118 号,拥有化工合成和粉剂复配等三个生产区,生产全过程采用电脑自动控制,年设计生产能力 113 万 t,为公司框架协议供应商			
	五金辅助	襄阳中铁宏吉工程技术有限公司,位于襄阳市高新区团山大道 359 号,年生产能力 1 000 万孔,月生产能力可达 90 万孔			

续表

序号	施工条件		对项目进度、成本安全、质量的影响	二次经营方向	备注
	机械设备				
	劳动力特点				
	工程用水	沿线主要河流有三仓河、安弶河、方塘河、北凌河以及其他支流,所在地区水系较为发达,本项目重点工程主要考虑就近采用地表水,对于临近市区工程可考虑采用引接城市自来水方案			
	工程用电	沿线电力资源比较充沛,沿线分布有 220 kV、110 kV、35 kV、10 kV 高压变电站及电力线路。施工用电时在向地方电力有关部门申请后,可就近引入			
	交通状况	附近现有新长铁路、宁启铁路,有方塘河、安弶河、三仓河、北凌河等河流与线路交叉,沿线国道、省道纵横成网,包括 G204、S352、S353 等,交通十分便利,砂石料等建筑材料可通过水运运至工地,沿线电力资源充沛,燃料供应充足			
	网络通信条件	本项目管段内均已覆盖移动和联通、电信信号。沿线已架设有中国移动光缆,网络通信采用就近接入中国移动网络的方式,保证全部实行信息化办公			
	地下管线、建(构)筑物				
	市场环境				
	征地拆迁	多次与公路、河道、高压输电线、石油管道、厂房、居民房交叉,协调难度大,同时也是施工安全的重要风险源之一。尤其以 DK88+506 处 1 000 kW 泰吴Ⅱ线的迁改难度最大			
	人文情况				

8.5 管理环境(包括合同环境及管理关系)

项目的管理环境涉及工程实施的合同环境与管理关系的确定,组织体制及管理制度,编制见表8.5、表8.6所示。

表8.5 项目合同条件一览表

序号	合同条件		对项目进度、成本安全、质量的影响	二次经营方向	备注
	调差要求	采用价格指数调整价格差额			
	结算要求	按照实际完成工程量结算			
	付款条件	预付款比例为10%,进度付款按照国家和铁路总公司相关规定办理,预留3%质保金			
	农民工管理	承包人应设立农民工工资保证金银行专项账户,预存农民工工资保证金			
	甲供料情况	发包人提供的材料设备见承包合同甲供材料设备一览表			

表8.6 工程项目相关方一览表

序号	相关方	对项目进度、成本安全、质量的影响	二次经营方向	备注
	建设单位领导特点			
	监理特点			
	勘察单位特点			
	设计单位特点			
	咨询服务单位特点			
	当地医院、消防、公安特点			
	安监、铁办、交通局、村委、地方政府特点			

8.6 作业环境

作业环境主要是指与施工作业有关的如作业面数量和大小、安全防护设施、通风照明和通信条件等作业人员、设备所处的小环境,其具体策划编制见表 8.7 所示。

表 8.7 作业环境

序号	作业环境	对项目进度、成本安全、质量的影响	二次经营方向	备注
	作业面数量、大小			
	安全防护设施			
	通风照明			
	通信			
	防洪排水			
	道路、交通			

8.7 工程特点及重难点分析

工程特点及重难点分析是指对涉及项目安全、质量、进度、成本影响较大的分部工程进行分析,并采取相应措施,确保风险可控,其策划内容编制见表 8.8 所示。

表 8.8 工程特点及重难点一览表

序号	工程实体	对项目进度、成本安全、质量的影响	二次经营方向	备注
	桥梁特点及重难点	其中 DK92+347 跨 S353 省道、DK93+040 跨北凌河(防洪河流)、DK94+180 跨旧 G204 国道连续梁,施工工期紧,制约架梁施工,为重要的节点工程		
	路基特点及重难点			
	隧道特点及重难点			
	桥面系及轨道工程特点及重难点			

第 9 章 项目目标

结合项目特点、建设单位和公司管理要求,制定项目的工期、质量、安全、环境、信用评价等目标,并作为公司项目年度绩效考核责任书和项目管理责任状的参考依据。

9.1 工期目标

1)总体工期目标

×××工程工期总体目标编制见表 9.1 所示。

表 9.1 标段工期目标

标段	计划工期/天	计划开工日期	计划竣工日期	架梁开始日期	架梁结束日期	无砟轨道开始日期	无砟轨道结束日期
YTZQ-4 标段	956	2018.4.20	2020.11.30	2019.1.1	2020.5.31	2019.8.1	2020.11.30

2)主要施工节点工期目标

主要施工节点或里程碑事件工期目标,参照表 9.2 填写。

表 9.2 主要施工节点工期计划一览表

序号	主要节点	开始时间	完成时间	工期/月	备注
1	路基工程	2018.6.1	2020.9.20	28	
2	桥梁墩台	2018.6.21	2020.3.31	21	
3	制梁工程	2018.9.1	2020.3.23	19	
4	架梁工程	2019.1.1	2020.7.5	19	
5	铺轨工程	2020.6.12	2020.8.12	2	
6	长轨锁定和焊接	2020.6.28	2020.9.30	3	
7	轨道精调	2020.8.7	2020.10.10	2	

9.2 质量目标

全线工程质量符合国家、行业有关标准、规范和中国铁路总公司(含原铁道部)文件等相关管理规定及设计文件要求,具体指标为:勘察、设计质量优良,监理程序符合规定,质量管理达标,内业资料规范,并应满足以下要求:

(1)杜绝工程质量责任一般及以上事故。

(2)开通速度达到设计速度目标值。

(3) 按照验收标准要求,各检验批、分项、分部工程施工质量检验合格率达100%,单位工程一次验收合格率达100%,杜绝工程质量隐患及重大质量事故。

(4) 竣工文件做到真实可靠,规范齐全,实现一次交接合格。

(5) 在合理使用和正常维护条件下,路基、桥梁等工程结构的施工质量,应满足设计使用寿命期内正常运营要求。

(6) 工程建设符合国家规划、环保及水土保持、节能和新技术应用等要求。

9.3 创优目标

×××铁路工程质量创优目标分为省部级和国家级。

(1) 争创国家优质工程项目:×××特大桥(全长22.689 km),×××特大桥(全长63.509 km)。

(2) 争创省部级优质工程项目:×××特大桥(全长32.946 km),×××特大桥(全长23.721 km)。

(3) 推进全国用户满意工程创建工作,完善全国用户满意工程等奖项的申报,开展质量信得过班组建设工作,提高一线班组的安全质量意识。

(4) 持续加强质量管理小组活动的开展,推进省部级、国家级优秀质量管理小组活动成果的申报工作。

9.4 安全、环水保、职业健康、社会稳定、文明施工目标

1) 事故控制目标

(1) 杜绝生产安全一般及以上责任事故。

(2) 杜绝因建设引起的铁路交通一般C类及以上事故,遏制因建设引起的铁路交通一般D类事故,减少事故隐患。

(3) 杜绝一般及以上道路交通事故。

(4) 杜绝一般及以上火灾事故。

(5) 杜绝一般及以上特种设备责任事故。

(6) 顾客满意度>92%。

2) 环水保控制目标

严格执行国家、行业和部门等法律、法规及国铁集团等部门环水保相关文件,严格执行项目环评批复和环境影响报告书要求内容,严格执行水土保持批复及水土保持方案报告书内容,积极优化施工方案,努力把施工对环境的不利影响减至最低限度,确保铁路沿线景观不受破坏,地表水和地下水水质不受污染,植被有效保护。坚持做到"少破坏、多保护,少扰动、多防护,少污染、多防治",使环境保护监控项目与监控结果达到设计文件及有关规定要求,教育培训率达100%,贯彻执行率和覆盖率达100%,做到环保设施与工程建设"三同

时"。

杜绝环境污染事件,实现排放污染物达到国家及施工所在地政府主管部门规定的排放标准。作业场所有毒有害气体、粉尘、噪声的检测和治理达到国家和行业卫生标准。

做到无集体投诉事件,环境监控达标,环境保护、水土保持设施与主体工程"同时设计、同时施工、同时投入使用"。

3）职业健康目标

为作业人员提供符合安全卫生标准的劳动保护设施和个人防护用品;控制职业病,杜绝职业中毒事件的发生。职业健康防护率达100%,确保人人健康。员工因工死亡率为0,无职业病发生;特殊工种持证上岗率达100%。

4）文明施工目标

做到现场布局合理,施工组织有序,材料堆码整齐,设备停置有序,标识标志醒目,环境整洁干净,实现施工现场标准化、规范化管理。

5）社会稳定目标

按照相关文件和发包人要求设立农民工工资保证金银行专用账户,预存农民工工资保证金,不发生拖欠农民工工资引起群体性事件。

在建设过程中,维护社会稳定,不发生因施工引起的群体性事件。按照合同要求及时拨付工程款,保证现场施工秩序的稳定。

6）创优管理目标

创省级、部级安全文明标准工地,创省级、部级优质工程。

9.5 信用评价目标

施工企业信用评价（简称"信用评价"）是国铁集团为完善铁路建设市场诚信机制,激励施工企业加强管理,提高现场管理水平,保证工程质量和施工安全,组织对施工企业合同履约情况进行的综合评价。包括国铁集团管理的铁路大中型建设项目（含代建项目、EPC工程总承包项目、国铁集团管理的国际项目),评价对象为签订工程承包合同的特级资质及一级资质企业,评价结果分为A、B、C三个等级。评价得分排名前10名且营业线未发生严重工程质量问题的施工企业信用评价等级为A级;评价得分排名最后3名、存在重大不良行为,或营业线因严重工程质量问题造成极其严重影响的,或因行贿造成建设管理人员受到刑事处罚的施工企业信用评价等级为C级;评价得分排名为其他名次的施工企业信用评价等级为B级。其策划目标如下:

(1) 项目得分达到292分以上(A级),在×××铁铁路管理单位集团参评企业中排前×××名;

(2) ×××铁路××家施工单位中排名确保第二,争取第一名;

(3) 加分目标0.5分。

9.6 主要经济技术指标

下达的经济指标应包括成本效益、创新、人才培养、节能减排等目标,其策划目标设置如下:

(1) 上交款根据项目责任预算计算的指标和金额确定。

(2) 利润收益指标设置:该工程项目合同总价_____万元,有效中标价为_____万元,责任成本预算总额_____万元,项目利润_____万元,项目利润率指标_____%,扣减公司经济责任承包合同约定的资产收益_____%,剩余的_____%作为乙方对甲方的上交款指标。

(3) 预交款暂按建设单位每次拨付工程价款总额_____的比例到账后三日内汇至公司财务部,以银行汇出的时间为准。最终上交款按照与建设单位最终结算价款乘以责任预算利润率所得全额上交。

(4) 当项目发生变更、责任成本预算需要调整的,按照《工程项目责任成本管理办法》《工程项目二次经营工作管理办法》相关规定执行。

(5) 公司投入的所有物资、设备折旧费或租赁费等应上交的款项,乙方要及时上交至公司财务部。

(6) 缴纳税费:乙方按照建设单位计税方式和甲方税费管理规定,依法合规地及时纳税开票,并在甲方规定时间内将合格的完税凭证送至甲方。

(7) 债权债务:乙方要完善各类债权、债务台账,安排专人负责及时清理。与本项目有关的一切经济责任均由乙方自行负担,以公司、公司项目经理部名义对建设单位、设计单位、监理单位及其他单位和个人签订经济合同、协议、承诺函或担保函等,必须报公司审批同意。

(8) 职工利益:保证项目全线职工及外部劳务民工的合法权益得到兑现,按时足额提取并上交各项基金。

(9) 职工队伍建设:加强职工队伍的思想政治工作和法制教育,杜绝职工刑事犯罪,实行民主管理和企务公开,充分调动广大职工积极性。

(10) 党建及思想建设;按照公司相关文件规定执行。

(11) 项目经费指标策划

① 经核算,该项目的项目经费控制指标为有效中标价_____%。

② 项目经费中的职工薪酬实行总额控制,按照以岗定薪的原则,施行减人不减薪、增人不增费用的原则。

③ 在满足本项目二次预算综合收益率的前提下,职工薪酬结余不纳入项目超额利润范畴,遵循"取之于民,用之于民"的原则。

(12) 二次经营指标

二次经营是指项目中标后,项目实施过程中发生的变更、索赔、清概等工作,如×××铁路项目二次经营指标设置为本项目有效中标价＿＿＿＿＿＿＿％。

（13）人才培养指标

按照公司《人力资源工作责任制》要求，落实项目人才培养责任。以项目为依托，针对性地制定项目人才培养目标，明确培养人才类别、数量以及具体的培养方案或措施，编制见表9.3所示。

表9.3 项目人才培养计划

序号	培养目标名称	数量	拟培养对象	备注
1	项目经理	2		
2	总工程师	1		
3	副经理	1		
4	总经济师	1		
5	省市劳模	—		
6	专业技能（中高级技师）	—		
7	⋮	⋮		

（14）创新指标

按照《×××单位关于开展质量提升推进高质量发展行动的实施意见》《关于进一步贯彻落实习近平总书记"三个转变"重要指示精神 推动企业创新发展的意见》和《×××单位关于加强三级工程公司建设的指导意见》等文件精神和上级公司安排部署的各项重点工作，注重基础管理创新、商业模式创新、经营模式创新、运行模式创新、创效模式创新等。突出"智能＋"与数字化转型、大数据应用与平台经济发展、原始创新与技术改造、品牌培育与质量提升、产学研一体化与"双创"管理、建筑业与服务业融合、传统业务与新业态新模式培育、结构性改革与提质增效、企业改革与混合所有制、产融结合与资本运营、集团管控与并购整合、流程再造与基础管理、精益管理与风险控制、人才培养任用与组织变革、市场化用人与激励机制改革、"一带一路"投资与国际化经营、绿色发展与社会责任管理等。具体要求如下：

① 推广应用先进设备、成熟信息化技术。按照施工图建立简支梁BIM模型，解决梁体构件干扰问题。实现BIM数据与数控加工设备互联互通，实现钢筋自动化加工。

② 推广桥梁基桩施工使用井径仪探孔技术。

③ 推广隐蔽工程和分部工程验收视频采集和数据传输技术。

④ 应用桥梁基桩第三方检测数据实时采集和传输技术。

⑤ 应用自动识别材料检验信息标牌技术。各拌和站使用的工装设备控制软件应具备采集检验信息功能，能够自动对不合格储罐锁闭，从而实现不合格储罐内的材料无法向拌和机放料。

⑥ 采用大吨位锚具，优化截面尺寸，降低工程数量，具备较好的经济性。

⑦ 推广铁路桥梁装配式桥面系，包括防护墙、竖墙、边墙、电缆槽沟底板、人行道盖板、栏杆、声屏障的推广应用。

(15) 节能减排目标

节能减排是指节约能源、降低能源消耗、减少污染物排放。通过强化节能减排、保护环境、降本增效措施，发展低碳经济，提高能源利用效率，加快构建资源节约型、环境友好型企业，提升企业核心竞争力、持续盈利能力和可持续发展能力。节能减排包括节能和减排两大技术领域，减排项目必须加强节能技术的应用，避免因片面追求减排结果而造成的能耗激增，注重社会效益和环境效益均衡。

本项目节能减排目标策划如下：

完成××××年上级公司下发的节能减排量化考核指标 0.048 1 t 标准煤/万元（可比价）。

上述各项经济技术考核指标见表 9.4、表 9.5 所示。

表 9.4　×××单位×××项目经理部年度考核指标表

序号	指标种类		考核标准分值	考核目标值(状态)	实际完成值(状态)	计分规则及考核得分		备注
						计分规则	考核得分	
1	经济运行状况	目标收入	15					
2		目标成本	20					
3		目标利润	40					
4		预收账款余额	5					
5		应收账款余额	10					
6		上缴利润资金	5					
7		资金集中度	5					
8		合同资产						
9		现金流自平衡执行情况						
10	履行合同义务	安全目标						

表 9.5　×××单位×××项目经理部完工考核指标表

序号	指标种类	考核标准分值	考核目标值(状态)	实际完成值(状态)	计分规则及考核得分		备注
					计分规则	考核得分	
1	经济运行状况	目标收入	15				
2		目标成本	20				
3		目标利润	40				
4		预收账款余额	5				
5		应收账款余额	10				
6		上缴利润资金	5				
7		资金集中度	5				
8		合同资产					
9		现金流自平衡执行情况					
10	履行合同义务	安全目标					
11		质量目标					
12		工期目标					
13	科研创新创优	科研成果目标					
14		创新目标					
15		创优目标					

第五部分
项目管理工作策划

第 10 章　项目的组织管理

10.1　项目管理模式

项目管理模式是采用项目法人责任制＋项目经理责任制＋专业化支撑的后台管理模式，即后台管控＋项目法施工＋专业化支撑。

该模式是在建立以公司法人为核心的项目管理团队和以项目经理为核心的项目管理团队的"双加强""双管控"模式基础上，并辅以专业化公司的专业支撑，是目前比较先进、流行的管理模式。随着高铁网络的快速延伸、5G 通信的高速发展以及 BIM 技术的快速普及，利用现代科技，加快前后台的管理决策速度，深入推进集约化管理，持续推进标准化管理，做实做细精细化管理，及时解决工程项目遇到的困难和问题，从而提升项目管理的有效度。

10.2　项目经理部的建立、运作、撤销

依据工程项目的规模、复杂程度、专业特点设置项目经理部各专业科室，部门设置及人员配置的指导思想是把项目建成企业的管理重心、成本核算的中心、代表企业履行合同的主体。

项目经理部管理机构建成后，应建立有益于组织运转的工作制度，项目管理任务完成后应及时撤销。

1）项目经理责任制

项目经理责任制是以项目施工为对象，以项目经理全面负责为前提，以项目目标责任书为依据，以创优质工程为目标，以求得项目的最佳经济效益为目的，实行一次性全过程管理。项目经理责任制内容包括：

（1）项目经理和企业法人代表

签订工程项目承包合同，明确项目经理从开工到竣工交付使用全过程中的责任和权利的规定；签订年度项目经理承包经营责任状。

（2）建立项目经理部内部的以项目经理为核心的群体责任制，规定项目经理全权负责，各类人员按照各自目标各负其责，主要明确每一业务岗位的工作目标和职责，可采取业务人

员上岗合同书、业务协作合同书形式予以明确。

2) 项目经理的选择

项目经理是一个项目的灵魂,是企业法人在项目的全过程管理工作中的总负责人,项目施工责、权、利的主体,也是协调各方关系使之紧密合作、配合的桥梁纽带和各种信息的集散中心。项目经理应具备以下条件:

(1) 项目经理的资质要求。项目经理必须满足项目资质要求,即具有一级或者二级建造师证,以及专业职称及相关的业绩要求。

(2) 项目经理的素质要求。项目经理应具有较高的政治素质,能正确处理国家、企业、职工三者的利益;能独当一面,具有独立决策的工作能力;具有良好的体质、充沛的精力和开拓进取的精神。

(3) 项目经理的能力要求。项目经理应具备合同履约能力、风险控制能力、科学的组织领导能力、程序优化能力、环境协调能力、以法维权能力、提炼总结的能力、提升价值的能力。

3) 项目经理的工作职责

(1) 组建项目经理部。

(2) 配合公司做好项目策划。

(3) 项目整章建制。

(4) 项目全过程中的合同管理。

(5) 重大事件的科学决策。

4) 项目实施过程中项目经理的权宜应变

权宜应变,即随机应变,因人、事、时空、环境、目标、国情而对管理采取不同的组织结构模式、管理方式和领导方式。项目管理过程中大量的"例外"工作需要项目经理的"非程序性决策",如投标报价、合同谈判、纠纷处理、方案选择、索赔等。

非程序性决策是一次性的非例行的决策,难以列入规范、制定标准,它强调"5C",即沟通(communication)、变革(change)、冲突(conflict)、创造力(creativity)和指导训练(coaching)。

非例行活动往往是非常重要,或有转折、突破、创新等特点的活动,要求抓住时机、及时做出决策。

(1) 权宜应变的作用

① 帮助项目经理提出适于具体环境和技术条件的施工方案,提出在不同情况下对实际进度计划和控制过程的指导原则,帮助项目经理制定索赔策略。

② 每个项目都各有自身特点,后一项目不可能全部照搬前一项目的做法,既要分析项目之间的一致性,又要注重不同项目的特殊性和突变性。

③ 项目实施过程中情况千变万化,需要决断及时、应变灵活、抓住时机。

(2) 权变理论对项目经理的要求

确立和强化权变的观念是项目经理应当着力培养的基本素质之一,对于实现有效的项目管理具有重要意义。权变理论对项目经理的要求有:

① 项目经理要具有统率项目全局的战略头脑、多谋善断的决策魄力、不断创新的进取精神、知人善任的组织才能。

② 项目经理要对项目运行规律、项目管理理论和方法精熟。

③ 项目经理要具有相应工程项目较为深厚的技术理论基础。

④ 项目经理要精通管理、熟悉经济、善于综合运用各种管理技术来实现项目目标。

⑤ 项目经理要具有丰富的实践经验、广泛的项目管理阅历和丰富的施工经验。

(3) 项目经理权变实施

项目经理应根据实际情况及领导情境权宜选择工作导向(集权式领导)或关系导向(民主式领导),把两者适当地结合起来,见图10.1所示。

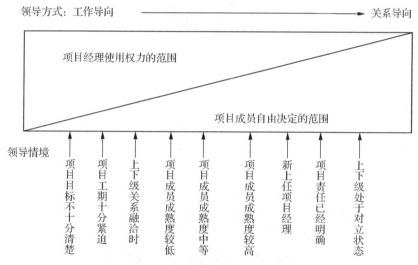

图10.1 项目经理权变实施示意图

5) 项目经理部部门设置

项目经理部拟采用"项目经理部—施工分部—架子队"的扁平化管理模式。项目经理部设项目经理、党工委书记、总工程师和安全总监各一名,专业部门设置五部两室,包括工程管理部、安质环保部、物资设备部、合同预算部(商务部)、计划财务部、综合办公室、中心试验室。

×××铁路YTZQ-4标段项目经理部下设2个线下施工分部和1个制架梁分部,配置6个桥梁作业架子队、2个综合作业架子队、1个制梁作业架子队、1个架梁作业架子队等,共计12个专业施工架子队,见图10.2所示。

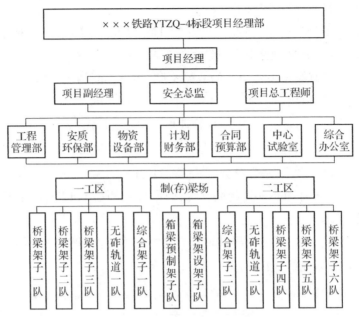

图 10.2 组织机构框架图

6）人员配置

(1) 5 000 万元以下设职工 12～17 人，临时工 5～7 人；

(2) 5 000 万元以上 1 亿元以下设职工 17～23 人，临时工 7～10 人；

(3) 1 亿元以上 2 亿元以下设职工 23～30 人，临时工 10～15 人；

(4) 2 亿元以上 5 亿元以下设职工 30～35 人，临时工 15～20 人；

(5) 5 亿元以上 10 亿元以下设职工 35～45 人，临时工 20～35 人；

(6) 10 亿元以上设职工 45～65 人，临时工 35～55 人。

第 11 章　临时工程建设

主要临时设施工程数量按表 11.1 填写。

表 11.1　主要临时设施工程数量表

序号	工程项目	结构形式	单位	数量	使用时间	备注
1	生产用房	彩钢板棚	m²			新建
2	施工便道	20 cm 碎石＋20 cm C25 钢筋砼	m			
3	给水干管路	DN100	m			
4	变电站	3.5 kV	座			
5	供电干线	10 kV	m			

续表

序号	工程项目	结构形式	单位	数量	使用时间	备注
6	供电专线	35 kV	项			
7	通信干线		m			
8	场地硬化	15 cm C20 砼	m²			
9	场地绿化		m²			
10	场地围挡	砖墙	m			
11	场地围挡	彩钢板墙	m			
12	构件预制厂	管片模具3套	座			
13	泥水处理站	3 000 m³/h	座			
14	污水处理池	砌砖	座			
15	人行步梯	钢结构	座			

11.1 项目经理部、项目分部、架子队驻地建设

1) 选址

驻地相对独立，需满足封闭办公条件，距离线路的垂直距离不宜超过 2 km，交通便利，原则上应位于本管段首末端的中部位置。

2) 规划

规划布局应合理，功能分区应明确，各室建筑面积应满足要求，办公用品应配备齐全，严禁办公区和生活区混用。同一标段施工单位项目经理部、项目分部建筑风格要保持一致，外墙及屋顶颜色应统一，要彰显各自企业文化；设置会议室 1 间，至少容纳 50 人；项目经理部还应设置职工培训室 1 间，至少容纳 150 人。规划完成后连同平面规划布置图、效果图等报监理单位初审、报公司主管部门和分管领导审批后组织实施。

项目经理办公用房面积原则上不得超过 20 m²，按单间设置。项目副经理原则上不得设置单间，办公面积不得超过 10 m²，按 2～3 人一间标准设置。项目一般管理人员人均办公面积不得超过 5 m²，按 3～4 人一间标准设置。民工学校和会议室套用，无须单独设置。会议室必须设在办公区首层，原则上不得单独搭设。根据招标文件和合同，建设单位和专业分包有住房要求时，需给予考虑，并对成本进行相应摊销。

项目班子和已婚员工住宿可以按单间设置，其他管理人员按 4 人一间标准设置。在租房和建房费用基本持平的情况下，要求项目经理部尽量建房，减少外租房面积。作业人员人

均住宿面积不得超过 2.2 m²,一般按 8~9 人一间标准设置,并考虑工人外租房的数量,减少项目空置房面积。项目经理部可以为作业人员设置夫妻房,每间房的面积控制在 5 m² 以内,夫妻房总面积按不高于宿舍总面积的 5% 控制。

项目办公、生活住房本着从紧原则进行设置。

生活区、办公区及生产区应尽量减少硬化面积,原则上按临建投影面积的 1.5 倍控制,提倡地面采用标准砖铺砌灌砂的形式或一般绿化的形式。

项目经理部绿化按每年度一、二类项目 1.2 万元,其他类项目 0.7 万元控制,设置以简洁大方为宜。

项目经理部娱乐设施按如下要求设置:① 一、二类项目允许设置标准篮球场,五、六类项目和工期小于 10 个月的项目不允许设置篮球场,其他类型项目可以设置半场。② 项目经理部可以根据项目需要在小会议室设置乒乓球桌、乒乓球球拍及羽毛球球拍,但不得单独设置羽毛球练习场地。

临建地面硬化除临时施工道路外,原则上使用自拌混凝土,当地政府主管部门强制要求使用商品砼的,按当地要求执行。地面硬化厚度不得超过 8 cm。临时施工道路砼强度控制在 C20 以内,厚度控制在 20 cm 以内,宽度控制在 3.5 m 以内,通过设置港湾解决会车问题,且临时施工道路的布置尽量与将来的永久性道路的位置和标高结合起来,并认真考虑土方开挖前后的使用情况,确保道路的利用率。

项目办公区、生活区采用外租的方式时,在编制项目策划中必须做出说明,经审批后方可实施。

项目经理部驻地临时设施编制见表 11.2 所示。

3) 材质

所有活动板房板材厚度均不得低于 75 mm,两侧钢板厚度均不得低于 0.8 mm,芯材为轻质、隔热和阻燃材料,耐火等级必须达到 A 级,搭建不宜超过两层,达到两层的必须设置两个疏散楼梯。

4) 命名

屋顶横向布局的单位名称如"中铁×××局×××铁路工程项目经理部",驻地前竖向挂牌的单位名称必须与公章一致,采用活动板拼装房的铭牌平面布置在门上部,其余立面布置在门侧,标牌和房屋比例应协调。

5) 附属

办公区、生活区,每层房屋设置 4 kg 干粉灭火器 2 具,并贴挂"消防责任牌"和"消防安全 人人有责""注意防火"警示牌。

6) 办公设备配置方案

(1) 空调配置

空调_____台:项目经理部办公室_____台,会议室_____台,建设单位、监理办公室各_____台,建设单位休息室_____台。

(2) 办公设备配置

复印机_____台:技术部。

打印机(A3 彩色)_____台:技术部办公室_____台(通过项目局域网共享)。

打印机(A4 黑色)_____台:执行经理办公室_____台;商务合约部_____台;质安部办公室_____台。

传真机_____台(兼电话功能):技术部办公室。

投影仪_____台:项目经理部。

黑色木质文件柜_____个:项目经理、项目执行经理各_____个。

灰色铁质文件柜_____组:技术部_____组,商务合约部_____组,物资设备部_____组。

(3) 办公桌椅配置

办公桌椅_____套(含沙发、茶几):项目经理办公室_____套,执行经理办公室_____套,项目副经理办公室_____套。

普通办公桌椅_____套:商务合约部_____套,技术部_____套,工程部_____套,物机部_____套,质量部_____套,安全部_____套,甲方_____套,监理_____套。

会议桌_____台(含椅子_____张):会议室。

(4) 电脑配置

本项目配置_____台电脑:用于全球眼监控系统。

其余电脑为项目管理人员自配(_____台)。

7) 架子队驻地建设

生活设施、居住条件、作业环境、作业条件必须符合国家规定的安全和卫生标准,按照同吃、同住、同劳动、同学习、同管理的要求设置;一个标段建设样式、标准等应统一,应能满足项目管理要求,并体现企业文化特色。

作业人员生活区共设置宿舍楼_____栋(2层彩钢房),共_____间,卫生间_____个,浴室_____个,大食堂_____个,洗碗池_____个,洗衣台_____个,晾衣架_____个。

作业人员宿舍(彩钢房)装饰做法:

① 一层地面:矿渣厚300 mm,100 mm厚素砼找平压光。

② 二层地面:彩钢房楼层骨架网,25 mm厚复合木地板。

③ 一层、二层天棚吊顶:无吊顶。

卫生间(含浴室,砖混结构)装饰做法:

① 地面:50 mm厚素砼找平,300 mm×300 mm防滑地面砖。

② 墙面:15 mm厚1∶2.5水泥砂浆抹灰,腻子(300 mm×300 mm白色釉面砖,

1 800 mm 高)。

项目经理部驻地临时设施工程数量按表 11.2 填写。

表 11.2 项目经理部驻地临时设施工程数量表

序号	临建名称	规格/型号/材质	单位	数量	使用时间	来源/(租赁/自建)
1	职工宿舍					
2	民工宿舍					
3	办公室					
4	监理办公室					
5	会议室					
6	食堂					
⋮	⋮					

11.2 梁场建设

1)梁场选址

梁场应选择征地拆迁工作量较小,场地面积符合要求,周边高压输电线路、既有铁路等设施影响相对较小且不影响重难点工程施工的区域。

2)规划

(1)办公生活区路面硬化,混凝土铺设厚度不小于 10 cm,采用砖砌排水沟、砂浆抹面,盖板为灰色 RPC 格栅盖板。采用活动板拼装房的室内净空高度不低于 2.8 m。

(2)梁场生产区进门处需设置门禁系统。

(3)临时供电电缆宜采用暗埋方式敷设。

(4)制梁场规划应根据工程总体工期安排、制梁数量、铺架计划等因素,用地面积与生产规模、建设工期相匹配,生产区、生产辅助区、办公生活区布局合理,各功能区面积满足制、存、架梁需求;场区硬化面坡度合理,排水系统完善。

(5)制梁场各功能区地基处理,均应委托具有相应资质的单位进行专项设计,并报监理站审批后连同制梁场建设方案一起报公司核备。地基处理包括:制存梁台座、提梁机、龙门吊轨道基础、运梁便道等。

(6)制梁台座数量满足工期要求,存梁台座数量满足梁场存梁能力及梁体上拱度徐变要求;存梁时必须保证支座板位于存梁台座外侧,具备检查支座板空响的条件,两孔梁间应进行场地种草绿化,设置不少于 1 m 宽的硬化检查通道和完善的集、排水系统,不得积水。

(7)应本着节约和回收利用的原则,统筹规划给排水系统。设置养护用水收集系统,做到养护用水循环利用;应用预制梁无死角自动喷淋养护技术,养护用水水压、养护管道铺设与生产能力、养护周期相匹配;开发养护程序,实现自动养护设备实时采集梁体养护温度、湿度。

(8) 冬期施工时蒸汽管道应铺设至制梁和存梁台座,并明确供汽和停汽条件,养护期满足冬期施工要求;无蒸汽养护设备的预制梁场禁止冬期施工。

(9) 开发使用温度自动采集、传输技术,实现定时采集、远程监控、实时查询,确保温度记录真实可靠,具有可追溯性。

(10) 成立钢筋、混凝土、预应力张拉、压浆、封端及梁端防水专业化班组,班组人员经培训合格后建立台账、持证上岗。

预制场设置见表 11.3 所示。

表 11.3 预制场设置一览表

序号	名称	布设位置	面积/m²	箱梁数量/个	制梁台座/个	存梁台座/个	模板	投入主要设备	服务范围及架梁顺序
1	××制梁场	东台市富安镇	178 756	781	10	99	6	提梁机、运梁车、架梁机、龙门吊、数控加工设备	先架设范围为 DK85+000—DK96+100.99(758 号墩—1097 号墩),共有 331 片预制简支箱梁。架设方向为 758 号墩→1097 号墩(南通方向)。桥机调头后架设范围为 DK70+006.05—DK85+000,共有 451 片预制简支梁,架设方向:758 号墩→293 号墩(盐城方向)

3) 材质

采用活动板房的板材厚度均不得低于 75 mm,两侧钢板厚度均不得低于 0.8 mm,芯材为轻质、隔热和阻燃材料,符合防火要求。

4) 命名

应以县级及以上地名命名,如在同一县内存在两个梁场,加南北或东西加以区别。不同标段在同一县内的两个梁场,由两家协商解决,如"中铁×××局×××铁路×××制梁场"。

5) 文明施工

通过配备雾炮、洒水车等设备,防尘降尘,提升场内空气质量,降低环境污染。

11.3 轨道板场建设

1) 选址

应选在交通便利、运距合理的位置,板场建设本着"经济实用、相对独立、便于管理、方便施工、安全环保"的原则进行科学合理的规划布置。

2) 规划

总平面布置应综合考虑生产规模、工艺及设备等因素,工艺流程合理、节能环保、结构紧凑,按照"工厂化生产、流水线施工、标准化作业、信息化管理"的高标准进行建设,根据轨道板预制周期、产量和轨道板安装工期、预制工艺流程、场内转运方式、物流线路、临时工程类型和数量要求布置。预制生产区、混凝土拌和区、道路、轨道板存放区、成品钢筋存放区、生活办公区等布局合理。

(1) 预制生产区各功能区布局合理,满足最大生成能力需求:钢筋绑扎台座及存放架数量应满足每日最大产量要求,拆装平台的数量应满足单个台座轨道板拆模要求,封锚区的大小应满足日最大产量轨道板封锚要求,水养池大小应满足轨道板水养时间不少于3天的要求。

(2) 轨道板存放区设置应综合考虑制板场及线路建设综合影响因素,包括板场总产量、计划竣工日期、线路无砟轨道施工进度等,进行经济比选,设计存板区库容量;存放区应有完善的供、排水系统,应综合考虑日最大产量和洒水养护时间要求,建设足够容量的蓄水池,存板区内设置环形、纵横向排水沟,着重考虑条形基础内部排水,排水沟连通周围自然环境水系。

(3) 推广工装设备现代化、智能化、管理信息化,轨道板采用预应力智能自动张拉、自动喷淋养护、水养池自动测温管理等技术。

11.4 试验室建设

1) 选址

试验室应有相对独立的工作场所,试验室选址时需综合考虑安全、环水保及过程质量管理等因素,避免嘈杂、灰尘、振动、交通等不利环境因素给试验工作带来负面影响。施工单位试验室可选临近项目经理部或混凝土拌和站。监理单位试验室应有相对独立的工作场所,不得与监理站其他科室及生活区相互混杂。

2) 规划

(1) 功能分区:试验室的功能室应根据试验检测参数进行设置,工作区和生活区须分开。工作区分为操作间、办公室和资料室,各操作间应独立设置,其数量、面积应满足要求。

(2) 合理布局:采用"一"形、"凵"形或"L"形布局,具体根据场地条件而定,室内净空高度不低于 2.8 m。功能室应按照试验检测流程和工作相关性合理布局,保证样品流转顺畅、操作方便,对造成相互干扰和影响的功能室进行隔离设置。如混凝土室、力学室和标准养护室,样品室、办公室和资料室等宜相邻布置。

(3) 安全及环水保:试验室应配备相应的消防设施;设备用电应做到安全可靠,大功率用电设备应一机一闸一漏且接地;易燃易爆及有毒化学品应独立存放且专人保管;化学废弃物应进行无害化处理。各种安全、环水保应醒目标识。标准养护室应配备自动喷雾养护系统,进出门独立设置,不得影响相邻试验室设备。

(4) 视频监控:试验室所有操作间应安装视频监控系统,监控范围应包含整个操作区域。网络不通或视频监控出现故障时不准进行试验,如遇特殊情况应向建设单位上报备案。

3) 材质

推荐使用彩钢板搭设试验室,板材厚度均不得低于75 mm,两侧钢板厚度均不得低于0.8 mm,芯材为轻质、隔热和阻燃材料,耐火等级必须达到A级,彩钢板房地基应稳固,骨架及拉绳应扎实,并充分综合考虑防雨、防风、防雷、防晒等因素,加强安全措施。彩钢房外墙为象牙白颜色,内墙为白灰色,屋顶外露面为红色。

4) 命名

应根据线路长短、工作量及规范要求成立相应的中心试验室、试验分室、试验组,试验室数量视标段具体情况而定,所涉及的序号按照罗马数字表述。

施工单位试验室有下面三类:

中心试验室:母体试验室名称+驻项目名称+站前××标中心试验室。

梁、板场分室:母体试验室名称+驻项目名称+站前××标+梁(板)场名称+试验分室。

试验组:母体试验室名称+驻项目名称+站前××标××号拌和站+试验组。

11.5 拌和站建设

建设前,应根据施工组织设计统筹考虑日最大供应混凝土量,结合材料试验检测周期,计算需要合格材料的最大存储能力,确保资源配置符合施工进度和质量控制双重要求。水泥、粉煤灰、矿渣粉等粉料应根据品种、强度等级采用储料罐分别存储,粉料罐容积及个数必须与拌和机生产能力、材料检验周期等条件配套设置。

1) 选址

拌和站选址和建设应符合国家环水保相关规定,应避开易发地质灾害、水害及其他灾害位置,须满足以下条件:地势稍高,场地不积水;建站地质状况好,地基承载力较高;环保条件好;交通便捷,线下分部的拌和站应选址在主要交通干道旁,方便管段混凝土供应,供应半径不宜大于15 km;建设地点用水、用电能满足生产、生活需要;应将集水池、沉淀池和污水过滤池纳入场区排污规划,严禁将站内生产废水直接排放;永久和临时建筑相结合,减少征地拆迁及复垦量。

2) 规划

(1) 根据储料仓与拌和站计量仓的相对位置不同,拌和站平面布置可设置为"一"形、"二"形或"L"形。根据平面布置进行拌和站合理分区,分为生产区、辅助生产区、试验检测区、办公生活区。

(2) 拌和站的所有场地除绿化外应进行混凝土硬化处理,硬化后场地承载力满足场内作业要求,冬季地面硬化时应考虑冻土层对地基的影响,将冻土层换填,避免地基下沉。基底处理完毕后,面层重车行走的主要道路混凝土强度等级不低于C30,厚度不小于20 cm。

场地硬化按照四周低、中间高的原则进行,面层排水坡度不应小于2%,场地四周应设置排水沟,拌和机下宜设置暗沟连接到排水沟。拌和站内必须设置沉淀池和污水过滤池,严禁将站内生产废水未做处理直接排放。

(3)骨料储存量、堆场面积应满足生产需求和相关规定。砂、石料仓储量应合理,不同批次应有明显分界标识,且合格料储量应满足生产高峰需要。粗、细骨料按规格分为合格区和待检区存放。各种存料区应设置彩色LED显示屏,对材料信息进行标识。

(4)拌和楼设置封闭式防晒防雨设施,配置满足夏期、冬期施工要求的设施设备。拌和站拌和机、粉料仓基础、基座应为不低于C30水泥混凝土,且必须保证安装稳定、牢固,搭建前应委托有相应资质的设计单位进行地基承载力验算、风荷载强度计算、基础抗倾覆计算、基础抗滑稳定性验算、基础承载力验算,必要时采取桩基础或扩大基础基座,以及设风缆拉绳等防倾覆措施。拌和站建筑物与设备应采取有效防雷接地措施。

(5)拌和站应设置固定封闭式水池或水仓,必须保证拌和用水不受粉尘、油污等废物的污染,存储量应满足生产高峰用水要求,为控制冬、夏季混凝土施工入模温度,拌和站应设置配套的锅炉和制冷设备。

(6)拌和站不同品种的外加剂应分别储存,外加剂存储罐应具有防沉淀的搅拌装置。外加剂存储库应合格、待检分开设置,进入拌和机配料罐的必须是合格材料。外加剂可采购母液现场掺配或直接采购掺配好的成品,选购成品时施工单位应派专人驻厂监控,现场掺配时应配备精确计量装置。

(7)拌和站为防止停电造成混凝土生产中断,酿成质量事故,每个拌和站必须配备与生产能力相匹配的发电机。

(8)拌和站内应设置骨料清洗区,清洗区应设置骨料清洗设备和完善的集、排水设施,不得对周围环境造成污染,拌和站应设置污水处理设施。

(9)拌和站应加装全覆盖视频监控系统,实现对材料进场、存放、检验、使用等环节无死角监控;拌和站应设置具备自动记录、存储功能的地磅及配套设备,地磅旁必须设置与送料车高度相匹配的车检台,便于进行车检取样。

拌和站设置编制见表11.4所示。

表11.4 拌和站设置一览表

序号	拌和站名称	布设位置	面积/m²	机械配置	拌和设备型号	数量/台	服务范围

3)材质

包括储料斗在内的所有地材存放场地必须加设轻型钢结构顶棚,禁止太阳直接照晒或雨淋,钢结构顶棚起拱线高度不小于7 m,满足受力、防风、防雨、防雪等要求。料仓间隔墙采用C25混凝土灌注,高度不低于3 m,厚度不小于0.5 m,为保证各种材料不得混仓,隔墙上部距离墙顶15 cm设堆高线,下部设15 cm起铲线(起铲线以下不得直接使用,必须集中收集清洗后方可使用)。办公用房采用彩钢板房,板材厚度均不得低于75 mm,两侧钢板厚度均不得低于0.8 mm,芯材为轻质、隔热和阻燃材料,符合防火要求。

4)命名

拌和站按照里程依次编号,按"中铁×××局×××铁路站前××标××号拌和站"命名。

11.6 钢筋加工场及存放场

1)选址

钢筋加工场以项目分部为单位集中设置,合理选择设置地点,交通便利,出入方便,方便钢筋加工成品与半成品供应,经公司组织验收、评定合格后方可投入使用。需在现场临时存放的成品、半成品钢筋,可在施工工点附近设置存放场,设置前必须报公司核备,存放场内不得存储钢筋原材、不得加工钢筋。

2)规划

(1)钢筋加工棚、存放棚必须实行封闭管理,钢桁架结构形式,侧墙及顶面可采用彩钢板材料,采光、通风、消防等须满足使用要求,加工棚室内地面应做无尘硬化处理。

(2)加工场分区合理,原材料堆放区、钢筋下料区、加工制作区、半成品堆放区满足生产需求,各功能区悬挂分区标识牌;各种原材料、半成品或成品应按其检验状态与结果、使用部位等进行标识,标明材料名称、规格、长度、编号等参数,标识牌齐全,标识牌信息应与代表的实物相对应。

(3)钢筋、半成品、成品堆高应合理,保证下部钢筋不变形。

(4)加工制作区应悬挂各种型号钢筋大样图,挂设标准件,地面绘制1∶1比例样图。

(5)预制梁变截面钢筋存放时应分型号分别放置并标识。

(6)配备钢筋数控调直切割机、弯曲机、弯箍机等加工设备和自动滚焊设备,钢筋加工应制作钢筋定位胎架,半成品钢筋安装绑扎须在定位胎架上完成。

(7)桁吊、龙门吊等特种设备使用前须获得有关部门的鉴定,操作人员必须经过专业培训并持证上岗。

(8)施工用电管线布置整齐有序,电器设备、箱、盒及警示牌布设规范。

3)命名

统一命名为"中铁×××局×××铁路站前××标段××分部××号钢筋加工场",从各标段小里程开始编排,序号在分部内由"一"开始。

11.7 施工便道

(1)施工便道应注重永临结合,主干道、会车道、弯道设置合理。根据现场需要设置单、双车道,单车道按规定每 200~300 m 设置一处会车区,具体设置应在方案中明确;设置坡道时,纵向坡度在 8%~10% 之间。

(2) 施工便道应根据地质情况对地基处理进行专项设计,确保满足承载能力、使用期限的要求。

(3) 明确路基宽度和高度,面层填料 AB 料或级配碎石,便道路面高出自然地面 0.2~0.3 m,安全防护等设施完善。便道排水坡应合理,两侧设置排水沟,并设专人养护,洒水抑尘。编制见表 11.5~表 11.7 所示。

表 11.5 施工便道统计表

序号	便道位置	新建	原有	便道宽度	便道长度	服务范围	备注
1							
2							

表 11.6 栈桥统计表

序号	栈桥编号	栈桥宽度	栈桥长度	高程	跨径	拟使用位置
1						
2						

表 11.7 临时码头统计表

序号	码头名称	设置位置	码头形式	码头尺寸	高程	计划起止时间	用途
1							
2							

11.8 取、弃土场

列表说明取、弃土场的来源(建设单位提供或自己购置)、位置、运距、容量、对应的施工区域等。

11.9 砂石料堆放场

砂石料堆放场设置见表 11.8 所示。

表 11.8 砂石料堆放情况一览表

序号	设置位置	材料规格	单位	堆放数量	供应范围	来源	备注
1							
2							

11.10 辅助生产区建设方案

辅助生产区建设方案具体包括机械房、工作车间、材料库房、机械车辆棚等面积、规格等内容。

11.11 临水、临电、网络方案

临水、临电、网络方案应说明规格、功能、面积、来源和使用时间。根据需要绘制办公区、生活区水电平面图,以及施工用电总平面布置图、用电系统图、给水总平面图、排水总平面图等。参照表11.9填写。

表11.9 变压器设置情况一览表

序号	设置位置	变压器型号	单位	配置数量	服务范围	来源	备注

1)水源、电源情况

施工现场共有××处电源,即1#(位于场地东侧)、2#(位于场地南侧)、3#(位于场地西侧)、4#(位于北侧)市政变压器,其中1#变压器容量为500 kVA,2#、3#、4#变压器容量为400 kVA。4#配电房设置自备柴油发电机(120 kVA),与4#配电屏连接。

在场地的1#大门(场地东侧)及2#大门(场地南侧)各有一处市政水源,目前为DN100管,与建设单位沟通后改为DN200管作为现场临时用水水源。

2)临水方案

现场在建设单位指定水源接口处设置水表井,采用DN100的热镀锌钢管沿施工围墙埋地敷设形成北干线(由1#取水点供水)及南干线(由2#取水点供水)。各用水点直接从主干管上开梯口,并装阀门,管理人员办公生活区采用DN50热镀锌管引入;工人宿舍区采用DN80热镀锌管引入,支管采用DN50热镀锌管;楼层采用DN50钢管接至每栋号,栋号用水立管采用DN50钢管随结构施工上升,立管每层开梯口接施工临时消防栓及施工用水胶管。

临水施工方案详见《××××临水、临电施工方案》。

3)临电方案

根据施工现场总平面图及市政变压器的基本情况,施工现场对应1~4#市政变压器分别拟定四组配电屏(1~4#),分别定位于市政变压器附近的配电房内,4#配电房设置自备柴油发电机,与4#配电屏连接。

临电施工方案详见《××××临水、临电施工方案》。

4) 监测视频方案

(1) 项目经理部建立施工监测视频管理制度,配备施工监测管理责任人及相应设备,对施工进度影像、项目公共关系影像、工程定点整体照片(或慢照片)进行拍摄及管理。

(2) 施工进度影像(参照项目经理部施工照片拍摄地点与要点参照表)按工区或作业面实际施工情况拍摄。

(3) 其他监测视频影像按项目经理部要求拍摄。工程定点整体照片(或慢照片)在项目开工前选定拍摄点,每天按预定时间间隔(按若干小时)等时距拍摄。

(4) 项目经理部施工监测负责人员编写施工监测日志,记录每天拍摄情况,并对拍摄影像按档案管理要求整理保管。项目完工后,对工程定点整体照片(或慢照片)进行合成,生成工程建设影像纪录片。项目配置_____台照相机、_____台摄像机、_____台门禁系统。现场(或者办公室)配置_____套监控系统,于_____部位配置_____个观测点。现场会议室设置××品牌的视频系统一套。

11.12 临时雨污水排放及垃圾处理

临时雨污水排放及垃圾处理设置按照表11.10填写。

表11.10 雨污水排放情况一览表

序号	设置位置	管道规格、长度	化粪池容量	垃圾池容量	收集范围	备注

11.13 工作网络、视频会议系统、监控系统、对讲系统

工作网络、视频会议系统、监控系统、对讲系统等信息系统设置按照表11.11填写。

表11.11 信息系统一览表

序号	设置位置	系统名称	系统参数	设置数量	服务范围	系统设备来源	备注

11.14 消防、治安、医疗卫生、环保布置

消防、治安、医疗卫生、环保布置等按照表11.12填写。

表 11.12　消防、治安、医疗卫生、环保布置一览表

序号	设置位置	器材名称	规格型号	设置数量	服务范围	来源	备注

11.15　施工总平面布置

施工平面图,分施工总平面图和单位施工平面图,其内容包括:用地范围,拟建房屋的位置和尺寸,原有地上建筑物和地下设施的位置和尺寸,电源线路、排水系统、变压器的位置,消防设备、交通道路等平面布局,暂设工程及临时设施的布置,永久性及半永久性测量坐标位置,材料、成品及半成品存放位置,现场预制加工场地及存土堆放位置,大中型施工机械的位置。

设计施工平面图时应遵循下列原则:

(1) 要做好充分的调查研究,摸清各种情况,科学安排场地空间,正确使用和保护已有的设施。

(2) 一切施工临时设施应尽量避开拟建建筑位置,避免中途搬迁,造成浪费,并尽量减少临时设施的工程量。

(3) 要使材料运距最短和减少二次搬运。

(4) 严格遵守安全保护、现场管理、环境保护、现场保卫等各项文明施工现场标准。临时设施的布置应符合防火标准要求。生活设施和生产设施分开设置,布置合理。高噪声设备尽量远离噪声敏感区。

11.16　项目临建费用的管理规定

1) 临建费用的控制

项目经理部在申报现场策划时,必须将临建部分的费用用附表的形式一起上报。

2) 临建费用的摊销

临建策划时摊销原则:可周转临时设施中购置的活动板房、工具、围挡式加工棚、临电临水中的一级和二级配电箱、二级配电箱以上的电缆、加压水泵、CI 设施中的旗杆、九牌一图栏、宣传栏、监控系统、门禁系统等按三个项目周转,依次摊销比例为 5∶3∶2,其他设施费用一次性计入。采用租赁临时设施的项目按租赁费用计入。项目耐用品和 CI 配置费用见表 11.13、表 11.14 所示。

表 11.13 项目耐用品购置最高标准

类 别	配备标准
公共部分	会议桌:4 000 元/套
	空调:办公室用 1.5P 分体机,2 000 元/台;柜机用大 3P,6 000 元/套(仅用于会议室)
	数码相机 1 500 元/台,每个项目 1 台
	电视机 1 000 元/台,每个项目不超过 2 台
	传真机:1 100 元/台,每个项目 1 台
	洗衣机:1 000 元/台,每个项目 1 台
	热水器:1 500 元/台,每个项目最多不超过 2 台(禁止使用即热式电热水器)
	消毒柜:1 000 元/台,每个项目 1 台
	电冰箱:1 500 元/台,每个项目 1 台
项目经理办公室	办公桌椅 1500 元/套(桌长 1.6 m,配固定座椅)
	单人沙发 2 件、茶几一张:1 500 元/套
	木质文件柜一组:1 000 元/套
项目副经理	办公桌椅 600 元/套(长 1.4 m,配固定座椅)
其他员工	办公桌椅 500 元/套(长 1.4 m,配固定座椅);平均 4 人配备铁质五节柜一套 500 元或七节柜一套 700 元
资料员	铁质五节柜一套,1 000 元/套

表 11.14 项目 CI 购置标准

序号	项目名称	规格型号	数量	单价/元	金额/元	备 注
1	门楼	10 m×1.5 m×1 m				制作安装
2	办公室围挡 B 式组合	2.5 m×2 m				制作安装
3	不锈钢项目经理部门牌	0.6 m×0.9 m				制作安装
4	外围墙做字	中国中铁 IC				包工包料
5	外围墙刷踢脚线	上下各 0.2 m、0.3 m				包工包料
6	安全帽编号一套	A				制作安装
7	会议室 PVC 字	中铁×××+徽标				制作安装
8	代表作	0.65 m×0.5 m				高档镜框
9	企业宗旨	1.05 m×0.6 m				高档镜框
10	卷帘	1.2 m×1.8 m				安装、印字
11	机械操作规程	0.5 m×0.75 m				订架子、背板、布
12	钢筋棚标语	高度 1 m				角钢焊架子制作安装

续表

序号	项目名称	规格型号	数量	单价/元	金额/元	备注
13	胸卡卡套					PVC卡
14	岗位职责	0.55 m×0.39 m				写真装裱
15	物资标识牌	0.2 m×0.3 m				PVC板贴户外写真
16	不锈钢七牌一图	1.2 m×0.8 m				制作安装
17	不锈钢七牌一图做内容	1.2 m×0.8 m				订架子、双背板、布、后背板刷油漆
18	不锈钢宣传栏	2.7 m×1 m				制作安装
19	不锈钢导向牌					制作安装
20	3 m旗台有钛金字	×××公司＋徽标（0.4 m×0.4 m）				制作安装
21	大门做字	中国中铁				包工包料
22	大门刷油漆	8 m×2 m	2			包工包料
23	农民工学校牌子	0.5 m×0.75 m				制作安装
24	不锈钢门牌	0.28 m×0.09 m				制作安装
25	内围墙刷踢脚线	上下各0.2 m、0.3 m				包工包料
26	红色安全帽贴字	中国中铁				制作安装
27	不锈钢旗杆	1根11 m，2根10 m				制作安装
28	门柱刷油漆	2 m×1 m×4 面 3.6 m×1 m×4 面	2 2			包工包料
29	出入证					
30	限载牌	0.4 m×0.6 m				订架子、背板、布
31	宿舍门牌编号	0.28 m×0.09 m				制作安装
32	栏杆标语	24 m×1.2 m				角钢焊架子制作安装
33	重大危险源标牌	2 m×1.2 m				角钢焊架子制作安装
34	项目展板	0.45 m×0.9 m				制作安装
35	三合一展板	1.5 m×11 m				角钢焊架子制作安装
36	不锈钢警示镜	2.3 m×1.2 m				制作安装
37	内围墙标语	0.7 m×0.7 m				"敢于超越、勇于跨越"
38	围墙品牌宣传	6 m×3 m	2			角钢焊架子制作安装＋镀锌板
39	塔吊标识牌	6 m×1.2 m	2			角钢焊架子制作安装

续表

序号	项目名称	规格型号	数量	单价/元	金额/元	备注
40	塔吊操作牌	1.2 m×1.8 m				角钢焊架子制作装
41	配合比标牌	1.2 m×0.8 m				订架子、背板、布
42	配电瓶CI覆盖	高0.4 m				角钢焊架子制作安装
43	欢迎牌架子	0.6 m×0.9 m				
44	横幅	高1 m				
45	安全帽标识	3 cm×3 cm				
46	配电箱标识	21 cm×21 cm 或 12 cm×12 cm				

第12章 现场管理策划

12.1 总平面管理

项目经理部应建立总平面管理制度,明确责任部门和责任人员,对施工场地进行统一管理,满足各分包单位对作业场所、场内交通、材料堆场、临时设施及临电、临水等方面的需求,同时对分包单位提出安全、防火、防盗、道路和排水系统的畅通以及良好的施工环境等管理要求。

12.2 施工区段划分

合理划分施工区段,并部署施工作业队伍。对于联营项目要明确双方工作界面,包括施工范围、施工内容,具体划分编制见表12.1所示。

表12.1 施工区段划分一览表

序号	工区/分部	施工区段	施工架子队部署			
			架子队	施工内容	人员配置	机械配置	工程量
1	一工区	DK24+100—DK25+200	桩基架子队	钻孔桩	技术1名,安全员1名、带班人员1名、钻机手6名、混凝土工10名、钢筋工8名、起重工2名	360°旋挖钻机1台、冲击钻1台、汽车吊1台、泥浆泵2台、电焊机2台	φ1000钻孔桩112根
2	二工区	—	路基架子队	路基施工	—	—	—
⋮	⋮	⋮	⋮	⋮	⋮	⋮	⋮

12.3 现场材料管理

1）物资验收与仓储保管

（1）物资管理部门根据发货单位预报的发货信息确定将到达物资的存放地点，准备好需用的验收计量器具，并事先做好校验、检查，保证其准确性。

（2）须明确有权收料人员及其权限范围，并书面告知供货组织机构、供应商；进场物资须由2人及以上人员进行验收签认；对建设方提供的物资、其他特殊物资，建设方或公司等要求共同验收或进行旁站验收时，物资管理部门应组织技术人员、试验人员、外部专家、建设方、监理方及送货人员等相关方共同验收。

（3）物资验收验证包含外观质量验收、配套资料验证、数量验收、质量验收。对通过验收验证的物资，收料人员在供应商的送料单上签字确认外观质量、数量、单证资料、收料日期，凭收料人留存联填制进场/入库物资验收登记簿，作为物资进场/入库的原始记录。上级公司推行信息化方式实时监控验收情况，项目经理部应及时在信息化系统录入验收数据。

（4）对钢材、水泥、粉煤灰、外加剂、砂石料等结构性材料以及其他需要进行复检试验的物资，收料人员在完成验收验证后，应及时填写检验/试验通知单，附产品质量证明单或合格证、出厂检验报告原件，通知试验部门取样检验。项目经理部物资管理部门要及时向试验部门获取复检结果，并在物资送检台账登记检验报告号和检验结果。对进场取样复检合格的物资，标识"合格"，作为库存物资管理；对检验确认不合格的，执行不合格品处理程序。

（5）物资管理部门对因外观质量、数量、单证资料等验收验证不合格或检验试验不合格的物资，应单独存放、醒目标识，及时联系供应商处置。物资管理部门应做好书面及影像记录，按照合同约定的方式，留下可主张权利的有效证据。经确认不合格的物资，应采取清场退货、降级使用等方式妥善处置，收货单位应及时将不合格物资相关情况及处置结果形成不合格物资评审处理记录。甲方供应的物资确认不合格后，应按照甲方要求及时通知相关方进行处置，做好记录并向甲方报告处置情况。

（6）应统筹考虑物资需求规模、供应特点（甲供、集采或自购）、组织方式（直达工地、料场中转）、建设单位要求、施工现场状况、供应进度安排、储备需求、集散效能、周转频次、使用期限等，对物资仓储设施进行总体规划。

（7）物资库房应具备防盗、防火、防洪、防漏、防潮、防爆炸、防雷击等功能，并保持通风、干爽，配备必要的消防设备设施（如避雷针、灭火器、消防水、消防沙）。项目修建的库房应符合有关技术安全规范，并根据储存物资的技术性能、质量要求、周转量大小及当地的气候地理条件等因素，配备必要的装卸、搬运、检测、计量设备，具有保障收发、保管、搬运等正常作业的使用功能。

（8）应建立健全库房管理制度，明确管库人员岗位职责、库房收发料工作程序、进库须知、库房安全制度，设立安全作业警示牌（如严禁火源火种）等。库房管理制度、安全制度应在库房投入使用前完成。

(9) 仓库内凡具有保质期限的物资,保管人员应注明有效保管期限,发料时实行"先进先出"原则,并在保质期限内发出使用。各种储存设施要做好日常检查、维护、保养,定期对设施进行检修。保管物资要经常清点、检查,保证"账账相符、账物相符"。严格执行物资盘点制度,每月进行清点,填写库存物资清查(自点)记录。对盘点出现问题或物资丢失、损坏应及时出具书面报告。保护好物资的标识,如有丢失损坏,应及时恢复。保管不善造成不合格的物资,应隔离存放并加以标识,并及时上报处置。甲供物资应单独存放、标识和建账,保管不善造成不合格时,应隔离存放加以标识记录,并及时书面报告甲方。

(10) 要做好仓储信息管理和统计,物资账、卡、单据、凭证等必须正确、规范填写,做到记录清楚、准确,传递迅速,改错方式符合规定。各种记录、技术资料、统计资料等物资档案应分期装订成册,并注明相应的数据及装订人,按规定年限妥善保管。每月统计收、发、存情况,编报物资收发存动态月报表。

(11) 进入用料单位库房、料场的所有物资均应进行标识。库内五金工具、劳保用品等辅助材料采用在物资上悬挂料签的方式,标明品名、规格、数量等;钢材、水泥等主要物资及周转材料,在保存该种物资的料场,以搁置标牌或区域标签的方式标识。应分别明确材料标识牌、(半)成品标识牌、废旧物资标识牌的规格尺寸、颜色、标识项目及内容。做到标识牌安装稳固,牌面清洁,字迹清晰可辨认,满足现场文明作业与识别物资的需要。建设单位、监理方对项目物资标识有管理要求的从其要求。

(12) 对工程质量有较大影响的物资,应有完整、唯一性标识,应充分使用信息化手段进行记录和保存,实现从物资生产源头至最终使用部位全过程的可追溯。

2) 物资发放管理

(1) 物资管理部门依据主要物资需用限(定)额数量总计划表建立主要物资限额发料总台账,作为项目主要物资采购与发放总量的控制依据。物资管理部门依据工程部门提供的分工号主要物资设计数量明细表、商务部门提供的损耗系数,分作业队、工号建立分工号(队伍)主要物资限额发料台账,根据施工进度,分批次有计划地发料,严防超限额发料。

(2) 建立有权领料制度,作业队领料签字人员必须有书面确认的授权书。授权书经商务部门审核确认,物资管理部门存档备查。作业队领料人根据现场施工需要,在当月申报的物资申请计划范围内,填制物资用料申请单,经工班负责人审核、队长审批,形成正式申领单。领料人持申领单等凭证到库房申请领料,发料人核实申领单与领料人身份,核对"分工号(队伍)主要物资限额发料台账",在限额范围内,填制领(发)料单,领料人签认后领料出库。

(3) 直达下属作业队施工作业范围并交由作业队保管的主要物资,物资管理部门发货前应核对分工号(队伍)主要物资限额发料台账,确认在限额范围内方可组织供货。物资进场后,物资管理部门应组织验收验证后再发料给作业队。

（4）作业队超限额仍申请领料的，项目经理应组织工程部门、商务部门、物资管理部门等共同分析原因，提出处置意见后由工程部门按处置意见提出增补用量计划，经项目经理审批后交物资管理部门发料。无增补用量计划，物资管理部门不得发料。

（5）部分物资来不及检验而因救灾、抢险等特殊情况需紧急发放时，物资管理部门应对紧急放行的物资做好可追溯记录，事后仍需按要求对进场同批物资进行检验试验，发现不合格物资应立即更换或追回。属一次性投入、构成工程实体的物资不允许紧急放行。

（6）物资管理部门应建立低值易耗品、安全劳动防护用品的领用、发放、保管、报废、赔偿、以旧换新等管理规定，建立"低值易耗品、安全劳动防护用品领用卡"并认真登记。

3）危险化学品管理

（1）危险化学品指具有爆炸、易燃、毒害、腐蚀、放射性等性质，在运输、装卸和储存保管过程中，容易造成人身伤亡和财产损毁而需要特别防护的物资，包括民用爆炸物品、压缩气体和液化气体、有毒品和腐蚀品等。

（2）对从事危险化学品供应及运输等配套服务的供应商，除按上级公司供应商管理规定进行一般评审外，还应进行包含但不限于相应产品或服务的安全生产许可、销售许可、运输许可、行业或地区准入许可等专项评审。采购单位不得向未通过评审的供应商采购危险化学品及相关服务。

（3）危险化学品采购、保管、使用单位应建立危险化学品清单，识别并确定每种危险化学品的危险特性，制定运输、储存、使用及废弃处置等控制措施。

危险化学品管理人员应持证上岗，掌握其性能、运输要求、保管方法、应急措施及项目经理部的应急预案要求。

危险化学品应储存在符合要求的专用仓库，仓库的建设和使用须按国家规定与地方政府要求办齐相关手续。危险化学品仓库应按规定配足消防器材和设施，在明显的地方设立醒目的"严禁烟火"等标志。

严格控制进入危险化学品库房的人员，入库口应设明显警示标牌，标明入库须知和作业注意事项。

应做好各种危险化学品储存设施的日常检查、维护、保养，定期对设施进行检修。

4）周转材料与小型机具管理

（1）应制定公司周转材料管理制度，明确周转材料的计划、采购、调剂、定价、租赁及处置等要求，并根据自身业务特点、企业发展战略、市场资源状况及租购比等，编制企业周转材料配置规划，对纳入规划的品种作为重点周转材料进行管理，加强资产配置、集中采购与租赁管理。

（2）项目进场后，项目工程部门根据实施性施工组织设计，计算确定各类周转材料需要数量和进场时间、使用期限，提出周转材料配置计划移交物资管理部门，物资管理部门据此编制周转材料计划上报公司物资管理部门。

（3）公司物资管理部门根据公司自有周转材料资源分布情况、搜寻上级公司内部可租赁资源状况，结合采购权限规定、调查的市场行情等，对项目经理部上报的周转材料计划提出调配、内部租赁、外部租赁、购置等处置建议，经分管领导审批后组织实施并批复项目经理部。

（4）项目经理部按公司批复意见，组织各类周转材料进场，建立清单并严格按公司规定进行管理。落实各类周转材料资源后，项目经理部应将周转材料使用数量、费用纳入预算管理。

（5）周转材料进场后，项目经理部物资管理部门应督导各作业队正确使用和保管、维护周转材料，并按照自有、内租、外租分别建立周转材料台账、费用摊销台账，包含周转材料品种、规格、使用工点、数量、摊销费用等内容，每月清查盘点，实时掌握周转材料的使用状态。

（6）项目经理部应在与作业队承（分）包合同中明确周转材料的供应方式及费用承担、使用保管、丢失损坏责任，物资管理部门据此供应周转材料，并进行费用清算。

（7）项目经理部在周转材料使用完毕后，外部租赁的周转材料应及时办理退租手续；自有周转材料应及时清点造册报公司物资管理部门，申请调转或就地封存，并加强维修保养，提高周转材料使用价值。

（8）项目经理部对需用的电焊机、风钻、卷扬机等小型机具，参照周转材料进行管理。

5）废旧物资处置和剩余物资管理

（1）制定废旧物资处置规定，成立废旧物资处置小组。对废旧物资，项目经理部物资管理部门必须清点造册提出处置建议方案报公司物资管理部门，按公司批准方案进行处置。

项目废旧物资处置须由处置小组成员共同实施，可采取招标、竞价、谈判、询价等方式进行处置，确保处置过程透明、程序规范、记录完善可验证。

废旧物资处置资金须交财务部门入账，冲减项目工程成本。废旧物资处置完毕后，要将处置结果及时反馈给上级物资管理部门，并存档备查。

（2）项目经理部要及时将施工剩余物资清点造册报公司物资管理部门，由物资管理部门组织核算其使用价值、转运费用，决定是否安排在内部调配。不具备调配利用价值的物资，参照废旧物资处置程序对外销售。

6）物资消耗管理与成本分析

（1）建立健全物资消耗管理规定，开展好物资消耗核算工作。测定本公司所属各类工程项目物资损耗系数，执行落实消耗控制指标、控制责任。

（2）工程项目物资消耗管理遵循"月度核算、季度分析、竣工总结"的原则开展。成立以项目经理为组长、相关领导为副组长、各部门负责人为成员的物资消耗管理小组，负责贯彻上级单位物资消耗管理工作要求，组织开展项目经理部物资消耗核算分析和节超奖惩兑现等工作。

(3) 物资消耗核算分析按以下程序开展:
① 项目经理部组织对作业队当期实际完成工程量进行收方;
② 工程部门根据收方的实际工程数量提供设计数量;
③ 商务部门根据分包合同或管理规定提供损耗系数;
④ 物资管理部门依据设计数量与损耗系数,计算应耗数量;
⑤ 物资管理部门根据发放记录、现场盘点,计算实耗数量;
⑥ 物资管理部门归集应耗与实耗数量,计算节超量、节超率;
⑦ 物资管理部门根据分包合同或管理规定,计算节超费用;
⑧ 物资消耗管理小组组织分析消耗责任,兑现节超奖惩。

(4) 工程项目主要物资消耗核算通过统计应耗数量与实耗数量的差异,分析节超原因,兑现节超奖惩。

设计数量:由工程部门分别按照分工号、分作业队核算提供给物资管理部门,施工方案中有主要物资施工措施用量时,工程部门应核算并提供给物资管理部门,以便统一纳入设计数量。

主要物资损耗系数:主要物资损耗系数指原材料在某类工程的施工过程中因运输、加工、使用操作、施工作业而产生的合理损耗量与设计数量的比值。主要考虑物资或半成品在运输、加工及使用过程中的损耗系数、填筑材料压实系数、材料搭接损耗系数、桩基扩孔系数、隧道允许超挖回填系数、隧道拱顶预留沉降系数等。

(5) 物资消耗管理小组每季度应根据核算结果对物资消耗开展包含但不限于如下分析:各作业队(含搅拌站、钢筋集中加工场)的物资消耗控制情况、分工号的物资消耗控制情况、项目经理部整体的物资消耗控制情况。通过分析,找准消耗管理的薄弱环节及需重点控制的作业工序、作业队伍,提出节超奖惩兑现方案和消耗控制改进措施。

(6) 项目经理部物资管理部门按月对各作业队辅助材料的领用情况进行清理,对应由作业队承担费用的材料形成扣款清单交财务扣款,对不应由作业队承担费用的材料应列明清单并附齐发料单据,经商务部门审核、项目经理审批后交财务计列项目成本。

(7) 项目经理部每季度要结合物资消耗核算分析情况与物资结算情况,按"量、价、费"三方面开展物资成本分析。采取因素分析法,与公司下达的责任成本、概预算成本进行对比,分析量、价、费的变化对物资成本的影响程度。根据分析结果,提出加强消耗数量、采购价格及费用控制的措施。物资成本分析作为项目经理部经济活动分析的组成部分,分析结果应形成报告,报公司物资管理部门备案。

7) 调差与清算

(1) 按照合同或建设单位管理规定有调差要求的物资、因工程设计变更及施工期间因物价变动需要申请调差的物资,项目经理部要组织物资管理、商务等部门研究与调差有关的关键要素、调差方式,形成物资调差工作方案,明确分阶段的物资采购资料、原始票据、调差参照价格体系收集、统计等工作要求,以便向建设单位或相关方提供全面、真实的调差依据。

(2)项目经理部物资管理部门应及时办理与供应商、建设单位、作业队的物资清算工作。供应商供货或租赁服务完毕后,对相关合同项下的债权债务及时进行清算、办理封账协议;对甲供物资、联采物资应按建设单位要求及时办理对账清算,避免多扣费用;对劳务队伍领用的物资,应按劳务分包合同或管理规定及时办理材料费用清算,避免少扣费用。

8)项目收尾物资管理

(1)公司应重视收尾项目的物资管理,需调出收尾项目的物资负责人应办理好工作交接,必要时公司应协调安排其回项目处理相关业务工作。

(2)公司物资管理部门应组织收尾项目物资资料移交和归档工作。项目经理部物资负责人为物资资料归档移交责任人,应按公司规定编制物资资料移交清单,将物资资料分门别类并完整准确地移交到项目经理部资料归集部门或公司对口管理部门。资料接收部门应对项目经理部物资管理部门移交的资料进行妥善管理。

(3)项目完工后,物资负责人应编制项目物资管理总结报告报公司物资管理部门,总结分析项目物资管理总体状况、物资成本控制情况、物资清算情况、物资管理经验和教训等。

9)物资信息化管理

(1)鲁班平台、×××项目物资信息系统及工程项目成本管理系统等共同构成上级公司物资管理信息化体系,实现物资信息的实时处理、流转和归集。

(2)各级物资管理部门以×××项目物资信息系统作为现场物资管理的基本手段,使用该系统管理日常业务工作。项目经理部使用系统编制物资需求计划、登记物资收发存信息、周转材料管理等信息,各级物资管理人员通过系统查询统计相关数据。

12.4 现场机械设备管理

1)设备使用原则

(1)必须按规定性能使用,严禁不合理使用设备。

(2)使用时要保证人身及设备安全,不准超负荷使用。

(3)使用的燃料、润滑油、液压油必须符合规定,电压等级必须符合铭牌规定。

(4)严格按维护保养的要求定期保养。

(5)禁止拆卸固定配属在设备上的附属设备及部件,不得随意改变设备结构。

(6)设备操作人员应正确操作,保证作业质量,密切配合施工,及时完成任务。

(7)施工设备指挥人员应熟悉设备性能,同操作人员密切配合,确保设备的安全运行。

(8)严禁非设备操作人员使用设备,严格执行设备安全技术操作规程的有关规定。

2)设备使用的基本制度

设备使用的基本制度包括:岗位责任制、持证上岗制、交接班制度、巡回检查制度等管理规定。

(1) 岗位责任制

使用设备必须实行"两定三包"制度(即定人、定机、包使用、包保管、包保养),操作人员要相对稳定。设备操作人员要做到"三懂"(懂构造、懂原理、懂性能)"四会"(会使用、会保养、会检查、会排除故障)。

(2) 持证上岗制

特种设备作业人员必须经专业培训和考核,并按有关要求获得地方有关部门认可的特种设备作业人员资格证书后,方可从事相应工作。

设备操作人员,必须经过培训,经考试合格后发给设备操作证。

严禁无证操作设备。公司颁发的设备操作证(国家尚无规定的操作证),由公司统一对其进行操作证的审核、印制、发放。

(3) 交接班制度

做到"五交清":

① 交清设备技术状况(即设备维护保养情况及存在的问题);

② 交清设备运转情况,燃油、润滑油(脂)、冷却液、液压油、电力的消耗和备用情况;

③ 交清备品、附件、工具情况;

④ 交清本班完成的工作量;

⑤ 交清为下一班的生产准备及注意事项。

交接事项应在运转记录簿中做好记录。

(4) 巡回检查制度

设备使用前后及办理交接班时,均应由操作人员按规定路线对该台设备的各个部分进行一次详细、全面的巡回检查;正在使用的设备,也应利用休息停机间隙进行巡回检查。检查中发现的问题,应立即采取有效措施,予以纠正,并记入运转记录簿中,重大问题要向上级及时报告。施工单位机械主管应在现场对所管辖的设备有重点地进行巡视检查,对操作人员填写的运转、交接班记录簿进行复核确认。

3) 保养与维修

设备保养必须贯彻"养修并重,预防为主"的原则,做到"定期保养、对号入座",保证设备保养工作有领导、有计划、有组织地进行。

设备保养分为日常保养、定期保养、特殊保养。

(1) 日常保养:设备在运行的前后及运转中的检查保养。

(2) 定期保养:按规定的设备运转间隔周期进行保养。一般内燃机实行一、二、三级保养。其他设备实行一、二级保养。

(3) 特殊保养:针对暂时不用的、刚出厂的或转移工地的设备进行的保养,无间隔期规定。一般包括停放保养、封存保养、走合期保养、换季保养和转移工地前保养等。

各单位按照分级负责的原则,编制设备保养、大修(项修)计划申请表。设备保养计划分为年度、季度和月度保养计划。

4）设备修理

设备修理实行项修与大修相结合的方式,大修是对设备所有的部位进行修理,项修是针对设备某一部位（或部件）进行修理。以设备使用保养说明书要求及状态监测或技术鉴定的结果为依据,安排大修(项修)计划。

5）设备安全管理

(1) 设备安全管理应遵循"安全第一、预防为主、节能环保、综合治理"的原则。设备使用单位必须制定设备安全技术操作规程,对员工进行安全生产教育,对相关操作和作业人员进行书面交底并留存记录,定期组织设备安全检查。

(2) 设备操作人员必须熟知并严格执行安全技术操作规程,严禁违章操作;设备操作人员有权拒绝执行违反设备操作规程的指令。

(3) 纳入《特种设备目录》的设备,其安装、拆卸、使用、改造等,应执行《中华人民共和国特种设备安全法》《特种设备安全监察条例》《建筑起重机械安全监督管理规定》《特种设备使用管理规则》等相关文件规定,在取得有效许可后方可实施。

铁路自轮运转设备和铁路营运性车辆按照交通部有关规定办理检验手续。

供变电设施、水工设备、矿山设备等其他类设备应按照有关行业或系统相关规定进行安全管理。

(4) 从事特种设备作业的人员应按照《特种设备作业人员监督管理办法》《建筑起重机械安全监督管理规定》的规定,经考核合格方可获得特种设备作业人员证。铁路自轮运转设备、铁路运营性车辆等设备的作业人员应按国家或行业规定取得相应的资格证件。

(5) 作业安全风险较大的大型设备、特种设备、高空作业设备等在安装、试验、使用、拆卸前,应编制安全作业指导书并进行安全技术交底,在使用过程中的关键工序须实行安全检查签证制度;安装、试验、拆卸还应编制专项方案并进行评审。

(6) 大型设备进场后及投入使用前必须进行检测、维修、保养、验收,消除故障隐患;检测维修保养应编制具体计划,加强过程管控,并严格实施分级评审验收。国家规定了安全使用状态评估周期的设备,到期后必须委托具有相关资质的单位进行安全使用评估;其他大型设备进场检修时,鼓励委托有相关资质的第三方进行评估,以提高检修质量。

(7) 设备因非正常原因导致停机、损坏或报废,造成一定经济损失或影响的,属于设备事故。设备事故分为一般事故、较大事故、重大事故、特别重大事故四类。

① 一般事故,是指造成3人以下死亡,或者10人以下重伤,或者100万元以上1 000万元以下直接经济损失的事故;

② 较大事故,是指造成3人以上10人以下死亡,或者10人以上50人以下重伤,或者1 000万元以上5 000万元以下直接经济损失的事故;

③ 重大事故,是指造成10人以上30人以下死亡,或者50人以上100人以下重伤,或者

5 000万元以上1亿元以下直接经济损失的事故；

④ 特别重大事故，是指造成30人以上死亡，或者100人以上重伤，或者1亿元以上直接经济损失的事故。

(8) 设备事故发生后必须保护好现场，采取有效应急措施防止事故损失扩大。同时，应在2 h内向上级设备部门报告。

(9) 设备事故的处理应遵循"四不放过"原则：事故原因未查清不放过，事故责任人未受到处理不放过，事故没有制定落实切实可行的整改措施不放过，事故责任人和广大群众没有受到教育不放过。

(10) 对违反操作规程、维护保养不当等人为原因的责任事故，造成经济损失的，应追究责任；对隐瞒事故不报、弄虚作假的单位和个人应加重处罚，并追究领导责任。

(11) 设备管理部门应做好设备事故的统计、分析工作。对重复发生故障的部位和部件，应组织设备生产厂商及专业人员分析原因，并制定防范措施。

6) 特种设备

(1) 定义

特种设备是指涉及生命安全、危险性较大的锅炉、压力容器(含气瓶，下同)、压力管道、电梯、起重机械、客运索道、大型游乐设施等。其中锅炉、压力容器、压力管道为承压类特种设备；电梯、起重机械、客运索道、大型游乐设施为机电类特种设备。

(2) 一般规定

① 各单位购置、租赁的特种设备必须是由国家颁发生产许可证或者安全认可证厂家生产的产品。

② 属国家规定需要进行型式试验的特种设备(如架桥机、门式起重机等)，须通过国家法定机构型式试验验收且取得合格证。

③ 特种设备投入使用前，项目经理部物机部、安质部门应当核对其安全技术规范要求的设计文件、产品质量合格证明、安装及使用维修说明、监督检验证明等文件是否齐全。

④ 特种设备在安装前、投入使用前、拆除前应当向所在地的特种设备安全监督管理部门注册登记。登记标志应当置于或者附着于该特种设备的显著位置。

⑤ 使用特种设备的子公司、分公司、项目经理部物机部要建立项目特种设备台账。

⑥ 使用特种设备的项目经理部要建立特种设备技术档案。技术档案应当包括以下内容：

a. 特种设备的设计文件、制造单位、产品质量合格证明、使用维护说明等文件以及安装技术文件和资料；

b. 特种设备及其安全附件、安全保护装置、测量调控装置及有关附属仪器仪表、定期检验的日常维护保养记录；

c. 纳入特种设备目录，在房屋建筑工地和市政工程工地安装、拆卸、使用的起重设备还应包括购销合同及历次安装验收资料等。

d. 特种设备操作人员要认真填写设备运转及交接班、维修保养、运行故障和事故记录。

⑦ 定期检查

特种设备使用期间,设备部门每月进行一次定期检查,并做好记录。对检查中和日常保养时发现的异常情况,应及时处理。在检查中应当对特种设备的安全附件、安全保护装置、测量调控装置及有关附属仪器仪表进行定期校验、检修,并做好记录。

对外租单位承担安全责任的租赁特种设备和外协队伍自带的特种设备,纳入项目经理部统一检查,对发现的异常情况要责令其及时整改,杜绝放任不管现象。

7) 信息化与档案管理

(1) 建设设备管理信息系统,各单位运用信息系统开展设备采购、调剂、租赁、使用、维修保养、报废、安全管理、经济及档案管理等各项工作,提高设备管理信息化水平。

(2) 应做好设备管理档案和技术档案的建立、保存工作,相关管理执行公司档案管理规定。

8) 培训

(1) 设备管理及技能培训纳入各单位培训计划,各级设备管理部门须协助培训主管部门组织实施好培训工作。

(2) 设备操作人员必须通过技术培训、经考核合格后方能上岗。国家或地方有明文规定要求持证上岗的,从其规定。

12.5 现场施工技术管理

1) 施工技术交底

(1) 施工技术交底方式

① 技术交底应按不同层次、不同要求和不同方式,使所有参与施工的人员掌握所从事工作的内容、操作方法和技术要求。

② 项目经理部的技术交底工作由项目总工程师组织、项目工程技术部实施,向各工区相关的技术人员、专业工程师进行书面交底。

③ 工区的技术交底由工区技术主管组织、专业工程师实施,向工区所属的作业队的队长、队技术负责人、技术员、质检员、安全员、工班长及施工人员进行书面交底。

④ 工区的技术交底必须交底到所有施工作业人员手中。进行技术交底时,应组织有关人员认真讨论,弄清交底内容。到会人员充分发表意见,然后加以归纳汇总,对内容做必要的补充修改,使其更加完善。涉及已经批准的方案计划的变动,应按有关制度报请上级批准。保证施工人员做到心中明确自己的职责、岗位,应该做什么、怎样做。

⑤ 技术交底必须要有交底记录。参加施工技术交底人员(交底人和被交底人)必须签字。未参加施工技术交底人员必须补充交底。工程总体交底记录由项目工程部保存,现场

技术交底由现场主管工程师保存,施工结束后再报送项目工程部存档。

⑥ 技术交底执行三级技术交底制度。项目总工程师向项目经理各部门及技术人员进行施工组织、专项方案、关键工序交底。技术管理部门负责人向本部门人员及施工工区技术负责人进行施工方案、设计变更、关键工序交底。各工区技术负责人向施工班组长及作业人员进行工序及关键工序、作业指导书及分部分项技术交底。

(2) 技术交底主要内容

在工程开工前,各级技术管理人员依据设计文件、施工组织设计及相关技术规范等资料,对班组各级人员进行交底,交底一般包括以下内容(可根据具体交底项目调整交底内容):

① 工程范围及其主要内容;

② 设计文件说明、施工图纸设计内容(分项工程数量);

③ 施工顺序和施工技术方案;

④ 技术规范要求、使用的工法或工艺操作规程;

⑤ 分部、分项质量验收要求和评定标准;

⑥ 交底部位工期要求;

⑦ 质量目标和质量保证措施;

⑧ 施工中保证安全、环保的主要措施;

⑨ 有关施工技术管理和监理办法,合同条款规定的法律、经济责任和工期;

⑩ 所使用材料的特性、技术要求及节约措施;

⑪ 各单位在施工中的协调配合、机械设备组合、交叉作业及注意事项;

⑫ 设计变更内容及要求;

⑬ 已交底工程项目因施工人员、环境、季节、工期的变化或技术方案的改变必须重新交底。

⑭ 其他施工注意事项。

(3) 施工技术交底管理

① 技术交底工作由各级技术负责人组织。重大和关键工程项目必要时可请上级技术负责人参与,或由上一级技术负责人交底。各级技术负责人和技术管理部门应经常督促检查技术交底工作进行情况。

② 施工人员应按交底要求施工,不得擅自变更施工方法。有必要更改时应取得交底人同意并签字认可。技术人员、质检人员发现施工人员不按交底要求施工可能造成不良后果时应立即劝止,劝止无效时有权停止其施工,同时报上级处理。

③ 发生质量、设备或人身安全事故时,事故原因如属于交底错误由交底人员负责,属于违反交底要求者由施工负责人和施工人员负责,属于违反施工人员"应知应会"要求者由施工人员本人负责,属于无证上岗或越岗参与施工者除本人应负责任外,班组长和班组专职工程师(技术员)亦应负责。

2) 技术资料管理

技术资料主要由项目分部工程部负责整理和保管，项目经理部工程部及时下达技术规范标准，做好其补充、修改、更新等通报工作。分部要主动、及时地向项目经理部工程部编报有关技术资料，共同做好技术资料的管理工作。

认清技术资料管理的地位和作用，不断提高自身业务素质，改进工作作风，使技术资料管理水平不断提高。

紧紧围绕施工生产、施工设计、技术创新等科技活动，及时有计划、有目的收集整理和提供技术资料。

做好技术资料收集、编号、立卷、归档、查阅工作。

在开工前，及时与建设单位和监理部门联系，弄清技术资料的收集内容，备齐各种检查资料格式样本，施工资料要做到收集及时、内容真实有效、资料齐全、无涂改作假现象。

施工资料主要指建设项目施工各阶段形成的资料。

施工准备收集的资料：设计文件、施工图纸、施工技术调查报告，以及工程建设标准、规范、技术指南、定型图、标准图、通用图。

施工过程形成的资料：施工检查记录、变更设计文件（图纸）、施工会议纪要、工程照片、录像、施工总结、科技活动资料。

施工内部管理资料：施工技术管理文件、施工组织设计、作业指导书、技术交底书、对下工程量计量资料。

由项目经理部工程部负责与设计单位和建设单位联系，索要本管段的平面图、纵断面图、平纵断面缩图及工程数量汇总表，便于随时掌握项目生产进度情况，有利于项目经理部工程调度工作的开展。

施工设计文件（图纸）审查资料：由工程部负责管理，并提供以下审查结果：

（1）施工设计文件（图纸）审查报告及图纸会审记录；

（2）单项工程项目明细表及重难点工程明细表；

（3）主要工程数量表和材料汇总表；

（4）配备的定型图、标准图、通用图一览表。

施工技术资料和施工组织设计文件：由主管工程师负责管理，并报项目分部工程部备案。

开竣工报告：由项目经理部工程部编制，负责向建设单位或上级部门上报，批准文件及交验结果要建档备案。

施工技术交底资料：由项目经理部工程部负责设计单位交底资料和内部下发的交底资料的管理。

变更设计资料：由项目经理部工程部负责组织上报、下发（交底）、保管、汇总、对下计量整个过程的实施，分部负责变更设计资料的编制、上报。

施工检查资料:由分部工程部资料员负责保管,按每个单位工程、结构部位分类整理、编排成册、建立详细目录;同时检查资料是否齐全、内容是否完整、记录是否准确、手续是否完善,有无涂改和记录不清现象,发现问题督促整改。

工程数量计算资料:由分部总工程师负责,分部工程部组织落实,资料员负责计算资料整理、保管。坚持工程量不能超计、不合格工程不能计价、存在质量问题整改后再计的原则,把好工程数量这个关口,防止单位效益流失。

竣工文件:按竣工文件管理办法执行。

技术开发及科技推广应用资料:由工程部资料员管理,项目技术总结、科技论文、工法、科技成果等资料整理完成报公司工程部进行评审并逐级上报。

施工用标准设计图、通用图、参考图由项目经理部工程部提供,分部、工区借阅。分部、工区对短缺图纸根据施工需要分别购买、各自管理,施工作业队所需标准图由工区提供借阅。

施工规范、规则、技术标准和验收标准由项目经理部工程部统一购买管理使用。

项目工程部掌握国家标准、行业标准及上级公司的有关规定,保证施工技术管理工作正常运行。

项目工程部应加强施工设计文件资料管理,最少保存一套完整资料留作编制竣工文件使用。对下发和借阅的文件资料办好登记、借阅手续,工程完工后由项目工程部收回保管,统一处理。

资料员必须熟悉分管的技术资料情况,分工程项目、分专业、分类立卷,编制检索目录;加强技术资料管理工作,主要防潮、防晒、防鼠、防虫及防止丢失,经常检查、定期整理。

标准图应分类存放、定期清理,及时补充新图、剔除旧图。工程竣工移交后上交项目经理部工程部保存。

开工前,及时联系有关部门收集备齐各种施工用表的规格、格式样本,充分考虑竣工资料编制的标准要求,避免返工浪费。

仔细测算施工用表数量及费用,编制订购、印刷计划,资料员统一管理使用,并做好发放登记。

施工用表由分部总工程师统一报批领用,妥善保管,不能挪为他用。

应做好文件资料收发登记、资料保管登记、使用情况记录,以及各种技术资料和质量记录等。

3) 工艺工法管理

(1) 工艺工法管理部门职责

工程部负责施工工艺与工法的收集和管理。具体工作是参照项目分部施工组织设计在开工前将各分项工程的施工工艺进行整理,在施工过程根据实际情况对施工工艺进行优化并及时提出修改意见,上报项目分部总工程师审核,经过相关专业技术人员讨论确实需要修改的工艺应做好修改记录,并下发作业队监督实施。

工程部在施工过程中应加强对关键技术的钻研,掌握施工过程中新工艺、新工法的关键步骤和技术数据,总结施工经验,整理和编制工艺与工法,为工区和后续工程施工提供优质的技术支持,从而达到节省材料、机械、工期和成本的目的。

对总结编制的工艺工法按照发布格式进行统一编写,经项目经理部总工程师审核后可以发表的要及时发表。

安质环保部在日常检查中对现场施工工艺和工法的使用要进行跟踪检查,如检查作业班组是否按照既定工艺进行施工,确保现场采用正确的工艺操作。

商务部和物机部负责完成工程量和材料使用情况的统计,为工艺工法的修改和编制提供基础数据。

（2）工艺工法管理要求

工艺工法的书写应使用专业技术术语,叙述要准确、简明扼要。

工艺工法在工程中进行使用的必须经过项目经理部总工程师的审核,项目经理批准后方可用于工程施工。

每个分项工程的施工工艺必须经过项目分部总工程师及技术人员的评定,并经过现场试验段的施工进行确定,任何人不得随意更改施工工艺。

架子队及作业班组在施工过程中要严格按照工艺要求进行施工,遵守施工纪律,在施工过程中对工艺工法进行总结,发现需要改进或修改的及时上报项目分部工程部,由分部工程部负责修订后报经理部工程部审核后实施。

在工程施工中新发明的施工工艺或工法能缩短工期与节约成本,且经济效益明显的,项目分部给予发明人适当的经济奖励,并在项目及公司范围内推广应用。

工程部根据现场施工情况积极组织召开施工工艺和工法的研讨会议,鼓励施工技术人员学习和掌握现有的工艺与工法,并钻研新工艺、新工法,不断提升专业水平。

12.6 工程测量管理

1) 职责分工

（1）项目分部测量组主要职责

① 在工程部的领导下,积极与建设单位、设计单位、监理单位、局经理部测量中心联系并组织各工程测量组进行交接桩工作,形成交接桩工作纪要和记录,并归档保存。

② 施工设计线路平面图、控制桩表、曲线表、断链表、水准基点。

③ 组织制定本项目分部工程的控制测量方案。

④ 组织实施本项目分部的复核测量工作,指导各工程测量组的施工测量工作,解决测量过程中出现的问题。

⑤ 筹划本项目的沉降观测,并对沉降观测数据进行分析评估等。

⑥ 编写管段工程的施工控制测量成果。

⑦ 交接桩后,对全管段进行贯通复核测量,凡两个施工单位分界处应共同应用并相互搭接两个控制点和一个水准点。

复核测量内容:导线测量、转向角测量、直线转点测量、曲线控制桩测量和线路水准测量。

⑧ 负责管段平面控制网及高程控制网的布设并定期复核,对特大桥、大桥各部位的中心点、轴线进行复核。

⑨ 指导各工区测量组施工测量,加强施工测量管理工作,定期或阶段性对管段的控制点、水准点、重点控制工程的测量进行复核。

⑩ 检查各工区的测量仪器及设备、管理、校检等,确保测量仪器处于良好状态,以满足测量精度的要求。

⑪ 积极与相邻标段或相邻施工单位进行线路衔接工作,保证线路按照精度要求进行贯通。

⑫ 拟订有关加强和改善项目分部测量工作的办法和措施,对项目分部测量任务、仪器调配进行协调、安排。负责管理项目分部测量仪器、台账,负责项目分部仪器使用、保管和保养,督促项目分部仪器按时周检。

(2) 各工区测量组工作职责

① 业务上在项目分部测量组的指导下,开展本工区管段内工程的施工测量工作。

② 在项目分部测量组的统一安排下,完成本工区管段的交接桩、控制测量、复核测量、施工放样、定位测量、竣工测量、重要桩点护桩测量工作,并定期分项进行复核,确保工程位置准确。

③ 进行竣工测量和施工永久性控制桩橛的埋设,开工前管段内线路横纵断面的测量、中线加密、放设边桩、埋设地界桩等测量工作。

④ 负责现场的施工放样和日常测量工作,并做好施工测量记录。

⑤ 按照设计要求,做好本工区管段内的桥梁、墩台的沉降观测。

⑥ 做好中线和水平基桩测量,对重要桩橛做好护桩、固桩工作。如确因工程或其他原因需要对GPS点、水准基点进行破坏时,应及时上报项目分部测量组。

⑦ 各工区测量负责人必须熟悉测量工作,爱岗敬业,并对测量成果直接负责。测量人员应保持相对稳定,不得随意变动,如需调换工作时,应征求经理部工程部的意见,并得到总工程师的同意方可调换。

⑧ 重要定位和放样,必须坚持不同的方法和手段进行复核测量,或换人复测后,才能施工。用已知点(包括平面控制点、方向点、高程点)进行引测、加点和工程放样前,必须坚持先复测后利用的原则,即已知点复测无误、合格后才能利用。

⑨ 拟订有关加强和改善本项目经理部内测量工作的办法和措施,对本项目经理部测量

任务、仪器调配进行协调安排。负责管理本项目经理部测量仪器台账,负责本项目经理部测量仪器使用、保管和保养。

⑩ 安排工区内全站仪、水准仪、钢卷尺等测量设备按时周检,对作业队使用钢卷尺进行必要的现场比长。

⑪ 每季度,将本测量组全年完成的测量任务量,以及本项目经理部范围内各作业队和本组的测量人员、仪器进行统计,按要求汇报分部测量组。

2) 测量成果交接

(1) 设计单位测量成果交接

项目经理部在收到设计文件后,必须于开工前办理测绘资料移交手续,并会同设计单位到现场点交测量桩橛,办理相应的手续。交接桩手续办理完毕,立即报请公司测量主管,进行全线复测,复测过程中,完成测量桩橛的点交和补齐工作。

(2) 内部测量成果的交接

项目经理部在完成控制测量后,向下一级(分部测量队)办理测量资料称交手续。项目经理部备存一份内部测量成果资料,并和接方到现场复核数据资料和相应桩橛的实际情况。

(3) 竣工测量成果移交

工程竣工验收时,完成各种竣工测量桩橛、标志桩、测量标志和永久水准基点的点验工作,并参与办理工程验交手续。

(4) 交接范围

本工程各种平面、高程控制测量资料和所有控制成果及精度评定、可靠性分析资料。

(5) 交接要求

① 交、接桩管理

交接桩工作由项目经理部组织,各分部、工区测量组会同建设、设计、监理单位交桩小组共同进行。

由设计或建设单位按图表所列桩橛位置,现场逐一查看、点交,同时做好记录,并经双方签认。桩橛记录应详细注明缺桩、桩橛损坏情况,存在问题及处理意见。交接桩完毕后要形成交接桩纪要,各方保存一份。

交接桩的依据:线路平面图、控制桩表、曲线表水准基点表、线路精测成果书。

交接桩的内容:控制桩、曲线主点桩、交点桩、断链桩、水准基点桩及精测地段的控制桩。

平面控制桩应延伸至相邻标段至少两个控制桩,高程控制桩不少于一个。在复测完成后,没有出现测量精度问题要与相邻标段或管段形成共用桩协议。对共用桩各有关单位要重点保护,绝对不允许破坏。

② 桩橛交接

桩橛交接,按成果资料和交接桩表在现场逐点点交。点交时,必须置镜核实无误且点记,桩橛标志均正确无误后方可接收。对于重要桩橛,如发现桩橛松动或被破坏、丢失,应由交方负责补齐。交接要做好详细记录,交接的桩橛应向管区外延伸至少两个重要桩橛。

控制测量成果中要有精度评定、可靠性分析资料及最终控制效果的精度估算资料。最终控制效果的估计精度应高于设计要求。

交接桩手续应齐全,签署完善;各种数据要反复核准;记录内容准确,字迹清晰,文字简明。

桩橛标志明显,符合规定,刻画工整,标准统一。自行制定的标准和标准式样,交接时必说明。

测量标志必须有测量负责人签字并加盖公章方视为有效。

交接完成后形成交接纪要,加盖双方单位公章,各执一份。

③ 资料保存

工程竣工后,按各行业竣工文件编制办法备齐有关资料,必要时与接管单位协商具体内容。测量成果资料由测量部门负责移交并归档保存。

(6) 桩橛保护

① 各种测量标志是测量成果的具体体现,每个人都应有保护测量标志的意识。

② 永久性或重要控制测量标志,应尽量埋设在施工干扰范围之外,不易被破坏的基岩或稳定地层上,任何单位和个人都不得损毁或擅自移动。

③ 严禁在测量标志上架设电线、搭建帐篷、堆放材料或者进行其他有可能损毁或影响测量标志正常使用的活动。

④ 对难以保管看护的测量标志,如布设于居民房顶的 GPS 平面控制点、水准基点,依照《中华人民共和国测量标志保护条例》的有关规定,与房主办理委托保管,签订测量标志委托保管书。

⑤ 施工中必须迁移或破坏项目部加密的测量标志,事先必须征得项目部测量负责人同意,经过妥善处理后方可进行。施工中必须迁移或破坏国家和地方各级测量部门设立的测量标志,事先应征得原测设单位或委托保管单位的同意,经过妥善处理后方可进行。

⑥ 凡发现有人为损毁各种测量标志的,应进行规劝、阻止或报告有关部门进行处理。

(7) 为确保工程测量精度,避免造成重大工程事故。特别是地震地区、沉降地区或受扰动地区的三角点、水准点,都可能存在不同程度的下沉和位移。因此,必须定期或不定期地组织对各控制点进行复测。

3) 仪器设备使用与管理

(1) 新购仪器、工具在使用前应到国家法定计量技术检定机构检定。各种测量仪器使用前后必须进行常规检验校正,使用过程做好维护,使用后及时进行养护。各种光电类、激光类仪器必须定期送到具有相应资质的部门进行鉴定。鉴定时间不宜超过规定时间,以确保测量的准确度和精度。严禁使用未经检验和鉴定、校正不到出厂精度、超过鉴定周期,以及零配件缺损和示值难以辨认的仪器。

（2）仪器开箱前，应将仪器箱平放在地上，严禁手提或怀抱着仪器开箱，以免仪器在开箱时落地损坏。开箱后应注意看清楚仪器在箱中安放的状态，以便在用完后按原样入箱。

（3）仪器在从箱中取出前，应松开各制动螺旋，提取仪器时，要用一手托住仪器的基座，另一手握持支架，将仪器轻轻取出，严禁用手提望远镜和横轴。仪器及所用部件取出后，应及时合上箱盖，以免灰尘进入箱内。仪器箱放在测站附近，箱上不允许坐人。

（4）安置仪器时根据控制点所在位置，尽量选择地势平坦、施工干扰小的位置，安置仪器时一定要注意检查仪器脚架是否可靠，确认连接螺旋连接牢固后，方可松手。但应注意连接螺旋的松紧适度，不可过松或过紧。

（5）观测结束后应将脚螺旋和制动、微动各螺旋退回到正常位置，并用擦镜纸或软毛刷除去仪器上表面的灰尘。然后卸下仪器双手托持，按出箱时的安放位置放入原箱。盖箱前应将各制动螺旋轻轻旋紧，检查附件齐全后方可轻合箱盖，箱盖吻合方可上盖，不可强力施压以免损坏仪器。

（6）使用全站仪、光电测距仪，在无滤光片的情况下禁止将望远镜直接对准太阳，以免伤害眼睛和损害测距部分发光二极管。在强烈阳光、雨天或潮湿环境下作业，务必在伞的遮掩下工作。

（7）测量仪器要设置专库存放，环境要求干燥、通风、防震、防雾、防尘、防锈。仪器应保持干燥，遇雨后将其擦干，放在通风处、晾干后再装箱。各种仪器均不可受压、受冻、受潮或受高温，仪器箱不要靠近火炉或暖气管。

（8）仪器长途运输时，应切实做好防震、防潮工作。装车时务必使仪器正放，不可倒置。测量人员携带仪器乘汽车时，应将仪器放在防震垫上或腿上抱持，以防震动颠簸损坏仪器。

（9）必须建立健全测量仪器设备台账、精密测量仪器卡、仪器档案等制度，仪器出库、入库调迁项目，应办理登记、签认手续。

（10）对维护仪器成绩显著的单位和个人给予奖励，因使用不当、保管不良造成仪器损坏的，应及时追究责任，根据情况给予处罚。

（11）当测量仪器和工具出现下列情况则视为不合格：已经损坏，过载或误操作，功能出现了可疑问题，显示不正常，超过了规定的周检确认时间间隔，仪表封缄的完整性已被破坏。光电类、激光类仪器超过使用寿命，零点漂移严重，测量结果不稳定，测量结果可靠性低时，必须申请报废。常规仪器损坏后无法修复，或仪器破旧、示值难辨、性能不稳定，影响测量质量时，必须申请报废。

（12）测量仪器必须定人保管，对贵重精密测量仪器应规定专人保管，专人专用，专人送检，他人不得随意动用，以防损坏或精度降低。

4）施工测量内容

交接桩完成后，由项目经理部测量组组织对全管段进行贯通复核测量（简称复测）。复测在《新建铁路工程测量规范》《工程测量规范》及相关标准允许的范围时，由项目经理部测量组自己调整;超出允许范围时,应及时向建设单位报告,由建设单位联系设计单位进行复核调整并签认;否则,不得作为施工依据。所有的控制测量均应在监理工程师在场的情况下进行。复测工作完成后,应将完整的并经监理工程师复核签认的复测资料报建设单位组织的专家会审。

各分部管段工程分界处的线路中心桩、高程桩应共同测量,并应相互搭接两个以上控制桩(如在曲线分界,双方应共同测闭整个曲线,并与两端直线搭接两个控制桩)。搭接控制桩已经测定并经双方签认后,任何一方不得单方变更桩位,并由承担施工的工区负责固桩和保管。水准基点测量至少应搭接一个勘测设计院移交的水位基点。

各工区管段的重点工程应单独进行控制测量并编写控制测量成果书。各工区管段工程的施工测量要以项目经理部和项目分部测量组下发的经监理单位、建设单位批准的测量成果资料为依据,不得随意更改数据或使用其他测量数据,如对资料有疑问,应及时通知项目经理部、分部测量组。

开工前及施工过程中,各测量组要对工程关键部位进行施工放样、定位测量、收方测量、对重要桩点进行护桩测量、工序间检查复核测量及桩点保护,将此资料作为以后变更设计的依据。

5) 测绘成果的记录与复核

测量组对施工放样、检查和复核测量的原始数据、资料必须及时进行记录,数据要真实、清晰、完整,不得随意涂改,不准事后补记、补绘,签字要齐全,资料要妥善保存并建档立案。

认真贯彻执行测量成果复核、检查制度,各队测量组要组织各作业队自测、自检、互检,项目分部测量组经常对各工区,特别是重点工程进行抽检,确保测量精度和成果,达到现行测量技术规程(规则)要求。所有的控制测量和施工放样,必须进行换手、换方法测量,每次复核测量均要上报复核测量成果,包括精度评定的计算。内业测量成果,必须至少二人独立计算,相互核对内、外业测量资料和成果,确定无误后,要在成果计算书上签字后方可使用,严禁使用未经第二人复核,未经确认无误的测量资料和成果。各工区技术主任对测量组进行直接管理和指导,要亲自对测量计算资料进行复核签字,严禁只签字不计算,甚至由他人代签现象。

(1) 桩橛复测

① 项目经理部在接到定测资料后应对资料进行复核、计算,并立即对桩橛进行同等精度复测。复测时应采用两种不同的方法或两人换手测量的方法进行。

② 复测时要特别注意相连地段的测量以用各分段工程相结合部的贯通测量。复测时如果发现不对或精度不够时,应及时请设计院处理。

③ 控制测量桩橛,只复核各备用桩橛的相对位置是否正确,松动的控制桩橛不能作为备用桩橛。

④ 复测工作完成后,及时做好固桩和护桩。

⑤ 未经桩橛复测的工程不得施工。

⑥ 经过复测，没有发现问题，或发现问题已被妥善处理后，方能同设计单位办理测绘资料交接手续。

(2) 测量资料复核

各级测量机构负责完成的控制测量，其成果在使用前应进行检查和复核。检查的主要内容有：外业记录和内业资料是否规范，测量方法是否合理，记录是否真实可靠，记注是否清楚明显，计算是否正确，签署是否完善，图表是否齐全。凡不符合要求的资料，必须返工重做。复核的主要内容有：复核测站平差方法是否合理，成果是否正确，有无笔误；对最终实用平差成果进行换算、验算和反算，确保最终成果准确可靠。

控制测量资料复核完成后，应及时形成控制测量复核评价记录表。

① 施工过程测量的检查复核

对结构物的放样测量，测设前要对所用的控制桩橛进行认真核实，不能用错控制桩橛。放样数据必须由两人用不同的方法求得，结果一致后，还应交换算法进行反算，并进行自查和互查（换手复核），保证放样数据准确无误。放样数据与检算资料一起，根据工程项目分类，按测量资料由专人统一保管。

对正在施工的工程，尤其是容易发生错误的环节要进行抽查（或实行监控），抽查的部位、时间、采用的方法等，要在测量日志上做详细记录。

② 对已完工程的检查

在验工计价前，测量队（组）应配合项目经理部主管工程师，对已完工程的位置、尺寸、标高、限界等控制项目进行实地检查，并对工程数量予以核定。核定结果报项目分部总工。

12.7 沉降观测管理

1）职责范围和分工

(1) 项目经理部监控量测职责

① 负责与监理单位、建设单位及评估单位接洽，负责监控量测数据分析及上报。

② 指导工区监控量测工作实施情况，检查并督促工区开展监控量测工作。

③ 根据工区上报的监控量测数据分析路基、桥梁沉降情况。

(2) 工区监控量测职责

① 工区监控量测工作在项目经理部总工程师的领导下进行，主管测量工程师、各工区监控量测人员及技术人员负责具体监控量测工作的实施。

② 负责对管段内桥梁沉降观测点的埋设、保护及数据采集，并进行监控量测数据整理及上报项目经理部。

③ 根据项目经理部主管测量工程师对监控量测数据分析反馈信息，落实施工现场监控量测工作。

2) 监控量测工作的基本要求

项目分部负责编制监控量测方案,由总工程师组织交底。

项目分部测量主管建立测量仪器台账,并负责按计量法规的要求落实测量仪器的定期送检工作。水准仪、全站仪的检定周期为一年。超过检定周期或精度达不到要求的禁止使用。所有测量器具的使用、维修、保养、送检、停用及报废等要有详细记录档案。

工区监控量测工作必须根据施工进度及时埋设监控量测点并采集初始数据,根据监控量测规范要求保证监测频率。

监控量测数据须真实有效,不可弄虚作假。

监控量测数据须及时处理分析,并及时反馈给项目经理部、分部领导及工区。

严格执行测量工作双检制度,施工过程监控量测必须进行测量双检。

监控量测工作必须做好原始记录,须在专用的测量记录本上进行记录,并及时对监控量测数据进行整理分析。

根据监控量测数据分析路基、墩台身、简支箱梁沉降情况。

12.8 测量资料管理

1) 图纸审核和测量交底制度

所有工程总图及结构图均应由项目经理部、分部审核后签发给各测量作业组,正式施工图纸的签发必须完整。设计图纸变更应及时下发到测量作业组,变更通知单中要明确注明变更日期和变更内容,注明新的尺寸、标高、里程、坐标等,避免测量事故的发生。

工程测量控制网的布设及大型主体结构的精密定位施测方法由公司测量负责人确定后,由项目经理部测量主管向分部测量队、分部测量队向工区测量作业组进行技术交底,并应对施测方法及所用仪器、工具、设备等向测量作业组进行交底,明确责任分工。测量主管工程师因事离岗,在离岗前除应指定临时负责人外,还应向临时负责人做书面和实地交底。

2) 原始测量资料管理

(1) 外业资料管理

外业测量必须填写测量记录,测量记录必须记注清晰,无涂改。各种草图、示意图应清楚准确,项目齐全,签署完善。

① 一切原始测量记录和记事项目,必须在现场用2H~4H铅笔记注,根据测量规范的要求进行测量和记录,不得事后凭回忆补记。测量数据记录前,记录员应将观测员读出的数据"回读",以资核实。

② 测量记录宜使用固定页码的专用手簿或国家测绘出版社出版的各种测量手簿记录,并要填列页码,注明观测者、记录者、天气、使用的仪器名称、编号、观测日期、观测时间等。因超限划去的观测记录应注明原因,不得涂改和撕毁。

③ 测量工作完成后，原始测量资料应收集齐全，并按测量项目分类，指定专人负责保管。

(2) 内业资料管理

测量的内业资料，必须收集齐全，及时整理，并按用途、工程项目分类登记，并按月暂交项目分部资料室保管。

(3) 总结和报告制度

① 分部测量队，完成重点、难点测量项目后，都应及时进行总结，对工作中的技术创新、技术特点、组织、操作的经验等写出总结报告，对工程测量事故，应写出专题报告。

② 任何时间、任何地点，一旦发现测量错误，如果现场测量人员可以纠正，则必须等纠正以后再行施工；如果现场测量人员无法立即纠正，必须先报告工地施工负责人暂停错误部位施工，然后立即报告本级和上级技术和施工负责人，研究解决的办法和措施。

③ 重大测量事故，应及时逐级上报至上级测量工作主管部门及质量管理部门。

12.9 现场文明施工管理

1) 文明施工目标

建设项目现场达到原铁道部《铁路建设项目现场安全文明标志》(建技〔2009〕44号) 及《铁路建设项目现场管理规范》(Q/CR 9202—2015)要求。

按国家及铁路总公司有关规定执行，做到依法施工、文明施工，杜绝违法施工、野蛮施工事件发生。

做到现场布局合理，施工组织有序，材料堆码整齐，设备停放有序，标识标志醒目，环境整洁干净，实现施工现场标准化、规范化管理。

2) 施工现场材料管理

堆料场要平整，按场地布置图分类堆放，堆放物两侧设分隔间距和标志，多余的材料与物品及时退场，无散乱物件。料架和堆料池的搭设应规范化，做到整齐一致。

钢筋分规格、分层次一头排齐，挂牌标识堆放，场地小时应上架堆放。

周转材料分规格一头排齐，挂牌标识堆放。钢管扣件一律刷防锈漆后进场。零件分规格入池、入库。

特殊材料设库堆放，采取封闭式管理。

3) 设置"七牌二图"及安全标牌

七牌：施工单位及工地名称牌，工程概况牌，安全生产六大纪律牌，防火须知牌，十项安全技术措施牌，安全生产无重大事故日计数牌，工地主要管理人员名单及监督举报电话号码牌。

二图：施工总平面图，工地文明卫生包干责任图。

现场有安全生产宣传牌，主要施工部位、作业点和危险区域，以及主要通道口都设有醒目的安全宣传标语或合适的安全警告牌。图牌规格统一、位置合理、字迹端正、线条清晰、表示明确,并要设有防雨棚,图牌前严禁堆物。

4) 场内标语、标志和室内外布置

项目部大门口和内外地坪、道路、临时房屋、仓库、加工场、水泥堆放场等施工时要做好场地硬化,防止泥浆外溢、尘土飞扬,影响邻近马路、单位环境卫生。

施工现场周围道路平整无积水,施工区域与非施工区域必须严格分隔,项目部、各作业队场地周围按标准设置排水明沟、集水井、二级沉淀池和冲洗槽,污水经沉淀处理后方可排入施工现场附近水系。

工地场地显著部位、脚手架等处悬挂体现"安全生产、预防为主"八字方针要求的白底蓝字标语及安全生产宣传牌。

工地管理人员和施工作业人员统一穿着印有企业标志和名称的工作服,戴不同颜色的安全帽,佩戴统一制作的印有企业名称、姓名、职务、彩照等内容的工作卡上岗。工作卡背面根据不同的岗位填写不同的岗位安全检查表。

项目部办公室悬挂科室标牌,室内张贴项目部管理人员安全生产责任制度、办公室卫生制度及卫生值日制度。

会议室保持整洁,墙上张挂质量、安全、文明施工管理网络图(包含工程项目部管理人员名单)、安全、文明施工、质量管理目标、施工进度计划网络图、施工形象进度图、施工总平面图(包含消防器材布置图、临时进水、电气线路布置图)、工地文明卫生包干责任图、工程项目部安全保证体系要素及职能分配表等。

工地内适当位置设置阅报栏和施工现场各类管理制度等宣传栏。

5) 管理形象

工地管理形象按规定要力争做到"四要"和"七不"及"两通三无五必须",即:内部管理要标化、外部形象要佳化、与当地居民关系要优化、施工现场要净化。泥浆不外流、渣土不乱倒、粉尘不污染、管线不损坏、轮胎不沾泥、噪声不超标、施工不扰民。施工现场道路畅通、施工工地沿线单位和居民出入通道畅通。施工中无管线事故、施工中无重大工伤事故、施工现场周围道路平整无积水。施工区域与非施工区域必须严格分隔;施工现场必须设置施工铭牌;管理人员佩卡上岗,各类语言文字使用规范,施工现场材料必须堆放整齐;生活设施清洁文明、环境美化,施工现场必须严格按规定控制噪声、扬尘和泥浆处理;工地现场必须开展以创建文明工地为主要内容的思想政治工作。

6) 文明施工管理组织机构

建立创建文明工地领导小组,健全分级负责的管理网络,各工点区域范围的环保、卫生与施工现场分级负责,经理部定期按文明工地标准进行检查评比,奖优罚劣,服从环保部门的督查,创建文明工地,树立良好形象。

7) 文明施工管理制度

建立创建文明工地领导小组,全面开展创建文明工地活动。做到淤泥、垃圾定点排放;施工中无管线高放,施工现场排水畅通无积水,施工工地道路平整无凹坑;施工区域与非施工区域严格分离,施工现场挂牌施工,管理人员配卡上岗;工地现场施工材料堆放整齐,工地生活设施清洁文明,工地现场开展以创文明工地为主要内容的思想政治工作。

健全以项目经理具体领导、业务部门指导、各作业班组具体落实的管理网络,增强管理力量,见图12.1所示。

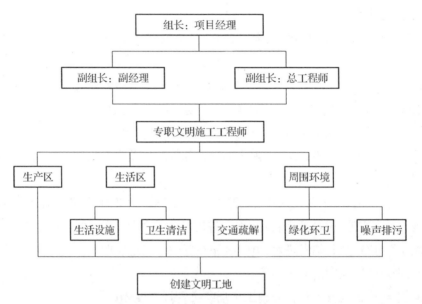

图12.1 文明施工管理组织机构框图

进场施工的队伍须签订文明施工、保护地下管线协议书,建立健全岗位责任制度,把文明施工责任落到实处,提高全体施工人员文明施工自觉性与责任心。严格执行业主关于创建文明工地施工标准及管理规定,制定文明施工细则,按其要求文明施工。管理小组对各班组定期检查、随时抽查,逐项打分,进行评比和奖罚。

加强施工人员文明施工意识,对职工进行文明施工教育,每周召开文明施工例会,并由专职文明施工监督员举办文明施工讲座,宣传文明施工准则,提高每一位员工文明施工意识,讲职业道德,扬行业新风,树立本单位良好的企业形象。

8) 文明施工保证措施

经理部建立创建文明工地定期检查评比制度,进行定期和不定期检查。各部门和各施工队伍生活区和生产区的作业环境、作业过程,每月由项目副经理组织以安全环保部为主责部派员进行检查,每月评比一次。

每月定期检查后,进行综合评分,其中日常检查按40%纳入评比,每期评出前三名和后三名,分别予以一定的奖励和惩罚,并提出整个项目经理部创建文明工地的不足和有待改进部分,以及先进经验、方法的推广。

工程开工前调查工点有无地下埋设的通信光电缆等情况,并采取必要的防护措施。按照经理部文明工地建设有关要求,建立良好的工作、生活环境,树立施工企业的良好形象。

各项临时设施、驻地,按照经批准的平面图布设,因地制宜,布局合理,整齐有序,安全卫生,禁止擅自随意搭设。各种建筑材料、砂石料、周转料、机具等,要分类、分品种、分规格堆码,放置整齐。注意做好场区、生活区的排水系统,经常清理,保持排水畅通。

施工便道、场区道路要合理规划布置,定期专人整修,保持平顺。司机要文明行车,礼貌行车。各工点施工有计划、有步骤地进行,做到有序开展,工完料尽时,场地恢复平整。设置长久性固定安全警示牌、宣传牌。

尊重当地人民的风俗习惯,遵守地方政府的有关规定。加强对职工的管理教育,与当地政府携手共建文明工地。

12.10　标准化管理

1) 以"四化"支撑的标准化管理要求

全面落实"六位一体"和"高标准、讲科学、不懈怠"管理要求,以工程质量安全为核心,依据项目管理理论和系统工程理论,按照先进性、系统性、统一性、文化性的要求,以机械化、工厂化、专业化、信息化等现代化手段为支撑,强推"专业劳务队"管理模式,以管理制度标准化为基础,科学配备资源、强化现场管理和过程控制,全面实现建设管理标准化的目标。

依据公司管理标准要求,制定标准化方案和工作标准,负责细化、量化本单位标准化管理和工作标准。

以技术标准、管理标准、作业标准为基础,建立以项目经理部为核心、参建各方各负其责、协同推进的建设项目标准化管理体系,建成标准化项目部、标准化作业队、标准化工地,形成建设项目各项工作闭环管理、有序可控,使建设项目"六位一体"控制水平明显提高。

"四化"支撑具体如下:

(1) 工厂化

全面落实"施工生产能工厂化的则工厂化,工厂能大则大,社会工厂能利用则利用"的原则,对各专业工程规划工厂化实施内容。

对混凝土、桥梁、钢构件、沟槽盖板、钢筋混凝土构件(路基防护栅栏、桥面栏杆等)全部实行工厂化制作;对路基填料的级配碎石、改良土实行工厂化生产。工厂整合集中设置在拌和站、箱梁预制场,钢构件场除整合设置外可另增设。

(2) 机械化

分专业按工作面配备成套机械设备,以高标准机械化程度提高工效。路基工程按施工单元配备成套设备,桥梁工程按施工工序配备成套设备,隧道工程 3 km 以上根据地质条件,主要工作面配备成套设备,无砟轨道按作业面配备成套设备。

(3) 专业化

对拌和站、构件场、路基、隧道、桥梁、轨道等工程,按专业化组织施工。分专业划分施工单元,按工作面管理组建专业化、小型化架子队。

(4) 信息化

全面推进建设管理信息系统建设(RCPMIS)。充分借鉴全路建设项目管理信息系统建设与运用的经验,建立一个以网络技术、计算机技术与现代信息技术为支撑的信息平台,覆盖项目管理参建各方的信息系统,实现工程管理的"信息化",包括协同办公、项目管理、视频会议、施工安全监测、建设运用一体化平台等。

2) 标准化管理要求

(1) 施工专业化

铁路工程要求高精确度、高稳定性、高平顺性,广泛应用耐久性混凝土、无砟轨道、高速道岔、路基沉降控制和评估、桥梁深水基础施工、大吨位桥梁制运架、隧道施工风险评估和地质超前预报、"四电"集成施工等技术,必须尊重科学,以科学的态度学习、以科学的方法实施。要充分借鉴国内外铁路建设的成功经验,不断研究建设中出现的新情况,以科学的态度、科学的方法,高标准、高质量完成项目建设。

路基填筑、无砟轨道、大吨位桥梁运架、隧道工程等由专业队伍使用专业设备进行专门管理的施工。

充分利用公司所有资源,发挥专业人员和专用设备的优势,综合管理,合理调配,采用先进的施工技术,科学安排各项施工程序,突出重点项目和关键工序,整个工程统筹组织,超前计划,合理安排工序衔接。

(2) 生产工厂化

制梁场、拌和站等均实行工厂化生产,基本要求如下:

① 采用先进工艺进行下料和绑扎,流水作业,用定型模具加工,在钢筋台座上安装绑扎。

② 钢模板有专门设计制造图,且由专业单位进行加工。进场后,现场对模板进行检查验收。

③ 振捣系统、养护系统符合设计和现场需要。

④ 预应力张拉、压浆以及起移梁等设备满足要求。

(3) 作业机械化

工程施工具有周期长、流动性大、施工协作性高以及受外界干扰及自然因素影响多等特点,只有采用机械化施工才可以降低工程成本、缩短施工工期、提高工程质量、优化社会资源、节约社会劳动力、优化设计等。

科学的施工组织计划是指导工程施工、取得良好经济效益和社会效益的前提。在工程规模大、施工技术复杂的条件下,施工前的周密计划、施工期间的合理组织和科学管理,是确保各分部和分项工程间、各工序间的矛盾,以及机械、劳动力及材料调配合理的关键。只有进行机械化作业才可以克服以上矛盾的存在,做到合理、有效、科学、经济的组织施工。

(4) 管理信息化

项目信息管理主要是指信息系统的建立,相关信息的收集、分类、整理、检索、汇编、翻译以及报道与交流等。工程指挥部应建立项目管理信息系统,优化系统管理结构,加强项目信息化管理,提高项目管理水平。项目信息主要包括项目管理过程中形成的各种数据、表格、图纸、文字、音像资料等。项目经理部应设专(兼)职项目信息管理员,负责项目信息管理工作,并应经过相应的培训,保证项目信息收集的真实、准确。要建立计算机网络,配备必要的计算机及相关设备,自开工之日起 30 日内开通互联网。使用全公司统一的协同工作平台进行日常办公、文件传输、信息交换等。项目开工 30 日内由信息管理员向其公司申请和开通即时通账号,投入正常使用。应用"工程项目综合管理信息系统"软件进行辅助项目管理,同时做好财务、资金等其他业务信息系统的应用工作。与外界信息交换,一般信息通过互联网进行,涉密信息通过公司 VPN 系统进行,VPN 账号由工程指挥部信息管理员向其公司申请办理。必须建立信息管理制度,加强网络安全管理,确保系统安全、有效运行。

隧道设置"人员自动登录与危险报警系统"。凡进出洞人员均应配置每人固定唯一的电子识别卡。各拌和站、制梁场等工厂化工地配置视频监控装置,其信号通过工程信息综合管理系统传输到各级领导和管理人员的办公室。针对工程管理实际需要,在广泛深入调研的基础上,根据数字化地理信息平台上的"供应商管理系统"的应用,对物资设备采供过程的每一个作业行为进行标准化处理,实现了对甲供物资和甲控物资在计划、采购、合同、供应、核算以及过程监督和资源管理等方面的管理信息化。

第 13 章 施工技术方案

项目经理部应按照公司《工程技术管理办法》及相关文件,结合项目实际情况开展总体施工技术方案策划。其编制项目包括:

(1) 施工总体部署和主要分部、分项工程施工方法。

(2) 施工重点、难点及拟采用的措施,并说明技术策划拟对投标阶段技术方案进行的优化,方案选择应进行经济性比选。

(3) 主要施工方案编制计划,包括主要施工方案编制的计划时间、推荐的类别(根据公司的技术方案管理办法的要求进行分类)及该方案是否需要公司给予技术支持。

重难点工程必须单独编制施工组织设计或专项技术方案。

13.1 施工组织设计编制层次划分

施工组织设计按项目管理模式与专业划分分为以下几个层次:

第一层工程项目综合性施工组织设计:针对中标的整个合同段编制的综合性总体施工组织设计。

第二层项目经理部施工组织设计:根据合同段编制工程的综合性施工组织设计。

第三层单项工程施工组织设计:可单独组织施工的大型专业单位工程,需编制独立施工组织设计,是对第一、第二层施工组织设计的细化。

13.2 施工组织设计的管理程序

(1)施工组织设计从编制到实施执行程序化、动态化管理。

(2)程序化管理是指施工组织设计按照编制、审核、批准、实施、调整等流程进行系统化管理,提高项目经理部施工组织设计的编制质量;按审查程序逐级进行审批,实现系统优化;项目经理部根据审核意见完善施工组织设计,提高施工组织设计的可实施性,充分发挥施工组织设计的施工指导作用。

(3)动态化管理是指施工组织设计在实施过程中随着现场情况变化及原编制依据的改变而进行相应调整优化的过程。严格把握施工过程中施工组织设计的严肃性和动态性的统一,把施工组织设计的动态优化贯穿于施工全过程,增强施工组织设计的可实施性,进而增强施工组织设计的严肃性。

13.3 施工组织设计的编制

1) 编制原则

(1)必须满足建设工期和工程质量目标,符合施工安全、环境保护、水土保持和地质灾害防治等要求。

(2)要体现科学性、合理性,管理目标明确,指标量化、措施具体、针对性强,具有较强的可操作性。

(3)积极采用新技术、新材料、新工艺、新设备,保证施工质量和安全,加快施工进度,降低工程成本。

(4)充分调查当地人文自然条件、水文地质、气候气象和交通运输条件,考虑节约资源和可持续发展要求,少占土地、保护农田、因地制宜,在以上条件的基础上编制可实施性施工组织计划。

(5)根据项目特点,针对建设过程中可能发生的不确定因素(自然灾害、深水桥、不良地质和突发事件),建立预警机制并制定相应的预案。

(6)以项目标准化管理为抓手建设安全文明标准化工地,做好环境保护、文物保护及节能减排工作。

(7)对施工现场全过程控制,实行动态管理原则。

2) 编制分工

(1) 项目经理部总工程师负责组织各部门编制施工组织设计，项目经理部工程管理部进行整合、汇总、组册，形成总体性施工组织设计。

(2) 专项施工方案由各分部总工程师负责，组织各主管工程师、主管生产负责人、质检工程师、物资设备主管等人员参与，根据工程特点，依据整体施工组织设计要求，由项目分部工程部编制。

3) 编制依据

(1) 国家各部委、国家铁路管理单位和地方政府的有关政策、法规和条例、规定。

(2) 国家和铁路总公司现行设计和施工规程、施工指南、验收标准和有关规定。

(3) 合同文件、招投标文件、设计文件、监理细则及指导性施工组织设计和建设单位的相关要求。

(4) 施工调查报告。

(5) 项目管理规划大纲、项目管理实施规划。

(6) 同类工程施工资料及相关工法。

4) 编制内容

(1) 编制依据、编制范围及设计概况

① 编制依据

② 编制范围

③ 设计概况

(2) 工程概况

① 线路概况（附地理位置图）

② 主要技术标准

③ 主要工程内容和数量

④ 征地拆迁数量、类别，特殊拆迁项目情况

⑤ 工程特点

⑥ 控制工程及重难点工程

(3) 建设项目所在地区特征

① 自然特征（地形地貌、地质、水文、气象等）

② 交通运输情况

③ 沿线水源、电源、燃料等可资利用的情况

④ 当地建筑材料的分布情况

⑤ 其他与施工有关的情况（卫生防疫、地区性疾病、民俗等）

(4) 施工组织安排

① 建设总体目标（安全、质量、工期、环保等）

② 建设组织机构和任务划分

③ 施工组织机构、队伍部署和任务划分

④ 总体施工安排和主要阶段工期

⑤ 施工准备和建设协调方案

⑥ 各专业工程施工工期

⑦ 分项工程施工进度计划

⑧ 工程接口及配合

⑨ 联调联试及运行试验

⑩ 施工总平面布置示意图、总体形象进度图、横道图、网络图

(5) 大型临时工程和过渡工程

① 大型临时工程

a. 制(存)梁场

b. 材料厂

c. 混凝土集中拌和站

d. 填料拌和站

e. 汽车运输便道

f. 临时通信

g. 临时电力线路

h. 临时给水干管

i. 栈桥

j. 其他

② 过渡工程

③ 小型临时工程

(6) 控制工程和重点难点工程(包括高风险工程)施工方案

① ×××重点土石方

② ×××桥梁

③ ×××隧道

④ ×××站场工程

⑤ ×××隧道工程

⑥ ×××线路工程

⑦ ×××"四电"工程

⑧ ×××轨道工程

……

(7) 施工方案

① 施工准备

② 路基工程

③ 桥涵工程

④ 站场工程

⑤ 隧道工程

⑥ 线路工程

⑦ "四电"工程

⑧ 轨道工程

⑨ 改移道路工程

⑨ 其他

(8) 资源配置方案

① 主要工程材料设备采购供应方案

② 分年度主要材料设备计划

③ 关键施工装备的数量及进场计划

④ 劳动力计划

⑤ 资金使用计划

⑥ 临时用地与施工用电计划

(9) 管理措施

① 标准化管理

② 质量管理措施

③ 安全生产保证措施

④ 工期控制措施

⑤ 投资控制措施

⑥ 环境保护措施

⑦ 水土保持措施

⑧ 文物保护措施

⑨ 文明施工措施

⑩ 节约用地措施

⑪ 冬季施工措施

⑫ 夏季施工措施

⑬ 雨季施工措施

⑭ 路基、桥梁沉降控制及观测措施

⑮ 预警机制和应急预案

⑯ 信息化管理

⑰ 其他

(10) 引用的设计文件与施工规范

(11) 施工组织图表

13.4　施工组织设计的分级及审批

1) 施工组织设计的分级

×××公司对特级、Ⅰ级和Ⅱ级施工组织设计划分如下：

(1) 特级施工组织设计

符合下列条件之一的,界定为特级施工组织设计,包含下列工程的项目施工组织设计：

① 大跨度桥梁：主跨 $L \geqslant 300$ m 的悬索桥；主跨 $L \geqslant 200$ m 的斜拉桥；单跨 $L \geqslant 150$ m 的拱桥；单跨 $L \geqslant 200$ m 的连续梁桥；设计跨度 $L \geqslant 128$ m 采用顶推(拖拉)方式施工的大跨度桥梁。

② 矿山法隧道：单洞长度大于 8 km 的隧道；三线及三线以上断面的隧道；下穿江、河、湖、海的隧道；设计明确为Ⅰ级高风险的隧道。

③ 盾构(或 TBM)隧道：直径 10 m 以上隧道；异形盾构隧道；下穿江、海隧道。

④ 地铁车站：开挖深度 $H \geqslant 25$ m；开挖深度 20 m$\leqslant H <$25 m,但周边环境复杂或存在不良地质条件；采用暗挖法施工跨度大于 20 m 的地下车站。

⑤ 建筑工程：高度 150 m 以上或 60 层以上的工业民用建筑；超高层钢结构建筑；单体建筑面积超过 10 万 m^2 的房屋建筑工程。

⑥ 大型综合性枢纽且站型变化大的站场改造。

⑦ 合同造价 20 亿元及以上的铁路项目或合同造价 10 亿元及以上的非铁路项目,且专业交叉多、施工组织复杂的总体施工组织设计。

⑧ 项目施工组织特别复杂或存在高风险(包括技术、安全、质量和工期等风险),其难度超出承建公司施工组织设计能力的。

⑨ 对公司营销和区域滚动发展具有重大影响且承建公司尚无类似施工经验的"高、新、尖"项目施工组织设计。

⑩ 公司认定为特级的其他项目施工组织设计。

(2) Ⅰ级施工组织设计

符合下列条件之一的,界定为Ⅰ级施工组织设计：

① 设直管项目经理部项目的总体施工组织设计(不包括已界定为特级施工组织设计)。

② 工程合同造价在 10 亿~20 亿元的铁路工程或合同造价 5 亿~10 亿元的非铁路项目总体施工组织设计。

③ 施工期间需对铁路营业线进行一级封锁的项目施工组织设计。

④ 公司认定的"高、新、尖"项目且承建公司尚无类似施工经验的施工组织设计。

⑤ 公司认定为Ⅰ级的其他项目施工组织设计。

(3) Ⅱ级施工组织设计

除特级、Ⅰ级以外的所有项目施工组织设计。

2) 施工组织设计的审批

(1) 施工组织设计的审核、审批,实行总工程师负责制。

(2) 施工组织设计由项目经理部报送公司工程管理部,公司工程管理部审查通过后报公司技术负责人审批。

(3) 施工组织设计在内部批准后及时按要求报监理单位、建设单位审核批复。

(4) 危险性较大的分部分项工程施工技术方案,依照相关规定,组织专家(审查)论证。

(5) 施工组织设计审批表、专项施工方案审批表,对建设单位和地方有特殊要求的,可(按要求)另行附表,附表式样按建设单位及地方规定执行。

13.5 备案制度

项目经理部编制并审批后的施工组织设计(审批表、施工组织电子版)应逐级按以下规定上报备案。

(1) 直接管理和委托管理项目的综合性施工组织设计上报公司工程管理部备案。

(2) 由公司直接管理项目经理部审批的项目分部编制的施工组织设计由直接管理项目经理部备案。

(3) 所有参建单位项目经理部编制的施工组织设计由各所属子、分公司工程管理部备案。

(4) 自行管理项目中列入公司重难点项目的施工组织设计,上报公司工程管理部备案。

13.6 施工组织设计的实施及动态管理

(1) 项目经理部严格按审批的施工组织设计组织施工。项目经理部组织分级交底。

(2) 项目经理部在各施工阶段,根据施工组织设计中节点工期要求,分析影响各项指标实现的难点,制定相应措施,以保证工程施工能够按施工组织设计顺利实施。

(3) 施工组织设计的变更及调整。施工组织设计实施动态管理,当施工条件变化引起施工方案、施工方法、工期、质量标准改变及设计变更时,施工组织设计须进行相应的变更调整,必要时进行重新修订,以保持施工组织设计的有效性与可操作性。施工组织设计的变更调整与原施工组织设计在重大施工方案、施工方法、大型施工设备等方面有重大调整时,由原编制单位编制变更申请,报原审批单位审批,并按要求进行更改、备案;若只进行一般性变更调整,与原批准施工组织设计没有原则性变化时,由编制单位进行变更调整。

(4) 施工组织设计实施过程中的监督与检查：

① 各级施工主管部门结合日常工作检查，对批准的施工组织设计执行情况进行跟踪检查监督，对执行偏差认真分析原因，拟定整改措施，及时进行调整或整改。

② 检查内容包括：施工组织设计编制情况、审核审批情况、实施落实情况和存在问题。

第 14 章　科技创新管理

14.1　科技创新工作管理的范围

(1) 贯彻、执行党和国家的科技方针、政策及上级的有关法规。

(2) 科技创新项目管理、科技创新成果管理。

(3) 科技创新经费的使用和管理。

(4) 申报上级科技和创新科技计划项目，争取国家有关的优惠政策和资金补助。

(5) 申请上级科技创新成果鉴定、申报上级科技创新成果奖励。

(6) 新技术、新产品开发、引进、消化吸收和创新，新技术、新材料、新工艺、新设备的推广应用。

(7) 建立科技成果的转化机制，将科技成果尽快转化为生产力并取得明显的经济效益。

(8) 有计划地组织对高、中级工程技术人员的技术培训和学术交流。

14.2　科技创新项目管理

(1) 项目的来源

① 公司决策层提出的战略性课题。

② 基层单位提出的课题。

③ 项目上具有技术性的施工技术课题。

(2) 项目确立程序

项目分部组织上报→项目经理部领导审核筛选→公司科技中心→集团公司技术委员会审定批准。

(3) 项目立项条件

① 公司生产、安全、发展急需的重大技术攻关。

② 具有高市场占有率、高技术含量、高附加值，可形成主导产业，经济效益显著的施工工艺和技术研究开发。

③ 显著提高生产效率、产品质量，节支降耗的工艺、技术与装备研究开发。

(4) 创新项目实施

① 列入科技创新项目计划的项目，统一交公司财务部安排科技开发项目计划，确定计

划资金。

② 被列入科技创新项目计划的项目,项目经理部应及时确定项目负责人,由项目负责人组织成立研究小组,制定设计方案并上报科技中心,由科技中心组织有关专家论证或审查,通过后,签订计划任务书。计划任务书中确定项目研究的详细内容、考核目标、投入经费、完成期限以及项目组成员等。需外协的,科技中心同时审查批准公司与协作单位拟订的技术合同和项目的计划任务书。如项目组提出的方案第一次论证未通过,经修改后进行第二次论证,仍未通过的,从计划中取消。

③ 项目组成员应按照分工参加项目的实施,并能熟练掌握关键技术,项目负责人应能掌握成果的全部主导技术,并负责有关技术资料的保存和保密。

(5) 项目验收("鉴定"或"评议",以下简称"验收")

① 项目完成后,及时提出验收申请和研究报告,经公司领导和分管科技工作的负责人审查,符合验收条件,上报科技中心,由科技中心组织有关专家进行验收或申请上级鉴定。

② 项目验收应严格遵循计划任务书的要求,坚持实事求是、科学民主、客观公正、注重质量、讲求实效的原则,确保该项工作的严肃性和科学性。

③ 项目验收,应由七至十五名同行专家组成验收小组,项目完成单位的人员和课题组成员不得参加验收小组。

④ 选聘参加验收工作的专家应具备以下条件:

a. 具有高、中级技术职称,部分重要项目可聘请国内知名专家;

b. 具有与课题内容相关的丰富的理论知识和实践经验;

c. 坚持原则、主持公道、具有良好的职业道德。

⑤ 参加验收人员的权利和义务:

a. 对验收的项目发表自己的见解;

b. 有权向被验收项目负责人询问该项目的有关技术问题;

c. 对被验收项目做出实事求是的评价,并对验收意见负责;

d. 对被验收的项目成果承担保密责任。

⑥ 项目验收的主要内容包括:

a. 是否完成合同或计划任务书要求的内容;

b. 技术资料是否齐全、完整、符合规定要求;

c. 成果的关键技术、先进性、成熟程度、推广条件和前景;

d. 存在的问题及改进意见。

⑦ 项目验收时,应确定其完成单位及主要完成人员,一经确定,不得变更。

⑧ 按照上级有关规定,对参加验收的专家应发给技术咨询费。

⑨ 科技创新项目的后评价:为推动科技成果转化,对应用性科技创新项目连续应用12个月后,由分管科技工作的负责人组织有关专家,按照《公司科技成果后评价办法》进

行后评价。

14.3 科技创新资金管理

(1) 科技创新资金用于各类科技创新项目的研究与开发,其支出范围包括:调研资料费,设计研究费,试验、检验费,技术审查费,购置必要的设备、仪器、仪表费,研制、试制样机费,论证、鉴定(验收、评议)费,对外签订的技术合同(技术开发、技术咨询、技术服务、技术转让)费,科研管理费等。

(2) 禁止使用项目资金购买与实施项目无关的物品和用于其他开支。

(3) 加强对科技资金投入和使用的监督检查工作,严格预算约束,加强经费支出管理,做到专款专用。项目负责人要严格执行项目经费预算;项目依托单位要对项目的一切经费开支行使监督权,做到审批手续完备、账目清楚、内容真实、核算准确、监督措施有力,确保资金的合理有效使用。

(4) 实行责任追究制度。对于弄虚作假、截流、挪用、挤占项目资金等行为,按照有关规定对项目负责人和依托单位进行处罚,构成犯罪的,依法追究刑事责任。

14.4 科技创新成果管理

凡经公司及上级部门验收和鉴定的科技创新项目即为公司科技创新成果。

第 15 章　进度管理策划

本章策划包括施工队伍策划、机械设备策划、主要材料策划及施工组织的策划。

15.1 总体工期要求及主要节点目标

1) 总体工期要求(编制见表 15.1 所示)

表 15.1　总体工期一览表

标段	计划工期/天	计划开工日期	计划竣工日期	架梁开始日期	架梁结束日期	无砟轨道开始日期	无砟轨道结束日期
YTZQ-4	956	2018.4.20	2020.11.30	2019.1.1	2020.5.31	2019.8.1	2020.11.30

2) 节点目标

根据确定的项目工期目标,进行进度目标分解,考虑主要分项工程的工效分析,确定各分部分项工程的施工开始时间和持续时间、完成时间,并将关键线路上的工作节点形成里程碑节点目标。对于联营项目,还应说明该工期节点属于己方还是联营方。参照表 15.2 填写。

表 15.2 主要节点工期计划一览表

主要节点	开始时间	完成时间	满足铺轨时间	备注
开竣工日期	2018年4月20日	2020年11月30日	2020年11月30日	
施工准备及征地迁改	2018年4月20日	2018年9月30日		
桥梁下部	2018年6月7日	2020年2月1日		
连续梁(含下部结构)	2018年6月7日	2020年1月3日		
4#海安制(存)梁场建设、试生产及取证	2018年5月20日	2018年11月20日		
梁体预制	2018年11月21日	2020年3月31日		
梁体架设	2019年1月1日	2020年5月31日		架桥机调头15天
无砟轨道板	2019年8月1日	2020年11月30日		含轨道精调
桥面系施工	2019年4月1日	2020年7月31日		

15.2 项目工作任务分解

项目工作任务分解(Work Breakdown Structure, WBS)主要是将一个项目分解成易于管理的几个部分或几个细目,以便确保找出完成项目工作范围所需的所有工作要素。它是一种在项目全范围内分解和定义各层次工作包的方法,WBS 按照项目发展的规律,依据一定的原则和规定,进行系统化、相互关联和协调的层次分解。结构层次越往下层则项目组成部分的定义越详细,WBS 最后构成一份层次清晰,可以具体作为组织项目实施的工作依据。WBS 通常是一种面向"成果"的"树",其最底层是细化后的"可交付成果",该"树"组织确定了项目的整个范围。但 WBS 的形式并不限于"树"状,还有多种形式。

在实际施工中,把工程项目层次分解为单项工程、单位工程、分部工程、分项工程、检验批,便于责任分配和绩效衡量的基本工作单元。

15.3 检验批、分项工程工效分析

根据类似工程施工经验和统计资料,结合本工程实际情况,分析确定本项目各主要检验批工程、分项工程施工工效。应重点对关键工作和大工程量分项工作进行工效分析,以验证进度计划和资源配置的合理性,以及在进度安排上是否有优化空间。

1) 钻孔灌注桩工效指标

钻孔灌注桩分项作业工效指标编制见表 15.3 所示。

表 15.3 钻孔灌注桩分项作业工效指标表

序号	设备	钻机定位/h	钻进/h	第一次清孔/h	吊放钢筋笼/h	安装导管/h	第二次清孔/h	灌注水下混凝土/h	合计/h
1	回旋钻机	3.0	80	2.0	3.0	2.0	2.0	4.0	96
2	旋挖钻机	0.5	5.0	0	1.0	1.0	1.0	3.5	12
3	冲击钻机	3.0	80	4.0	3.0	2.0	3.0	4.0	99

每个墩身桩基全部完成按 45 天考虑。

2) 承台工效指标

承台分项作业工效指标编制见表 15.4 所示。

表 15.4 承台分项作业工效指标表

序号	工作内容	时间/天
1	施工准备	3
2	基坑开挖及防护	2
3	凿除桩头及基底处理、检测	7
4	绑扎钢筋	5
5	安装模板及浇筑混凝土	3
合计	承台 20 天/个(水中承台 50 天/个)	

3) 墩身工效指标

实体墩身分项作业工效指标编制见表 15.5 所示。

表 15.5 实体墩身分项作业工效指标表

分项工程	绑扎墩身钢筋/天	安装墩身墩帽模板/天	绑扎墩帽钢筋/天	浇筑混凝土/天	混凝土养生/天	拆模/天	合计/天
$H<30$ m	6	3	1	0.5	7	0.5	18
$H>30$ m	8	4	1	3	7	1	24

每个实体墩身平均按 20 天考虑。空心墩按 30 m/月考虑。

4) 不同跨度悬浇施工预应力混凝土梁工效指标

0#块施工:40~60 天(100 m 及以下)或 50~85 天(100 m 以上)。挂篮安装调试:15 天。节段悬浇:10~12 天/块。合龙段施工:30~45 天/块。连续梁悬浇施工工效指标编制见表 15.6 所示。

表 15.6 连续梁悬浇施工工效指标表

项目梁型	下部结构/天	0#段/天	挂篮安装/天	标准段施工/天	合龙段、体系转换/天	合计/天
(32+48+32)m 连续梁	85	50	15	5节×10=50	40	240
(40+56+40)m 连续梁	85	50	15	6节×10=60	40	250
(40+64+40)m 连续梁	85	50	15	7节×10=70	40	260
(48+80+48)m 连续梁	85	50	15	10节×10=100	40	290

5) 制梁、架梁工效指标

预制简支箱梁:5~7 孔/月(每个制梁台座)。运架梁效率如下:0~8 km 为 2 孔/天,8~12 km 为 1.5 孔/天,12~20 km 以上为 1 孔/天。

4#梁场每个台座生产指标 5.5 孔/月,月生产能力 88 孔,自 2018 年 7 月 31 日前认证通过出梁,8.8 个月可完成,于 2020 年 4 月 30 日可完成制梁任务。设 32 m 双存 90 个(含 32 m 兼 24 m 双存台位 6 个)、静载试验台 2 个、提梁准备台 4 个、最大存梁 204 孔。制梁、架梁工效指标编制见表 15.7 所示。

表 15.7 制梁、架梁进度分析对比表

项 目	4#梁场
制架梁任务	782 片
制梁台座	16 个
存梁台座	双 32 m 梁 90 个
	双 32 m 兼 24 m 10 个
最大存梁数量	204 个
生产指标	5.5×16=88 孔
完成任务所需时间	(782-11)/88=8.8 个月
梁场认证通过时间	2018 年 7 月 31 日
预制梁完成时间	2020 年 4 月 30 日
架梁开始时间	2018 年 8 月 15 日
架梁结束时间(节点卡控)	2020 年 5 月 30 日
制梁、架梁富余时间	2 个月(满足要求)

6) 无砟轨道施工

无砟轨道主要包括底座板浇筑、轨道板铺设、自密实混凝土浇筑及相关工程部分组成。无砟轨道施工进度指标编制见表 15.8 所示。

表 15.8 无砟道床施工进度指标

序号	项目	类别	单位	进度指标
1	铺道床	Ⅲ型	桥梁段底座板	m/d	100～140
2			轨道板	m/d	110～180

15.4 进度计划系统

施工单位的进度计划包括施工准备工作计划、施工总进度计划、单位工程进度计划、分部分项工程进度计划。

1)施工准备工作计划

施工准备工作的内容包括：技术准备、物资准备、劳动组织准备、施工现场准备和施工场外准备。施工准备工作计划编制表 15.9～表 15.15 所示。

表 15.9 施工准备工作计划

序号	施工准备项目	简要内容	负责单位	负责人	开始时间	结束时间	备注

表 15.10 梁场架梁工作准备清单

序号	项目	工作内容	要求及标准	责任人	完成时间
一	技术管理				
	施工图纸	设计文件齐全与现场核对无误	通桥(2016)2322A-Ⅴ、Ⅱ-1,铁路桥梁球型支座(TJQZ)安装图(TJQZ-8360),跨 S228 省道特大桥(合安施先(桥)-20)		
	实施性施工组织设计	编制架梁实施性施工组织设计	主要含工期安排、资源配置、主要施工方案、安全技术措施；编制审批手续齐全		
	专项施工方案	900 t 架桥机、900 t 运梁车安拆专项方案、箱梁架设施工方案	具有针对性、可操作性,满足现场施工工艺要求；审批手续符合建质〔2009〕87 号文及合安公司管理制度的要求		
	开工报告	人员、材料及机械设备报审	符合招投标文件要求及合安公司首件制要求		

续表

序号	项目	工作内容	要求及标准	责任人	完成时间
	技术标准和规范	配备相关的技术标准和规范	《高速铁路桥涵工程施工质量验收标准》(TB 10752—2010),《高速铁路桥涵工程施工技术规程》(Q/CR 9603—2015),《铁路桥梁球型支座》(TB/T 3320—2013),《铁路桥涵工程施工安全技术规程》(TB 10303—2017),《铁路混凝土工程施工质量验收标准》(TB 10424—2010 J1155—2011),《铁路混凝土工程施工技术指南》(铁建设〔2010〕241号),《铁路架桥机架梁技术规程》(Q/CR 9213—2017)		
	作业指导书	编制箱梁架设、支座安装作业指导书	作业指导书编制针对性强,具有可操作性		
	技术交底	编制箱梁运输、架设、支座安装技术交底	分级交底,内容清楚,针对性强,签字手续完善		
	安全技术交底	编制运架梁安全技术交底	分级交底,内容清楚,针对性强,签字手续完善		
	安全生产培训	组织召开岗前安全培训	对管理人员和作业人员进行安全培训		
	特种作业人员	持证上岗	运架梁司机、指挥员必须持证上岗,且接受培训考核		
	安全操作规程	编制提梁机安全操作规程、运梁车安全操作规程、架桥机安全操作规程	制定具有针对性的安全技术措施		
	岗位安全责任制	编制岗位安全责任制	明确岗位职责、权利与义务		

续表

序号	项目	工作内容	要求及标准	责任人	完成时间
	管理制度	编制交接班制度、维修保养制度、成品梁出场检验及交接制度	制定详实具体的交接程序与交接内容，每班做好交接记录；保养计划及保养内容具体；制定出场检验内容，提供箱梁制造技术证明书及其附件，同时规定与线下单位交接程序、内容		
	特种设备档案管理	编制特种设备管理台账，收集合格证书、使用说明书等技术资料	使用说明书、操作手册、结构图纸、电气原理图、液压原理图及设备履历书；建档原则为一机一档案，定机定人		
	检验批资料	检验批及过程施工记录	TA8工程报验申请表、架梁检验批质量验收记录表、支座检验批质量验收记录表；满足合安公司及监理要求		
二	材料				
	支座	在合安公司招标名录内生产厂家	产品合格证齐全，检验项目满足验标要求（竖向承载力≤2 mm、摩擦系数≤0.03）		
	防落梁	出厂合格证等相关证明文件齐全	数量、批号吻合，各项检验指标满足验标要求（500 h盐雾性能、金属元素、渗层厚度≥50 μm）		
	灌浆剂	出厂合格证等相关证明文件齐全	数量、批号吻合，各项检验指标满足验标要求（流动度：初始≥320 mm、30 min≥240 mm，28 d弹模≥30 GPa，2 h抗压强度≥20 MPa）		
三	设备				
	900 t搬运机	配置满足生产要求，所有设备有完善的管理制度及操作规程	机械设备及试验检测设备有合格证，状态良好；设备随机资料齐全；吊具等主要受力部件进行探伤检测；安全装置有效；通道、平台完好、无破损；试运行状态良好；试架过程中做好荷载试验，试架完成后邀请特检局现场检测，检测合格报告及使用登记证齐全		
	450 t提梁机				
	900 t运梁车				
	900 t架桥机				

续表

序号	项目	工作内容	要求及标准	责任人	完成时间
	自验	组织设备进场验收	对主要构件(必要时进行探伤检测)、电气系统、操作系统、液压系统、安全系统进行全面验收		
	设备报验	检测合格报告及使用登记证办理	负载试验、吊具吊杆等重要部件探伤检测、安全限位保护装置有效、风速仪、电气及液压系统运转正常		
	辅助设备	配置电子秤、砂浆搅拌机、油泵、千斤顶	数量、性能满足使用,用计量器具进行标定		
	防护器材	配置上下爬梯、墩身围护、桥面防护	高处作业做好临边围护,上下墩身设置爬梯		
四	人员				
	管理人员	建立健全安全组织机构	技术、安全、试验人员分工明确、责任到人		
	作业人员	人员数量满足现场施工要求	主要分支座安装、辅工、运梁指挥、运梁司机、运梁监护、架梁指挥、起重司机、天车监护、前支腿监护、中支腿监护、后支腿监护,明确工作内容和操作规范		
	特种作业人员报验	特种人员持证上岗、认证相符	架桥机操作人员及其中吊装指挥人员持证上岗		
五	现场准备				
	箱梁出场验收	箱梁结构尺寸合格,资料齐全	结构尺寸验收合格,接地端子、泄水管、桥牌等预埋件安装齐全,梁面干净整洁无杂物		
	运梁路基段	验收路基宽度、平整度、压实度、纵坡等技术参数	确保路基宽度满足运梁,运梁通道上路基碾压密实平整,压实度及纵坡(整体坡度2%,边坡段1%,长度大于50 m),20 m范围内无障碍物,报监理验收合格		

续表

序号	项目	工作内容	要求及标准	责任人	完成时间
	0#台背处理	0#台后100 m范围内路基加固保证水平,承载力合格	架设每座桥梁的首跨箱梁时,架桥机后端支撑在路基上,必须对路基采取相应加固措施,确保不沉降		
	沉降观测	装梁区域路基顺接段沉降观测	顺接段铺装级配碎石,运梁过程中不发生沉降		
	垫石基准线标记	用墨线标出各墩台垫石中心线、支座十字线、梁端线、侧面垫石标高线并进行表面凿毛	保证箱梁架设准确定位		
	线下交接	线下施工与架梁队完成交接手续	线下单位报验监理工程师合格后向梁场提交墩身、支承垫石资料(包括:墩身及垫石同养试块强度,跨距、垫石实际标高,支承垫石纵横向中心距,桥墩中心十字线等)、固定支座位置、线路坡度共同验收合格后填写垫石移交表		
	墩台、垫石复测	中线、高程复测	满足《铁路混凝土工程施工质量验收标准》(TB 10424—2010 J1155—2011)、《高速铁路桥涵工程施工质量验收标准》(TB 10752—2010)验标要求		
	锚栓孔检查	检查螺栓孔孔径、深度、位置	直径应大于套筒外径60～80 mm,深度应大于螺杆长度60～80 mm,预留锚栓孔中心及对角线位置偏差不得超过10 mm。预留锚栓孔内无冰雪、雨水、石块等杂物		
	试运行	确保运架设备使用性能正常	各类限位器是否可靠,吊点及吊具有无变形缺损,钢丝绳有无断丝,轮胎有无破损,电气系统、液压系统、通信设备、报警系统是否正常工作等		

续表

序号	项目	工作内容	要求及标准	责任人	完成时间
	安全防护	安全防护人员及安全防护	运梁、架梁人员分工、分区域、定职责,安全防护措施到位		
六	过程控制				
	支座安装	支座型号、方向、安装质量满足设计及规范要求	采用 TJQZ-8360 铁路桥梁球形支座设1个固定支座(GD),1个纵向活动支座(ZX),1个横向活动支座(HX),一个多向活动支座(DX);固定端的设置在线路右侧;支座与梁底,支座与支承垫石之间应密贴无缝隙,各支座应均匀受力		
	装、运梁	检查箱梁预埋件安装是否齐全,完成场内箱梁装车及运输至待架孔跨	装梁时保证箱梁支点位于同一平面,装梁结束检查箱梁支垫确认装载平衡;运梁线路无障碍物;"四点起吊、三点受力";运梁时支点距梁端的距离及起吊位置应符合设计要求;走行速度控制在 5 km/h,曲线及坡道地段控制在 3 km/h;当运梁设备接近卸梁地点或架桥机时,应减速慢行。运梁车接近架桥机时应一度停车,得到指令后才能对位		
	喂梁	喂梁过程中的安全监控	必须确认立柱间净空能安全通过重载运梁车。对运梁车走行的喂梁速度和运行速度的制动距离必须严格控制,以保证运梁车前端不碰撞立柱。架桥机喂梁操作须在有关支腿经检查完全支好受力后才能进行		

续表

序号	项目	工作内容	要求及标准	责任人	完成时间
	起吊、移梁	起吊、移梁过程中的安全监控	箱梁起吊、落位时,利用两台起重小车将箱梁吊起。当箱梁被吊离运梁车支承面30~50 mm后,应暂停起升,将梁下落20~30 mm,待检查无误后继续吊高,至离开运梁车200~300 mm后停止起升,箱梁纵向前进到落梁位置,落梁就位。行走时应平稳,严禁箱梁碰撞架桥机支腿。落梁速度不应超过0.5 m/min,同时监视落梁速度和位置。箱梁横移时应在低位作业,禁止连续起停动作,以减少箱梁的晃动对架桥机横向冲击。落梁顺序:后吊点先落,前吊点后落,避免单卷扬机受力过大		
	落梁	千斤顶受力均匀,安全监控	落梁过程中,要有专人监视吊梁行车上的卷扬机、制动器的工况,下落梁体不得碰撞架桥机前支腿和已架设箱梁下落梁体保持相对水平,横向高差10 cm,前后位高差30 cm,必要时可单边落梁调整。墩顶临时支承所用千斤顶的型号及位置必须符合设计要求。四个临时支承千斤顶应受力均匀且须构成三点平衡系统。顶落梁时每一端的千斤顶应同步起落,并保证每个支点的反力与四个支点反力的平均值相差不超过±5%。在箱梁落于千斤顶上之前,千斤顶顶面应高于支承垫石面20~30 mm		

续表

序号	项目	工作内容	要求及标准	责任人	完成时间
	标高复测	梁面高程、梁缝检查	落梁定位,固、活支座底落至距垫石面 30～40 mm 时,调整梁面纵、横中心位置,横向误差(靠翼缘一侧为准)在±10 mm 以内,复测梁面标高在保证误差(预制箱梁不得高于设计高程,也不得低于设计高程 20 mm)的前提下,最大限度使梁外侧与前一跨梁相平齐。梁的纵向误差在±20 mm 以内,并把误差向两端均分,保证梁缝均匀,外观圆顺平直。相邻梁跨梁端桥面之间、梁端桥面与相邻胸墙顶面之间的相对高差不得大于 10 mm。《高速铁路桥涵工程施工质量验收标准》(TB 10752—2010)验标要求		
	灌浆	砂浆拌制性能满足设计及规范要求,灌浆厚度控制、试块制作	经检验合格的砂浆宜静止 3 min 后从采用重力灌浆一侧灌浆,直至另一侧溢出为止。不得从相对两侧同时进行灌浆。灌注开始后,必须连续进行,不能间断,并尽可能缩短灌浆时间。灌浆厚度控制 20～30 mm,临时支撑拆除时灌浆强度不小于 20 MPa。《高速铁路桥涵工程施工质量验收标准》(TB 10752—2010)验标要求		

表 15.11　无砟轨道施工准备工作清单

序号	清单内容		完成时间	责任人		备注
	项目	工作细目		经理部	分部	
1	技术试验准备	线下工程及接口工程验收(分部分项)				
2		无砟轨道试验段施工方案				
3		线外工艺试验总结				
4		单位工程开工报告				
5		作业指导书				
6		技术交底(分工序交底))				
7		施工组织机构				
8		施工人员、管理人员培训				
9		试验设备准备(现场、拌和站)				
10		底座板及自密实配合比报批				
11		各项材料进场验收及送检				
12	测量准备	沉降变形观测评估报告				
13		CPIII轨道控制网测设及评估报告				
14		梁端数据测量及布板数据计算复核				
15		精调设备进场及报验				
16	施工人员配置	拉毛1人、植筋2人、钢筋加工及安装10人、底座板模板工10人、底座板混凝土工13人、养护工2人、伸缩缝施工4人、杂工6人,合计48人				
17		上板工3人、隔离层+钢筋网+粗铺5人、模板工5人、精调工4人、自密实混凝土浇筑5人、养护工2人、杂工2人,合计26人				

表 15.12 无砟轨道施工准备工作清单

序号	清单内容 项目	清单内容 工作细目	完成时间	责任人 经理部	责任人 分部	备注
1	现场工装准备（每个作业面）	底座板模板8孔（按照每天3孔推进）				
2		自密实模板及压紧装置6孔（按照每天3孔推进）				
3		手推式凿毛机2台				
4		铺板龙门吊2台				
5		轨道板上板、自密实混凝土灌注吊车1台				
6		随车吊1台				
7		混凝土泵车1台				
8		洒水车1台				
9		混凝土运输车4台				
10		精调设备1套				
11		弯曲机				
12		切断机				
13		套丝机				
14		扭矩扳手				
15		拉拔机				
16	物资准备	混凝土原材料准备（砂、碎石、矿粉、减水剂、水泥、粉煤灰）				
17		普通钢筋				
18		钢筋焊网				
19		橡胶带伸缩缝				
20		聚乙烯泡沫板				
21		植筋胶				
22		防水涂料				

表 15.13 无砟轨道施工准备工作清单

序号	清单内容		完成时间	责任人		备注
	项目	工作细目		经理部	分部	
1	外部环境准备	自密实混凝土拌和站验收				
2		底座板验收				
3		轨道板进场及验收				
4		线上揭板试验				
5		施工、养护、防护材料到场				
6		规划施工段落、防止施工干扰				
7		现场交通运输道路设计				
8		监理联系				
9		总包、设计联系				
10		建指联系				

表 15.14 底座板施工技术责任清单

序号	清单内容		完成时间	责任人		备注
	项目	工作细目		经理部	分部	
1	技术内业	首件施工方案报批				
2		底座板施工作业指导书				
3		技术交底				
4		施工技术培训				
5		底座板首件总结				
6		检验批				
7		施工日志				
8	测量工作	梁端数据测量				
9		布板数据计算				
10		施工数据复核				
11		施工放样				
12		标高测量及交底				
13		底座板复测				

续表

序号	清单内容		完成时间	责任人		备注
	项目	工作细目		经理部	分部	
14	施工质量控制	桥面拉毛质量检查				
15		锚固连接检查				
16		梁端伸缩缝安装检查				
17		底座板钢筋检查				
18		底座板模板安装检查				
19		底座板预埋件检查				
20		底座板混凝土施工旁站				
21		底座板混凝土养护				
22		底座板拆模检查				
23		底座板伸缩缝施工				
24		底座板自验				
25	试验工作	材料检测				
26		混凝土配合比				
27		锚固连接检测				
28		混凝土检测				
29		试件制作				
30		试件检测				
31		底座板实体质量检测				

表 15.15　轨道施工记录清单

序号	清单内容		完成时间	责任人		备注
	项目	工作细目		经理部	分部	
1	施工记录	桥面接口工程检查验收记录表				
2		桥面高程测量成果表				
3		轨道板成品外形尺寸检查记录表				
4		锚固连接检查记录表				
5		底座板钢筋检查记录表				
6		底座板模板安装检查记录表				
7		底座板混凝土浇筑现场记录表				
8		底座板混凝土养护记录表				
9		底座板拆模检查表				
10		伸缩缝填缝施工检查记录表				
11		隔离层及弹性垫层施工检查记录表				
12		轨道板铺设检查记录表				
13		轨道板铺设复测检查记录表				
14		自密实混凝土层钢筋检查记录表				
15		自密实混凝土模板安装检查记录表				
16		自密实混凝土拆模检查记录表				
17		自密实混凝土养护记录表				
18		自密实混凝土现场灌注记录表				
19		自密实混凝土揭板检查记录表				
20		轨道板施工测量记录表				
21		自密实混凝土首盘鉴定表				
22		自密实混凝土拌和物性能测试记录表				
23		揭板试验小结				
24		揭板试验总结				

2) 施工总进度计划

施工总进度计划是根据施工部署中施工方案和施工项目的开展程序,对全工地的所有单位工程做出时间上的安排,确定各单位工程及全工地性工程的施工期限及开竣工日期,进而确定施工现场劳动力、材料、成品、半成品、施工机械的需要数量和调配情况,以及现场临时设施的数量、水电供应量和能源、交通需求量。主要内容为编制项目总进度计划表,绘制进度网络图。

3) 单位工程进度计划

单位工程进度计划是在既定施工方案的基础上,依据规定的工期和各种资源供应条件,遵循各项施工过程的合理顺序,对单位工程中的各施工过程做出时间和空间上的安排,并以此为依据,确定施工作业所需要的劳动力、施工机具和材料供应计划。

4) 分部分项工程进度计划

分部分项工程进度计划是针对工程量大或者技术复杂的分部分项工程,在依据工程具体情况所制定的施工方案基础上,对其各施工过程所做出的安排。如大型基础土石方工程、复杂地基基础加固工程、大体积混凝土工程、大型桩基工程、大型预制构件吊装工程。

15.5 关键线路

在工期编排及实施管理上,按照保证重点、突出里程碑工期目标、强调关键工序的思路,在保证安全、质量和环保的前提下,考核节点工期目标,以节点工期保里程碑工期、以里程碑工期保关键线路、以关键线路保总工期目标。

经过对工程的分析比较,施工关键线路为:施工准备→×××特大桥984#—987#墩跨S353省道(40+64+40)m、1004#—1007#墩跨北凌河(48+80+48)m、1037#—1040#墩跨旧G204国道(48+80+48)m三联连续梁及其下部工程施工→箱梁架设→无砟道床铺设。

15.6 月度、季度、年度产值计划安排

根据年度计划完成的工程内容及工程数量,编制项目月、季、年度产值计划,作为后期项目管控的依据。参照表15.6填写。

表15.16 项目年度产值计划一览表

序号	月、季、年度	产值计划/万元	主要施工内容	备注

15.7 影响工期重、难点分析

建立进度控制组织机构,职责划分明确。分析项目的工期管理影响因素,包括自然条件、施工环境、建设单位资信、资源组织、技术等,评估其对工期履约的影响程度,提出工期履约的资源保证要求以及应重视的问题,明确管理思路。

15.8 实施项目进度计划

1) 制定实施方案

建设工期遵循"统筹规划、科学组织、重点先行、同时展开、均衡生产、有序推进"的管理

原则,以制架梁、无砟轨道、铺轨、"四电"、联调联试为工期控制主线,合理组织,均衡生产,合理安排;围绕工期目标,以施工进度管理为核心,以控制工程为重点,抓住实施性施组动态调控、施工合同强化监管、工程进度信息化管理和进度管理激励制度四项保障措施,确保工期节点可控;同时,在工程中依靠科技进步,大力推广"四新"技术应用,提高施工效率。建立以项目经理为核心的工期保证体系机构(图15.1),从工程管理、管理控制、工程实施三个方面保证工期。

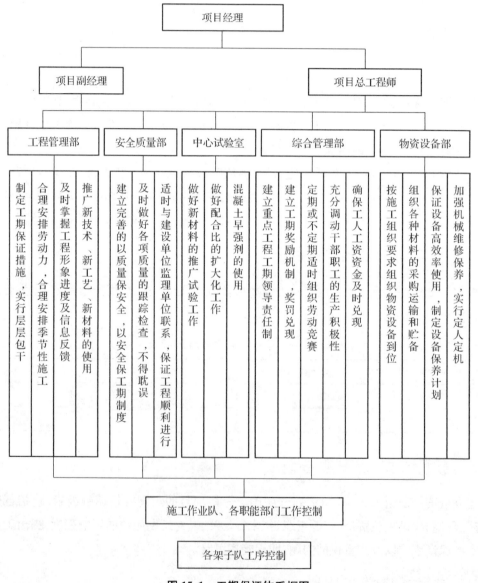

图 15.1　工期保证体系框图

2）保证工期的措施

（1）组织措施

① 建立进度控制目标体系，明确建设工程进度控制人员及职责分工。

以架梁工期控制主线，结合工程特点、工点分布情况和工期要求，合理布置大临设施，合理划分施工段，组织平行和流水作业，确保施工有序和生产均衡。

制定严格的材料供应计划，根据现场的施工进度情况保证各阶段材料的及时供应，杜绝停工待料的情况出现。组织好砂石料的采购、运输和贮备工作。

② 建立工程进度报告制度及进度信息沟通网络。

③ 建立进度计划审核制度和进度计划实施中的检查分析制度。

④ 建立进度协调会议制度。

各架子队坚持每天一次的生产布置会。定期召开一次由各架子队负责人参加的生产调度会，及时协调各队伍之间的生产关系，合理调配机械设备、物资和人力，及时解决问题。

（2）技术措施

① 编制进度控制工作细则，指导进度管理人员实施进度控制。

② 采用网络技术，结合计算机的应用，对进度实施动态控制。

③ 按照"工厂化、机械化、专业化、信息化"的要求，对生产要素进行动态管理，合理配置人、机、料等生产要素。

④ 积极推广应用有利于保证施工质量、提高施工效率的新技术、新材料、新工艺、新设备。

⑤ 加强施工图审核工作的管理，为工程正常、连续推进提供保证。

⑥ 定期审查实际进度，开展进度偏差分析。

（3）经济措施

① 给予工期提前奖励。

② 给予工期延误处罚。

（4）合同措施

① 建立以项目经理为核心的进度管理指挥系统，统筹安排机械设备、材料供应、劳力调配，随时掌握形象进度。对控制工期的重点工程建立领导负责制，制定分阶段工期目标，认真落实，分解到人，对其他工程项目亦明确目标，定岗、定人、授权，各负其责。

② 加强合同管理，协调合同工期与进度计划之间的关系，保证按照合同中进度目标实现。

③ 积极处理变更与索赔管理事件，减少因变更及索赔事件对工期的影响。

④ 加强风险管理，充分考虑风险因素及其对进度的影响以及相应处置。

3）进度监测工具使用

跟踪记录，收集实际进度数据、对比实际进度与计划数据，检查项目进度计划和工程合同执行情况是建设工程进度监测的主要环节。常用的工具有横道图、S曲线、"香蕉"曲线、前锋线和列表比较。

(1) 横道图比较法

横道图比较法是将项目实施过程中检查实际进度收集到的数据,经过加工整理后直接用横道图平行绘制于原处的横道线处,进行实际进度与计划进度比较的方法,见图 15.2 所示。

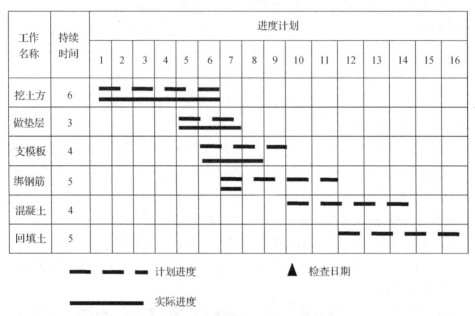

图 15.2 某基础工程实际进度与计划进度比较图

(2) S 曲线比较法

S 曲线比较法是以横坐标表示时间、纵坐标表示累计完成任务量百分比,绘制一条按照计划时间累计完成任务量百分比的 S 曲线;然后将工程项目实施过程中各检查时间实际累计完成任务量百分比的 S 曲线也绘制在同一坐标系中,进行实际进度与计划进度比较的一种方法,见图 15.3 所示。

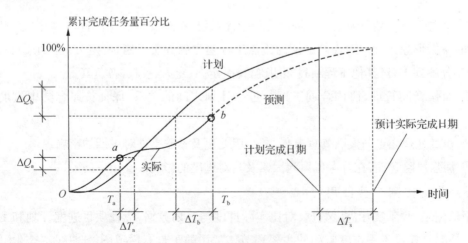

图 15.3 S 曲线比较图

(3)"香蕉"曲线比较法

以各项工作最早开始时间安排进度绘制 S 曲线跟以各项工作最迟开始时间安排进度绘制 S 曲线,两条曲线具有相同的起点和终点。见图 15.4 所示。

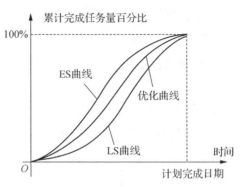

图 15.4 "香蕉"曲线比较图

(4)前锋线比较法

前锋线比较法是通过绘制检查时刻工程实际进度前锋线,进行工程实际进度与计划进度比较的方法,见图 15.5 所示。

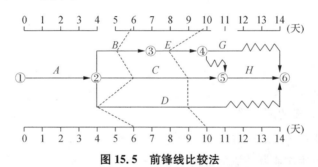

图 15.5 前锋线比较法

(5)列表比较法

列表比较法是记录检查日期应该进行的工作名称及其已经作业的时间,然后列表计算有关时间参数,并根据工作总时差进行实际进度与计划进度比较的方法,见图 15.17 所示。

表 15.17 工程进度检查比较表

工作代号	工作名称	检查计划时尚需要作业时间	到计划最迟完成时尚需要作业时间	原有总时差	尚有总时差	情况判断
5—8	F	4	4	1	0	拖后一周,但不影响工期
6—7	G	1	0	0	—1	拖后一周,影响一周工期
4—8	H	3	4	2	1	拖后一周,但不影响工期

4)进度滞后补救措施

(1)缩短某些工作的持续时间

① 组织措施

a. 增加工作面,组织更多的施工队伍;

b. 增加每天的工作时间(如采用三班制);

c. 增加劳动力和施工机械的数量。

② 技术措施

a. 改进施工工艺和施工技术,缩短工艺技术间隙时间;

b. 采用更加先进的施工方法,以减少施工过程的数量(如将现浇框架方案改为预制装配,将挂篮施工改为支架现浇);

c. 采用更先进的施工机械。

③ 经济措施

a. 实行包干奖励;

b. 提高奖金数额;

c. 对采取的技术措施给予经济补偿。

④ 管理措施

a. 改善外部配合条件;

b. 改善劳动条件;

c. 实施强有力的调度。

(2)改变某些工作的逻辑关系

① 通过平行作业调整进度计划;

② 通过工序搭接作业调整进度计划。

第16章 采购管理

16.1 劳务采购

1)分包模式策划

工程施工分包包含专业分包和劳务分包。专业分包是指公司及所属公司将所承包工程中的专业工程发包给具有独立法人资格和相应资质的其他建筑业企业完成的活动;专业分包须经建设单位同意或者符合施工合同的约定,依法合规分包给具备相应专业分包资质的分包企业。专业分包工程包括但不限于钢结构工程、装饰装修工程、消防工程、特种设备安装工程、幕墙工程、电子与智能化工程、通风空调工程、防水工程、保温工程、电梯工程、爆破工程、桩基工程、围护结构工程、园林绿化及景观工程、机电安装工程等。

劳务分包是指公司及所属公司将所承包工程中的劳务作业发包给具有独立法人资格和相应资质的劳务企业完成的活动。劳务分包所涉及的主要建筑材料、主要周转材料及大中型机械设备,必须由项目经理部购买、加工或租赁。主要建筑材料包括但不限于钢材、钢筋、水泥、水泥商品构件、混凝土等;主要周转材料包括但不限于挂篮等;大中型机械设备包括但不限于塔式起重机、升降机、施工外用电梯、混凝土搅拌机、架桥机等。

严禁发生转包、违法分包和挂靠等违法行为。

2) 分包单元划分策划

在进行分包单元划分时要大力推行多工序分包、专业分包模式,解决项目劳务队伍数量多、质量低、规模小、管理难度大的问题。编制见表 16.1、表 16.2 所示。

表 16.1 ×××项目分包策划表

序号	分包单元(施工工序)	分包作业内容	分包模式(劳务/专业)	选用分包数量	预计合同金额/万元	计划招标时间	计划进场时间	招标方式(邀请/公开)	主要合同条款(付款比例/工期要求)	备注
示例	×××桥梁下部结构	包含钢筋绑扎、模板及脚手架支设及拆除、混凝土浇筑及养护等	劳务分包	1家	20	2017.6	2017.8	公开招标	6个月	
1										
2										
⋮										

制表:(商务经理) 项目总工程师: 项目经理:

表 16.2 ×××项目特殊结构、高风险工序分包策划

序号	分包单元(施工工序)	分包作业内容	分包模式（劳务/专业）	选用分包数量	预计合同金额	计划招标时间	计划进场时间	招标方式（公开/邀请/议标）	主要合同条款（付款比例、工期等）	备注
示例	×××隧道工程	包含拱架加工、开挖、初支、二衬等	劳务分包	2家	包件1为1 000万元；包件2为1 500万元	2017.12	2018.2	公开招标		

注:1. 特殊结构、高风险工序是指在施工过程中,容易导致人员群死群伤或者造成重大经济损失的分部分项工程。凡列为公司重大施工方案(A级)的工程均属高风险工程。例如:超过一定规模的深基坑工程,各类工具式模板工程,承重支撑体系,悬臂浇筑、拼装及其他特殊工艺的桥梁工程,起重吊装及起重机械安装拆卸工程,附着式升降操作平台及悬挑式脚手架工程,特殊结构拆除工程,不良地质、复杂结构暗挖工程,人工挖孔桩、水下作业,大型结构整体顶升、平移、转体,采用新技术、新工艺、新材料、新设备可能影响工程施工安全且尚无国家、行业及地方技术标准的分部分项工程,以及公司首次涉及的新型或特殊结构工程等。
2. 本清单中所列分包工序招标时优先选用公司 A、B 级分包企业、战略合作伙伴企业、优秀分包企业。

制表:(商务经理)　　　　　　项目总工程师:　　　　　　项目经理:

3) 分包队伍考核策划

(1)项目经理部对分包企业的合同履行情况进行日常检查,日常检查情况作为季度分包企业的综合考核评价依据。每季度末对所选用的分包企业进行季度综合考核评价。

(2)考评内容包括:资源配置、工程进度、施工安全、工程质量、现场文明施工、劳务用工管理、环保、成本管理、综合管理及法律纠纷等,每项内容由对应管理部门负责人根据日常检查及专项检查情况认真评价并签字确认。

(3)统一制定分包企业考核评分标准,对分包企业的施工能力和过程管理实施量化考核。采用扣分制,按照扣分情况对分包企业进行优秀、良好、达标、不达标的等级评定。得90分及以上的为优秀,80～89 分 为良好,60～79 分为达标,60 分以下为不达标。

(4)在考核期内,以下三种情况,在分包企业考核时给予加分:

① 在考核期内,分包企业及时参与公司或项目经理部组织的各种抢工救急行动并获得信用评价加分或挽回企业重大损失的,每次可加 5 分;

② 参与公司内施工的项目获得省部级及以上荣誉称号或奖励,有较大贡献的,每次可加 3 分;

③ 参与公司内施工的项目获得地市级以上或公司级嘉奖,有较大贡献的,每次可加 2 分。加分项最高加分为 10 分,同类加分项按照就高不就低的原则,不重复加分。

(5) 项目经理部应及时将考核结果和整改意见通报分包企业,对整改情况进行跟踪复查。对季度考核不达标的分包企业,须向分包企业下达整改通知书并限期 10 日内整改达标,拒不整改或整改后仍未达标的,应认定为不合格分包企业。分包企业全年累计两个季度考核不达标的,应认定为不合格分包企业。

(6) 项目经理部要及时撰写季度考核报告上报公司核备,上报时间为下一季度首月 5 日前,同时上报不合格分包企业申报表。项目经理部要将季度考核报告和分包企业的考核结果在项目经理部进行公示。

(7) 公司每年末综合公司及项目经理部分包企业年度考核情况计算"公司年度考核分包企业综合得分",形成合格和不合格分包企业推荐名录,并根据年度考核结果和分包企业资信管理分级条件对合格分包企业进行年度初步评价分级。

(8) 公司综合上报的年度考核结果,组织审定向上级公司推荐的 A 级分包企业、B 级分包企业和不合格分包企业,对分包企业进行年度评价分级。

(9) 升级与淘汰机制。

① 年度考核评价后,得分 90 分及以上的 C 级分包企业,如能满足 B 级分包企业的基本条件,则升级为 B 级分包企业;得分 90 分及以上的 D 级分包企业,如能满足 C 级分包企业的基本条件,则升级为 C 级分包企业;年度考核得分 60 分以下的定为不合格分包企业,取消合格准入资格。

② 分包企业考核期内有下列十七项情形之一的,直接认定为不合格分包企业:(一)造成安全、质量责任事故的;(二)存在质量缺陷、安全隐患,整改不及时或隐瞒不报,导致企业重大经济损失或企业信誉受负面影响的;(三)拒不服从项目经理部管理,无理取闹,以非正当理由擅自停工、阻工、威胁项目经理部管理人员,唆使劳务人员聚众闹事,阻挠施工正常进行的;(四)以欺诈方式签订合同,要挟单位、个人进行无理调价的;(五)将分包作业进行转包或违法再分包的;(六)发生分包纠纷,负有主要责任且不接受合理处理,进行缠访或闹访的;(七)在施工作业过程中破坏文物、严重污染环境的;(八)备案劳务工劳动合同造假或不与劳务人员签订劳动合同,拒不落实劳务人员实名制管理要求的;(九)对所属劳务人员工资支付管理不到位,不落实劳务工工资支付管理要求,以及制造劳务纠纷造成不良影响的;(十)因分包企业自身原因致使工程工期严重滞后的;(十一)偷工减料、以次充好、倒卖工程材料的;(十二)因分包企业法人资格、资质等证照失效的;(十三)在办理准入及年审过程中弄虚作假,伪造证件的;(十四)在投标过程中围标、串标或以不正当手段中标的;(十五)与公司及所属各单位发生恶意诉讼或仲裁或向相关部门恶意举报的;(十六)已被列为不合格

分包企业,履约代理人(实际控制人)更换其他分包企业证照、资质重新办理准入的;(十七)因分包企业的原因给公司造成各类严重损失的其他情形。

4) 外包队伍的激励管理

(1) A级分包企业激励管理

① 分包企业凭 A 级资格,可在公司范围内直接参加工程项目分包招标活动,在评标过程中对 A 级分包企业评标综合得分加 5 分,同等条件下优先于 B 级、C 级、D 级进行施工作业合作;

② 在公司范围内同期能在不超过 5 个项目承担施工任务(从事房建工程除主体结构外其他专业施工的不超过 6 个);

③ 在公司范围内可免缴投标保证金;

④ 在公司范围内可免缴履约保证金;

⑤ 在公司范围内可免缴农民工工资保证金;

⑥ 具备被公司推荐参加项目分包招标资格。

公司推荐 A 级分包企业参与项目招标时,招标责任主体应直接与被推荐分包企业进行议标。

(2) B级分包企业激励管理

① 分包企业凭 B 级资格,可在公司范围内直接参加工程项目分包招标活动,在评标过程中对 B 级分包企业评标综合得分加 3 分,同等条件下优先于 C 级、D 级进行施工作业合作;

② 在公司范围内同期能在不超过 4 个项目承担施工任务(从事房建工程除主体结构外其他专业施工的不超过 5 个);

③ 在公司范围内可减半缴纳投标保证金;

④ 在公司范围内可减半缴纳履约保证金;

⑤ 在公司范围内可减半缴纳农民工工资保证金;

⑥ 具备被公司推荐参加项目分包招标资格。

(3) C级分包企业激励管理

① 在公司内可直接参与所属工程项目分包招标活动,同等条件下优先于 D 级进行施工作业合作;

② 在公司范围内同期能在不超过 3 个项目承担施工任务(从事房建工程除主体结构外其他专业施工的不超过 4 个);

③ 在公司范围内可缴纳 80% 的投标保证金;

④ 在公司范围内可缴纳 80% 的履约保证金;

⑤ 在公司范围内可缴纳 80% 的农民工工资保证金。

(4) D级分包企业激励管理

① 分包企业被审定为不合格的,公司需及时将分包企业信息和履约代理人信息报上级

公司,由上级公司取消其准入资格;

② 不合格分包企业 3 年内不得再准入,履约代理人终身不再准入。发生重大及以上安全质量事故等给公司造成重大损失的分包企业,不再准入;不合格分包企业被审定前已经签约的分包合同由签约公司提出处置要求,督导项目进行落实。

5) 分包企业劳务人员管理

(1) 分包企业进场前,法人或其委托代理人应向项目经理部出具身份证原件,委托代理人还需出具法定代表人授权委托书、社保证明及劳动合同原件;原则上法定代表人或其委托代理人、合同签约人、现场实际负责人要"三人合一",委托代理人作为派驻现场的实际负责人只能受聘于一家分包企业,分包企业必须与委托代理人依法建立劳动合同关系,编制见表 16.3 所示。

表 16.3 分包队伍劳动力配置计划表

序号	工种	单位	数量	预计使用时间	备注
	爆破工	人			
	架子工	人			
	电焊工	人			
	钢筋工	人			
	模板工	人			
	混凝土工	人			
	电工	人			
	张拉工	人			
	机械操作手	人			
	普工	人			
	司机	人			
	技术人员	人			
	管理人员	人			

(2) 按照行业工程建设部门的要求开展劳务用工实名制管理工作,依法与所招用的农民工订立劳动合同并进行用工实名登记。使用单位对农民工实名制基本信息进行采集、核实、更新,建立实名制管理台账。工程建设项目结合行业特点配备农民工实名制管理所必需的软硬件设施设备。编制见表 16.14 所示。

表 16.4 劳务人员花名册

序号	工作证编号	姓名	性别	岗位/工种	身份证号	身份证是否备案	劳动合同编号	劳动合同是否备案	家庭住址	备注

未与承包单位或者分包单位订立劳动合同并进行实名制登记的人员,不得进入项目现场施工。

推行实名制管理工具使用,如智慧工地建设。

(3) 要将劳务人员纳入员工培训教育范围,结合工程特点和要求,制订实施培训计划,建立培训记录和台账。

(4) 建立健全劳务人员花名册,要开展现场点名、登记并掌握劳务人员进退场、工作出勤及工资发放等情况,并留存相关资料。

(5) 要建立和完善劳务人员管理基础台账,并动态更新,劳务人员管理台账要保存至工程完工且工资全部结清后至少 3 年。工程所在地劳务用工管理部门对劳务人员管理有其他要求的同时遵照办理。

6) 劳务工工资支付管理

(1) 劳务工工资应当以货币形式,依据与劳务工依法签订的劳动合同约定或者通过依法制定的规章制度规定工资支付标准、支付时间、支付方式等,通过银行转账或者现金足额支付给劳务工本人,不得以实物或者有价证券等其他形式替代。因不可抗力未能在支付期限内支付工资的,应当在不可抗力消除后及时支付。

(2) 支付原则:

① 谁用工谁负责的原则;

② 农民工工资保证金制度的原则;

③ 优先于工程款支付的原则;

④ 由参建单位直接发放的原则;

⑤ 及时足额发放的原则。

(3) 项目经理部应当按照有关规定开设劳务工工资专用账户,专项用于支付该工程建设项目劳务工工资。开设、使用劳务工工资专用账户有关资料应当由项目经理部妥善保存备查。

(4) 要推行分包单位劳务工工资代发制度。督促分包单位按月考核劳务工工作量并编制工资支付表,经劳务工本人签字确认后,与当月工程进度等情况一并交项目经理部。项目经理部审核分包单位编制的工资支付表并确认无误后,通过劳务工工资专用账户直接将工资支付到劳务工本人的银行账户,并向分包单位提供代发工资凭证。劳务工使用单位应当按照工资支付周期编制书面工资支付台账,并至少保存 3 年。书面工资支付台账应包括使用单位名称,支付周期,支付日期,支付对象姓名、身份证号码、联系方式,工作时间,应发工资项目及数额,代扣、代缴、扣除项目和数额,实发工资数额,银行代发工资凭证或者劳务工签字等内容。用于支付劳务工工资的银行账户所绑定的劳务工本人社会保障卡或者银行卡,劳务工使用单位或者其他人员不得以任何理由扣押或者变相扣押。

(5)分包单位对所招用劳务工的工资支付负直接责任,项目经理部对分包单位工资发放情况进行监督,并对分包单位违规行为进行督促整改。

(6)项目经理部应当按照有关规定存储工资保证金或用金融机构保函替代,专项用于支付为所承包工程提供劳动的劳务工被拖欠的工资。工资保证金实行差异化存储办法,对一定时期内未发生工资拖欠的单位实行减免措施,对发生工资拖欠的单位适当提高存储比例。

(7)项目经理部应当在施工现场醒目位置设立维权信息告示牌,明示下列事项:① 建设单位、施工总承包单位及所在项目经理部、分包单位、相关行业工程建设主管部门、劳资专管员等基本信息;② 当地最低工资标准、工资支付日期等基本信息;③ 相关行业工程建设主管部门和劳动保障监察投诉举报电话、劳动争议调解仲裁申请渠道、法律援助申请渠道、公共法律服务热线等信息。

(8)总包单位在工程项目经理部配备劳资专管员,对分包单位劳动用工实施监督管理,审核分包单位编制的劳务用工考勤表、工资支付表等工资发放资料。

7)员工、劳务用工培训考核管理

根据项目经理部人员实际情况以及项目建设单位相关要求,制订员工培训计划,向分(子)公司或公司提出员工培训申请。编制见表 16.5 所示。

表 16.5 项目经理部农民工培训计划

序号	内容	主讲人	参加人员	学习形式	时间
	公司相关制度学习		各部门人员	讲座	
	企业文化建设		管理人员	讲座	
	党群建设		管理人员	讲座	
	项目合同管理		管理人员	讲座	
	员工激励专题讲座		全体员工	讲座	
	现场质量控制管理		工程技术人员	讲座	
	现场施工管理		现场工程师	讲座	
	协调工作管理		管理人员	讲座	
	财务管理		管理人员	讲座	

16.2 材料采购管理

1）项目经理部物资管理部门主要职责

(1) 执行上级单位物资管理制度,制定项目物资管理制度并组织实施。

(2) 开展市场调查,在上级物资管理部门组织指导下,做好项目物资管理策划、编制项目物资采购供应方案。

(3) 负责编制、报送项目各类物资计划,配合上级部门做好集采物资的采购供应工作。

(4) 负责进场物资验收保管、发放盘点、消耗核算等工作。

(5) 负责办理物资结算,配合做好项目物资清算、调差等工作。

(6) 负责项目周转材料管理、剩余物资调剂、废旧物资处置等工作。

(7) 负责对本项目供应商的履约情况进行日常及定期评价,配合上级物资管理部门做好供应商管理。

(8) 掌握并使用物资管理信息化系统,按时上报各类物资报表、资料。

(9) 负责项目物资内业资料管理。

项目经理部物资管理部门应在物资管理方面设置计划、采购、管库、核算等基本业务岗位,并对不相容岗位进行识别。不相容岗位不得由同一人兼任,其余岗位可一人多岗。

2）采购市场调查

项目中标后,上级公司物资管理部门应了解工程项目概况、主要物资需求情况等,派员与项目经理部物资、技术、试验等相关人员组成调查小组开展项目物资资源及市场调查工作。调查内容包括主要物资需求及资源分布、市场价格行情、交通运输条件、可供利用的物流仓储设施等,调查组应根据调查获取的资料编写项目物资调查报告。

项目经理部至少每半年应组织一次市场调查,掌握主要物资市场变化情况。在市场供求、价格出现异常波动时,项目经理部应组织物资、商务等部门对市场资源及价格情况进行调查、分析,提出应对措施并报上级物资管理部门批准后组织实施。

3）项目采购需求分析

上级物资管理部门应组织根据物资调查报告、物资采购权限规定等进行采购需求分析,编制项目物资采购供应方案,主要内容应包括:工程概况、主要物资需求情况及资源分布、各类物资采购供应组织方式、重点周转材料配置建议、物资供应管理机构设置建议、现场仓储设施设置建议、物资采购供应重难点分析及应对措施建议等。

4）编制项目采购计划

上级物资管理部门应组织对新中标项目进行施工阶段的物资管理交底。交底内容应包括:建设单位、建设管理单位、上级单位的物资管理制度与工作要求,项目物资调查报告、项目物资采购供应方案等。

项目经理部物资管理部门应依据物资管理交底、施工组织设计、市场调查资料等,按照项目物资管理工作中的供应目标、成本控制目标、质量管控目标、安全环保目标等要求,编制采购计划。

5) 物资计划管理

物资计划分为需求(需用)计划、采购(申请)计划、供应(申请)计划三类,项目经理部是编制计划的责任主体。

(1) 项目工程部门及时编制分工号主要物资设计数量明细表,经项目总工程师审核后移交给物资管理部门。项目商务部门提供经公司确认的主要物资损耗系数,移交给物资管理部门。物资管理部门根据分工号主要物资设计数量明细表、主要物资损耗系数,计算分工号主要物资需用限(定)额数量明细表、汇总编制主要物资需用限(定)额数量总计划表。总计划表报公司物资管理部门,作为上级单位组织物资集中采购、监控项目采购供应数量的依据。发生设计变更时,项目工程部门要及时提交经总工程师审核的变更数量,物资管理部门据此调整主要物资需用限(定)额数量总计划表。

项目临建用辅助材料由工程部门提出书面用料申请,其他辅助材料由用料单位(项目经理部各部门、作业队)书面提出用料申请,各申请单位填制辅助材料需用计划表,履行项目经理部规定的审批程序后交物资管理部门。

(2) 项目经理部物资管理部门按照公司规定的采购权限,分别编制物资采购(申请)计划,经项目经理部总工程师审核、项目经理审批,上级单位集中采购物资按规定程序上报,自购物资由项目组织实施采购。

(3) 项目工程部门根据当月的施工生产计划等,编制主要物资月度需用量计划表,经审核签认后移交给物资管理部门。物资管理部门根据工程部门主要物资月度需用量计划表和各部门提报的辅助材料需用计划表,结合库存数量情况、储备安排等,按采购权限对甲供、集采、自购物资分别编制月度供应(申请)计划表,传递给各类物资供应主体。

项目经理部物资管理部门应根据用料进度等实际情况将月度供应(申请)计划分解成批次进料计划。批次进料计划应明确发货依据、物资名称、规格、数量、技术标准及交货地点、交货条件、收货人等信息。每一批次进料计划应按规定或合同约定传递给供应主体。

6) 物资采购管理

(1) 需求单位要科学编制物资计划和采购预算,切实发挥计划的指导作用,实现物资采购供应的预算控制。

(2) 构成工程产品实体的物资及可批量采购的其他物资,主要由上级公司、公司组织集中采购,并根据需要授权或委托各级物资采购供应服务机构实施采购供应。

公司组织的集中采购主要以战略采购、框架协议采购、鲁班商城采购、区域集中采购、品种集中采购、供应商集中招募等方式或形式开展。具体采购活动授权或委托×××物贸、×××鲁班招标中心等采购服务机构实施。

上级物贸公司承担上级公司投资项目和项目所需主要物资的集中采购供应工作。

上级公司未组织开展集中采购的主要物资,由公司组织实施集中采购,具体组织形式由公司确定。

两级集中采购范围之外的物资,由公司或需求单位按照相关规定实施采购。

16.3 机械设备采购管理

1) 设备投资管理

(1) 各单位应根据本单位生产经营发展和设备保有情况,制定符合企业发展战略要求的设备投资规划;遵循先调剂、修复、改造利用后购买的原则,加强设备投资管理。

设备投资要坚持从提高投资效益出发,注重优化装备结构,满足长远发展需要;要采取经营性租赁等方式,充分利用社会资源,控制通用施工设备增量。

设备投资重点是与企业发展相适应的关键设备,满足高、难、新、尖工程项目施工要求,提高施工生产自动化智能化水平,提高企业市场竞争力。

(2) 设备投资预算按以下要求办理:

① 各单位应按照上级公司预算管理部门规定上报年度设备投资预算和中期调整预算,严格执行上级批准的年度设备投资预算额度。

② 各单位在编制年度(中期调整)设备投资预算时,应同步编制上报设备年度(中期调整)投资预算表,作为设备投资预算审核的依据。

③ 设备投资管理兼顾投资总额和重大投资项目,无预算不投资。

④ 设备投资预算不得跨年度实施。

(3) 设备投资应纳入企业投资决策机制,应遵从公司章程和有关决策审批权限管理规定,按照公司《投资管理办法》进行投资行为的事前、事中、事后管理。设备投资决策管理规定如下:

① 单台或成套设备投资超过1亿元,经公司履行决策程序后,由上级公司生产管理部审核,按上级公司议事规则报专题会、党委常委会、总裁办公会、董事会等研究决策。

② 单台或成套设备投资在1亿元以下且列入一类大型设备目录的,经公司履行决策程序后,报上级公司生产管理部审批。

③ 除①②以外的设备投资由公司根据本单位规定决策。

承租设备所有权归属本单位的融资租赁设备及二手设备购置,属于设备投资,按以上规定决策。

④ 拟投入价值高的大型或批量设备的工程项目投标前,应进行标前策划,确定设备来源,并进行技术、经济等分析,测算设备投资回报,预判投资风险。

⑤ 设备购置计划应通过×××采购电子商务平台上报,并按照管理权限逐级审批。单台或成套价格在1 000万元及以上,或同一工程项目预估总金额在2 000万元以上的设备投资,需求单位应从必要性、可行性方面进行论证,形成设备购置可研报告,随购置计划

一并报送。

2) 设备采购管理

(1) 设备采购除坚持公司采购管理基本原则外,还应遵循"技术先进、配套合理、经济适用、安全可靠、节能环保"和"总体拥有成本最优"的原则。

(2) 禁止选用国家明令淘汰、禁止交易或禁止使用的设备,或未取得许可生产的和已经报废的特种设备。技术复杂的大型设备选型应组织技术方案论证。

(3) 以战略采购、框架协议采购或供应商集中招募的形式组织实施设备集中采购,确定入围供应商名录或合同条件,采购单位在供应商名录及上级公司合同条件内以招标、竞争性谈判、动态竞价、询价等方式实施具体采购。上级公司集中采购的具体品种和范围根据设备行业发展状况、社会资源情况、供应商关系等确定。

(4) 采购单位根据经批准的购置计划,按规定选择采购方式,组织编制采购方案、采购文件,履行相应的审批程序后实施采购。

(5) 采购单位根据采购结果或集中采购组织单位的交底与供应商签订采购合同,采购合同应采用公司发布的合同范本;有特殊要求的,按公司合同管理相关规定办理。

(6) 采购单位负责依据采购合同组织设备的安装、调试和验收。发生索赔时,采购单位是处理索赔事项的责任主体,集中采购组织单位给予必要的帮助和协调。

(7) 采购单位应根据需要,参与盾构机、TBM、铁路搬提运架等大型成套设备的设计与监造,对关键部件实行第三方检测,对制造及安装实施监理。

(8) 应严格执行设备投资预算,本着诚实信用的原则,按合同约定办理设备采购资金结算与支付,维护好采购信誉。

3) 设备租赁管理

(1) 在设备租赁前应就设备购置与租赁进行经济性比选。对于预计连续租用 2 年及以上的通用设备或者在一个项目预计租赁费达到采购价格的 80% 以上的设备,鼓励进行设备购置。

(2) 设备租赁应遵循先内后外、安全高效、经济适用的原则。

(3) 设备租赁分为工作量法租赁、月租和临租,临租包括台班租赁和小时租赁。设备租赁应优先选择工作量法。严格控制临租设备的次数和费用,按台班租赁设备当月累计临租费不得超过同等条件下的月租价,按小时计价的当日累计临租费不得超过同等条件下的台班价。

(4) 预估租赁合同金额大于 100 万元的一、二类大型设备目录内的设备及其他预估合同金额大于 200 万元的设备租赁,应逐级上报审批。

(5) 设备租赁属服务采购,其供应商管理、采购组织、采购方式等管理工作按上级公司采购管理办法和供应商管理规定等相关规定执行,采购中要重点对涉及设备使用安全及履约能力等内容进行审查,必要时应对供应商和租赁设备进行实地考察。通用设备租赁应选用性能良好、能满足施工要求且原则上出厂不超过 5 年的设备。

4）设备调剂管理

（1）闲置设备是指公司拥有产权，无已中标的后续项目使用或无已批复拟投标项目备用的，或长期闲置且不适合本企业生产需要的，或同类型设备保有量超过本企业生产实际需要、可修复改造再利用的设备。其中特种储备、抢险救灾、经核定封存的军工和动员生产等所必需的设备，国务院有明文规定淘汰的耗能大、严重污染环境和危害人身安全的设备以及不许转让和扩散的设备，待报废的设备不能作为闲置设备处理。

（2）闲置设备调剂是指产权单位将闲置设备以经营性租赁、产权转让等方式有偿提供给系统内另一法人主体单位使用，以及在本单位内部进行调配的管理活动。

（3）公司制定调剂管理实施细则，对列入一类大型设备目录内的设备进行调剂管理，为跨单位闲置设备调剂提供支持。

16.4 服务采购

1）第三方检测试验管理

（1）工地试验室应按照母体试验室授权的试验检测项目和参数开展试验检测活动，对未授权、不具备试验检测条件或能力、仪器设备使用频率非常低且价格昂贵的试验检测项目和参数可进行外委。

（2）当建设单位或监理有指定第三方检测的特殊要求时，按其要求执行。

（3）委外试验检测必须送到信誉良好、资质符合要求、已通过计量认证，或交通、建设等系统认可的试验检测机构；先经项目考察确认其资质和检测能力并审核后上报公司试验管理部门审核签字后方进行委外检测。

（4）委托第三方进行试验检测的项目经理部，还应根据工程规模配置相应数量的专职试验管理人员，负责项目日常试验检测管理工作，加强对第三方试验检测机构的监督与管理。

（5）项目经理部应加强对外协队伍、作业层实体的试验检测管理工作，在与其签订的合同中，应明确其必须配置的试验人员数量。

2）技术服务采购

工程技术服务是以技术为基础的智力密集型行业，是运用多学科知识和经验、现代科学技术和管理方法，为工程项目提供经济社会发展和工程项目决策与实践的服务。工程技术服务主要包括下面几点。

（1）信息服务

技术服务组织与有代表性的用户建立长期、稳定的联系，为用户提供信息系统的建立、运转、维护等工作，并及时取得用户对产品的各种意见和要求，指导用户正确使用和保养产品，编制见表 16.6 所示。

表 16.6 拌和站生产管理系统

序号	名称	厂家	型号	单价/元	数量/个	总价/元	备注
1	博硕 BCS7 预拌混凝土监控和管理系统 V1.0	博硕	BCS7-B12	37 000	2	74 000	—

(2) 安装调试服务

根据用户要求在现场或安装地点(或指导用户)进行产品的安装调试工作。编制见表 16.7 所示。

表 16.7 LED 屏幕数据管理升级服务

序号	名称	数量/件	单价/元	总价/元	备注
1	LED 屏幕控制卡	30	900	27 000	含安装调试
2	LED 发射调制器	1	3 900	3 900	含安装调试
⋮					

(3) 维修服务

维修服务一般分为定期与不定期两类:定期技术维修是按产品维修计划和服务项目所规定的维修类别进行的服务工作;不定期维修是指产品在运输和使用过程中由于偶然事故而需要提供的维修服务。

(4) 供应服务

供应服务是指向用户提供产品的有关备品配件和易损件。

(5) 检验检测服务

检验检测服务是指为使产品能按设计规定有效运转所进行的测试、检查、监控工作,以及所需要的专用仪器仪表装置。由于检测服务的工作量日益繁重,各种专用仪表也日益增多,检测服务趋向于建立各种综合性或专业性的测试中心。编制见表 16.8 所示。

表 16.8 检验检测项目一览表

序号	检测项目	数量/块	单价/元	总价/元
1	0 号块密实度	8	18 000	144 000
2	孔道压浆密实度	—	150	

(6) 技术、文献服务

技术、文献服务是指向用户提供产品说明书、使用说明书、维修手册以及易损件、备件设计资料等有关技术文件,编制见表 16.9 所示。

表 16.9 施工技术服务项目一览表

序号	服务目标	服务内容	服务期限	服务方式	服务费用
1	××铁路××标(48+80+48)m 连续梁线形检测提供技术支持	① 对连续梁进行各类测点布置;② 监测施工过程中的各项数据;③ 根据设计的各项数据调整监测中的数据指标,指导施工;④ 提供施工中的各项监控数据	2019 年 12 月至连续梁合龙	现场配合施工开展相关监测工作	360 000 元

(7) 培训服务

培训服务是指为用户培训操作和维修人员。培训内容主要是讲解产品工作原理,帮助用户掌握操作技术和维护保养常识等,有时还可在产品的模拟器或实物上进行实际的操作训练。

3) 保险服务采购

项目保险策划方案应根据项目合同、项目资源配置等情况,对保险采购与履约情况进行计划与安排,同时对存在的问题提出解决方案,对需要上级单位协调或解决的事项做出说明。策划书主要内容如下:

(1) 明确保险管理分管领导、牵头部门、相关管理部门,以及相关责任人。

(2) 资源分析与风险评估情况:分析项目资源情况,包括主合同关于保险的条件等,对风险进行评估。

从项目合同条款约定的合同额、施工工期、保证期、施工风险如地质水文气候等情况,以及项目周转材料、临时工程、施工设备、施工单位、施工与管理人员等配置情况,分析和评估项目实施过程中的风险。

(3) 保险需求情况:提出基于风险分析的工程险、人员险、施工设备险等保险需求。保险需求包括保费计费基数、保额、保期、保险标的、出险范围、保费支付方式与时间、费率、保费等。

其中工程险应对周转材料与临时工程的保额、赔付限额与比例需求进行说明;人员险应对人员记名或不记名等需求进行说明。

(4) 保险采购安排情况(包括险种与责任部门、时间进度安排等):及时按公司保险管理办法启动保险采购,满足生产需要。保险采购方式分为统保采购与单项采购。统保采购由各单位填写投保信息逐级上报至公司统一采购与出单。单项采购流程如下:

① 提出保险采购申请,逐级上报至公司;

② 与公司指定的经纪公司充分沟通,由经纪公司量身制定保险方案;

③ 提出对保险方案的评审建议;

④ 协助经纪公司招标或询价;

⑤ 对经纪公司提供的报价分析资料提出评审建议;

⑥ 确认投保信息;

⑦ 收取保单。

(5) 保险合同履行安排情况:

① 项目经理部应安排人员及时与保险合同约定的医院、水文站、气象站等建立联系,便于施工过程中取得相关信息与留存相关资料。

② 重大设计等风险变更应及时通知保险经纪公司报保险公司备案。

③ 安全防护措施应考虑保险合同约定情况。

④ 取证、报案均需符合合同约定的条款。

4) 其他服务采购

可结合项目需求,自由增加采购,如精测服务、管理咨询服务、税务管理服务等等。

第 17 章 质量管理策划

17.1 质量管理机构及职责

1) 质量管理组织机构

项目经理部成立以项目经理任组长,项目副经理为副组长,各部门负责人为组员的工程质量管理领导小组。小组成员如下:

组长:项目经理

副组长:副经理、总工程师

组员:各部门负责人

项目经理部安质部为领导小组下设的办公室,为负责工作组织和协调的日常质量监督管理部门。

2) 质量管理人员配置

项目经理部安质部设专职质量检查工程师 2 名。

各分部设质量管理部门,专职质量管理人员配置人数不少于 4 人,将质量责任落实到具体管理岗位、作业单元和作业人员。

各层级专职质量管理人员应具有一定技术水平和施工经验,能够胜任工作,承担特种岗位工作的人员必须持证上岗。

17.2 质量管理责任制

1）管理责任划分

项目经理部对×××铁路的质量负责任,内部实行个人对部门负责、主管副职对正职负责的质量责任体制。

（1）建立工程质量领导责任制。

项目经理是质量第一责任人,对质量工作负全面领导责任。严格按照有关要求,认真组织施工管理,明确各级质量责任,逐级对工程质量负责。

（2）建立工程质量终身负责制。

项目经理和相关人员要按各自职责对其所管的工程质量负终身责任。

（3）各分部应服从项目经理部的质量管理,分部是工程质量的责任主体。

2）工程质量管理领导小组职责

（1）贯彻落实国家质量工作方针、政策、法律、法规和行业以及上级有关质量管理规定、条例、标准等。

（2）建立本项目经理部工程质量保障体系,审定本项目经理部质量管理办法、制度,并严格实施。

（3）审查审批各分部的质量管理文件。

（4）监控和评估本项目工程建设的质量状况。

（5）组织定期质量管理专题会,协调布置质量工作。

（6）组织或参与质量事故调查处理。

3）工程质量管理办公室职责

（1）贯彻落实国家质量工作方针、政策、法律、法规和行业以及上级有关质量管理规定、条例、标准等。

（2）负责编制本项目经理部质量管理办法、制度,并严格实施。

（3）开展工程质量管理工作。

（4）开展质量宣传教育,提高全员质量意识。

（5）组织并参与定期和不定期的质量检查,提出检查方案、评分标准,及时下发质量检查通报。

（6）建立质量管理台账,收集和整理质量管理资料。

（7）按规定及时向上级质量部门报告质量情况和质量报表,组织或参加质量事故调查处理。

17.3 编制质量计划

1) 质量计划内容

(1) 按项目特点和有关部门的要求,提出明确的质量指标要求。

(2) 明确规定工艺技术、计划、质量和物资部门的质量责任。

(3) 确定各实施阶段的工作目标。

(4) 针对项目特点和实际实施能力,提出质量控制点和需要进行特殊控制的要求、措施、方法及相应的完成标识和评价标准。

(5) 对设计、工艺和项目质量评审要有明确规定。

2) 质量改进与控制管理的持续改进

(1) 预防与策划

① 定期召开质量分析会,对影响质量的潜在原因,采取预防措施。

② 对可能出现的不合格品,制定预防措施并组织实施。

③ 对质量通病采取防止措施。

④ 对潜在的严重不合格品,实施预防措施控制程序。

⑤ 项目经理部定期评价预防措施的有效性。

(2) 改进方向

① 人力:通过人员管理、人员培训、人员评定提高人力素质。

② 机械:提高机械化程度,通过良好的维修保养保持机械的正常运转状态。

③ 材料:严格把控进场材料质量,杜绝不合格原材料进入施工现场。

④ 方法:采用合理的施工流程和先进的施工方法,在上道工序验收合格前严禁下道工序施工。

⑤ 环境:确保施工设备、材料使用环境。

(3) 纠正

① 对发包方、监理方、设计方或质量监督部门提出的质量问题,分析原因,制定纠正措施。

② 对已经发生或者潜在的不合格信息,应分析记录处理结果。

③ 对检查发现的工程质量问题或者不合格报告提出的问题,由技术负责人组织有关人员判定不合格程度,制定纠正措施。

④ 对严重不合格或者重大质量事故,实施纠正方案及措施。

⑤ 实施纠正措施的结果由技术负责人验证并记录,对严重不合格或者等级质量事故的纠正措施和实施效果应验证,并上报企业管理层。

⑥ 定期评价纠正措施的有效性,进行分析、总结。

(4) 检查验证

① 定期对质量计划执行情况组织检查、内部审核和考核评价,验证实施效果。

② 依据质量控制中出现的问题、缺陷或者不合格情况,召开专业人员参加的质量分析会,制定改进措施。

17.4 质量管理工作要点

1) 提高全员质量意识,持续开展质量培训教育工作

围绕"质量优良、建设单位满意"的质量管理目标,以质量管理体系的运行为主线,以规范在建工程的质量管理为重点,继续强化质量培训教育。结合本单位实际情况,开展针对性的质量教育培训,通过在线学习、集中培训等方式推动质量教育培训工作。项目经理部通过各种方式的培训教育提高现场作业人员质量意识,通过对班组长质量意识的培养和质量责任制的落实,促进项目班组质量水平,促进安全质量管控关口由过程管控向源头管理转变。

2) 持续加强工程质量管控,强化质量安全隐患排查工作。

质量安全隐患排查是提高工程项目质量管理水平,确保质量全面受控的有效途径。各单位以落实现场质量安全红线管理为切入点,加强工程质量隐患排查和过程质量管控工作,及时发现现场存在的质量安全隐患。发现问题和隐患要迅速按照"五定"原则整改,重大隐患及时上报,及时处置,坚决将工程质量隐患消灭在工程开通运营之前。各工程项目必须高度重视工程质量,加强施工现场源头控制、过程卡控、试验检测、标准化作业流程管理,坚决杜绝偷工减料和弄虚作假行为。

3) 推行工程质量标准化建设

推行工程质量标准化建设,一是建立质量责任追溯制度。明确各分部、分项工程及关键部位、关键环节的质量责任人,严格施工过程质量控制,加强施工记录和验收资料管理,建立施工过程质量责任标识制度,保证工程质量的可追溯性。二是结合"管""监"分离工作,建立质量管理标准化岗位责任制度。将工程质量责任详细分解,落实到每一个质量管理、操作岗位,明确岗位职责,制定简洁、适用、易执行、通俗易懂的质量管理标准化岗位手册,指导工程质量管理和实施操作,提高工作效率,提升质量管理和操作水平。三是实施样板示范制度。在分项工程大面积施工前,以现场示范操作、视频影像、图片文字、实物展示、样板间等形式直观展示关键部位、关键工序的做法与要求,使施工人员掌握质量标准和具体工艺,并在施工过程中遵照实施。

4) 继续推动工程质量创优工作

工程质量创优活动不仅是创建企业业绩,提升企业发展品质的需要,更是企业加强安全质量管理的一种重要手段。不断推进工程质量创优工作,开展质量管理小组活动成果、质量信得过班组建设成果评选工作。其中质量管理小组活动作为质量管理的一项基础工作,是解决实际问题、提高质量的一种最为有效的方式,各单位要鼓励和推进项目施工开展质量管

理小组活动,充分调动员工参加质量管理小组活动的积极性,确保在建工程项目开展活动的普及率。

17.5 铁路项目质量管理工作内容

1) 质量监管分离

项目经理部和分部应建立健全质量管理体系,积极推进实施标准化管理。建立自检、自控的质量管理机构,各级第一管理者为自检、自控工作配齐、配强质量管理人员。

项目经理部和分部接受地方质监站的监督检查;对监督机构发出的监督指令,相关责任单位要认真整改落实并按时回复,实现闭环管理;接受铁路公司(建设单位)对项目经理部的质量管理评价考核,不断改善和提高管理水平。

2) 强化内部监督

(1) 项目经理部安质部依据相关规定和合同约定对分部质量行为、工程实体质量实施监督管理。

(2) 安质部监督工作内容:工程质量监督检查,工程质量监督检测,组织或参与调查、处理工程质量问题、质量事故。

(3) 内部监督工作流程:安质部根据施工动态和质量安全状况,确定检查重点;利用查看、量测、检测等方法,对现场质量安全状况进行检查,并验证文件、工程资料,确定是否存在质量问题,并做好影像采集或相关资料保存;对检查发现的问题要向分部提出整改要求,下发施工整改通知书;分部落实整改责任和时限,对问题进行整改,安质部对整改结果进行现场复核,做到闭环管理。

(4) 安质部要求分部进行检测的,分部应现场取样送检,并填写检测(试验)报告备案登记表上报至安质部。对于检测不合格的建筑材料,应记录下材料种类、规格、批次及不合格指标;对于不合格的实体工程,应注明存在问题的部位,同时提出书面整改要求。

(5) 安质部在监督检查过程中,发现并认定违反安全质量行为的情况,及时收集相关证据材料,视问题性质、造成损失情况,书面通知分部整改,按规定纳入施工企业信用评价范围。

(6) 安质部建立监督检查质量问题、监督检测、不良质量行为通知单的统计台账,确保内部监督有记录、可追溯。

3) 施工材料设备质量监控

用于工程实体的材料设备按来源的不同分为三类,即:分部采购的材料设备、项目经理部采购的材料设备、建设单位采购的材料设备。对材料设备质量控制区分三种类别进行。

(1) 分部采购的材料设备

由分部采购建筑材料、构配件和设备的,应在采购前编制主要设备材料采购计划表,并提供供应商资质等资料,上报至项目经理部物资部门审核。

① 地材

材料进场后,分部及时通知监理单位到现场验收。

按规定无须进行进场试验检验的工程材料,检查材料外观质量、测量材料规格尺寸、称量单位长度或单位面积重量等指标,同时检查材料出厂合格证、出厂检验报告、厂家型式检验报告等资料并进行归档;按规定需进行试验检验的工程材料,还须进行进场试验和型式检验,分部及时填报检测(试验)报告备案登记表,上报至物机部审查备案。安质部负责监督、抽查。

按照验收标准、技术规格书中的相关要求,以及工程材料自身特性要求,结合现场实际情况科学合理存放各类材料。

② 外购构配件

a. 订货申报。订货前,分部应向总包项目经理部物机部上报设备(材料)采购报审表,包括订货构配件名称、规格、型号、数量、运输方式和交货时间,并附有构配件生产企业的营业执照、生产许可证、质量管理体系,安质部对上述资料以及生产企业的质量信誉、供货能力进行审查。必要时,双方共同赴现场进行实地考察。

b. 进场验收。构配件进场后,分部应及时通知监理单位和项目经理部物机部、安质部共同到现场验收,并将出厂质量保证书、出厂检验报告以及试验报告作为附件上报项目经理部物机部和监理进行报验。

c. 按照验收标准、技术规格书中的相关要求,以及构配件自身特性要求,结合现场实际情况科学合理存放各类材料。

③ 设备

a. 供货商评审。采购前,分部应按照项目经理部的要求对供货厂商进行评审,包括供货厂商的资质、设备供货能力、质量信誉以及质量、技术管理制度运行情况,并编制设备检验计划。

分部应将评审资料提交项目经理部和监理审查。订货前,向监理和项目经理部申报订货报告,包括订货设备的名称、规格、型号、数量、运输方式和交付时间。

b. 进场验收。设备进场后,分部及时通知监理单位共同现场开箱检验,确认设备型号、规格、数量以及运输状况,检查设备的出厂质量保证书、出厂检验报告。

c. 按照验收标准、技术规格书中的相关要求,以及设备自身特性要求,结合现场实际情况科学合理存放各类材料。

不得使用未经试验、检测或试验、检测不合格的建筑材料、建筑构配件、设备。对于试验检验不合格的工程材料,必须进行清退或清场处理。

(2) 项目经理部采购的材料设备

材料设备采购合同订立后,物机部应依据合同要求,跟踪材料设备的生产进度,必要时赴厂家进行生产过程的厂检。

材料设备进场后,物机部负责通知监理单位、分部共同到现场对材料设备进行检查。

分部检查外包装,核实数量,无误后由物机部办理移交手续,并保存设备材料进场移交单。

物机部配合监理单位对材料设备进行质量检查。对于需要复试的材料,按相关要求进行见证取样,由分部负责复试;对于采购的设备需进行开箱验收。

（3）建设单位采购的材料设备

材料设备进场后,物机部负责通知监理单位、分部共同到现场对材料设备检查验收,进行开箱检验,检查出厂质量保证书、出厂检验报告以及自检试验报告。由建设单位办理移交手续,物机部随即向分部办理移交手续。

4）工程质量试验和检测

（1）试验实施方案报审

开工前,安质部要求分部及时编制项目试验实施方案,填写试验实施方案报审表上报安质部审核。

安质部查验相关资质证明文件：试验室所开展的试验检测项目、主要仪器设备；法定计量部门标定资料；试验检测人员的上岗资质证明以及试验室管理制度。对于第三方检测机构,安质部核查内容包括：试验室资质等级及试验范围,法定计量部门对试验设备出具的检定证明。

对于新建工地实验室,安质部检查内容包括：

① 机构设置及人员

a. 预制场、混凝土拌和站设置的工地试验室,其规模、分布和数量应满足施工质量控制和检测试验需要。

b. 中心试验室、工地试验室负责人、技术负责人和质量负责人履历和任职资格应满足招标文件约定。

c. 从事检测和试验工作的专业人员应熟悉业务,经专业知识培训考试合格,持有上岗证。

② 试验检测仪器设备

试验机械、仪器设备、计量器具等必须与投标承诺一致,经国家或所在地方技术监督机构计量检定合格,未经检定合格或检定过期的仪器设备不得用于工程质量试验检测。

a. 仪器设备的性能和精度应满足试验检测标准规定要求。

b. 所有工作仪器设备应保持完好,并按标准周期及时进行强制性检定,有计量合格证,并粘贴准用证。

c. 仪器设备设专人使用管理,仪器设备技术档案应齐全完整,内容包括产品说明书、检定证书、检定和使用情况登记、调试和维修记录等。

d. 水泥、混凝土养护室设有恒温恒湿装置。有温度要求的试验室和工作间须配置空调。

e. 要有稳定电源,必要时配备发电机。

③ 试验室环境条件

a. 工地试验室的面积能满足试验检测工作需要,至少具有 90 m² 以上试验及办公场所,试验检测室面积大小与申请的检测项目数量相匹配,仪器设备布局合理,且各试验检测室单间面积不小于 15 m²。

b. 试验室的采光、隔热、室温、湿度、供水、供电等应满足试验工作条件要求。

c. 试验室的仪器设备布局合理,操作安全方便。

④ 试验室安全文明标准

a. 试验室墙上醒目位置应张挂试验人员职责、试验流程图;在主要和大型试验仪器上方或旁边的醒目位置张挂仪器设备操作规程。张挂的图框、文字要规格相同,形式相同。

b. 每个试验室配备 4 kg 干粉灭火器 3 个,灭火沙 1 m³,铁锹 2 把,铁桶 2 只;室内环境经常保持整洁卫生,满足试验要求。

c. 试验人员佩戴胸卡作业,持证上岗,规范操作,记录清晰。

d. 仪器设备挂设标识牌,标明名称、规格、型号、状态。

e. 试验废弃原材料回收或存放符合环保要求。

f. 在试验中使用或接触有毒有害物品时,应严格按照规程操作,防止人员受到伤害。

⑤ 工地试验室为经国家计量认证(CMA)或母体试验室的现场派驻机构;并持有母体试验室的授权书,现场应悬挂母体机构资质、计量认证影印件。

⑥ 采用现行的、与普速铁路技术标准相适应的试验规程、规范、标准规定。

(2) 检测试验控制

① 试验室验收

工地试验室具备试验条件并试运营后,分部编制试验室申请验收的技术资料,填写试验室技术资料报审表并上报至安质部审查。试验室技术资料包括:

a. 机构设置(含场地布置、操作室、办公室布局等);

b. 母体试验机构资质、计量认证、营业执照影印件及现场试验室授权文件;

c. 试验室人员配备情况统计表及个人资质影印件;

d. 试验检测仪器设备清单,仪器仪表的计量检定合格证复印件;

e. 试验室管理制度,试验人员岗位职责;

f. 试验检测工作实施细则和仪器设备操作规程;

g. 各类检测试验记录、报告样表及试验检测监理用表;

h. 其他需要说明的情况或项目经理部要求报送的材料。

审查通过后,分部报监理站初验合格,报铁路公司(建设单位)审查,铁路公司(建设单位)提出验收意见。

② 试验室应建立仪器设备管理和使用台账,至少应包含规格型号、购置时间、检定记录、使用过程、运转记录等内容。安质部应不定期对仪器设备台账进行检查。

③ 外委检测试验项目所用仪器设备均要求受委托单位提供合格、有效的检定证明,分部填写技术资料报审表并上报至安质部审查备案。审查合格后报铁路公司(建设单位)查验备案。

(3) 工艺试验

分部应提前编制工艺试验及现场检(试)验计划表并上报至安质部审查。

分部提出工艺试验方案,报项目经理部工程部和监理工程师审查批准。工艺试验的机械组合、人员配额、材料、施工程序及施工工艺等应通过试验做出选定。试验结束后应由分部提出试验总结报告,并经监理和项目经理部工程部审查批准。工程部和安质部人员应全程跟踪,监控工艺性试验实施效果。

(4) 抽样检验

① 项目经理部对分部的抽样频率、取样方法及试验过程进行检查。必要时或对工程质量有怀疑时可委托第三方试验检测机构进行检验试验。

② 在分部抽样试验的基础上,项目经理部安质部到现场实际独立进行平行抽样试验,以验证各方试验结果。

③ 监理工程师对工程实体质量或工程材料产生疑问时,项目经理部安质部配合监理工程师进行抽样试验,必要时要求分部增加抽样频率。

④ 分部每月对检验部位、检验项目、检验数量等信息进行统计,填写施工质量检验月报表并上报至安质部。

(5) 检测实验报告备案

检测、试验项目试验报告完成后,填写检测(试验)报告备案登记表上报项目经理部安质部核备,以便跟踪检测结果和检测试验的完成进度。

5) 工程质量检查

工程质量的检查主要包括施工前对进场原材料的检查验收、施工过程控制(单工序完成后对工程实体的检查)。

(1) 原材料进场后,分部质检人员要检查核对该批材料的质量证明文件、规格和外观,试验人员按有关规范、检验试验工作标准对原材料进行取样、复检,报请监理工程师验收,合格后方可投入工程使用。

(2) 施工过程的检查控制主要为每道工序开始后,做好"三检"工作,做好各项检测和测量工作,单工序完工后架子队技术员或质检员要依据规定的项目进行检查,合格后填写工程报验申请单、检验批检查记录、隐蔽工程检查证和工序交接检查记录,报分部质检工程师进行检查,检查合格后监理申请报验。

(3) 分部定期、不定期质量检查

① 根据现场实际,定期(每月)组织工程质量检查。由项目经理或总工程师主持,安质部牵头,有关职能部门负责人参加。着重对实物工程质量按有关质量检验标准或暂行内控标准进行检验评定,同时查看现场管理、作业资料、质量记录、文明施工等情况,并当场讲评或事后通报。

② 质检人员应经常深入施工现场,进行不定期质量检查,特别是对重点工程和关键部位,严格执行工地值班制度和技术人员旁站监督制度。

(4) 项目经理部对工程质量检查。

① 综合质量检查

a. 与施工考核的实施频次同步,每月组织一次综合质量检查,由工程部牵头,安质部、计财部、分部技术、质量负责人和分部项目经理参加。检查主要内容包括:人、机、料、法、环的全面检查,对工程实体质量的核查,对质量控制资料的检查。

b. 工程部和安质部检查前做好技术和资料准备,制订检查计划。检查时,按照检查提纲做好记录,必要时拍照取证。

c. 按照考核办法,对检查结果逐项评分,做出质量评价结果,对检查情况进行通报。

d. 组织分部对存在的质量问题进行深入分析总结,建立问题库,分析原因,提出改进和处理意见并限期整改;必要时填发施工整改通知书,跟踪整改情况。

② 专项质量检查

a. 安质部不定期对某类质量通病或某一重大工点类型的专项质量检查;

b. 针对特殊气候条件的专项质量检查,如高温条件下施工、冬施措施下施工等;

c. 针对分部某类管理制度落实情况的检查,如"三检"制度落实情况。

6) 质量检验评定、验收

(1) 在开工前,应根据验标规定,结合工程特点,对单位工程、分部工程、分项工程和检验批进行划分和细化,并按下列程序逐级报批后执行。

① 检验批、分项工程和分部工程的划分上报项目经理部审查,再经监理初审,报总监批准实施。

② 单位工程划分由分部报项目经理部审查后,报总监审核,再报铁路公司(建设单位)审批。

③ 施工、监理和铁路公司(建设单位)应根据批准的单位工程、分部工程、分项工程和检验批划分,依据验收标准中规定程序进行工程施工质量的评定和验收。

(2) 验收组织

① 隐蔽工程验收由分部向监理单位申请,项目经理部配合,并监督、检查。

② 基槽验收由施工单位向监理单位申请,单位配合。

③ 检验批、分项、分部工程由监理组织,单位配合,分部参加。

a. 单位参加质量控制点一览表中的分部、单位工程验收；

b. 分项、检验批验收前，施工单位上报自检材料，安质部进行监督检查；

c. 涉及结构安全和使用功能的分部工程验收时，总包单位设计部参加；

d. 单位工程由建设单位组织验收，总包、监理单位配合，分部参加。

(3) 验收程序

① 隐蔽工程验收

隐蔽工程施工完成后，分部按照有关技术规程、规范和施工图纸自检。自检完成后，报监理对隐蔽工程进行检查和验收。项目经理部对隐蔽工程验收监督、检查时，应填写工序验收检查意见单，决定工程是否转序。

② 基槽验收

基槽开挖后，分部按照有关技术规程、规范和施工图纸自检，并进行地基检测。检测合格后，通知监理和设计人员验收。

施工中如出现地质与设计不符的情况，由设计部会同相关方共同赴现场勘察，研究处理意见。

③ 检验批、分项、分部工程验收

检验批、分项、分部工程完成，分部先进行自检，确认符合设计文件和相关验收标准规范，然后向监理提交验收申请，监理赴现场予以检查、确认。

对于检验批，分部及时统计名称、编号等信息，填写检验批验收备案记录表上报至安质部。对于分项、分部工程，项目经理部根据现场检查情况做出判断，如符合质量要求，则签署验收记录，否则责令分部进行整改，待质量达到要求后，再予以签署验收。

对涉及结构安全和使用功能的重要分部工程，项目经理部配合监理进行抽样检测。

④ 单位工程验收

单位工程完工后，分部组织有关人员进行自检，合格后报项目经理部、总监理工程师验收，验收通过后项目经理部向建设单位提交单位工程验收报告，建设单位组织单位工程验收。

(4) 验收方法

① 实物检查

按进场的批次和验收标准规定的抽样检验方案对原材料、构配件和设备等检验进行检查；按现行有关标准规定的抽样检验方案对混凝土、砂浆等强度检验进行检查；按抽查总点数的合格点率对验收标准中采用计数检验的项目进行检查。

② 资料检查

对原材料、构配件等的质量证明文件（质量合格证、规格、型号及性能检测报告等）和检验报告、施工过程中重要工序的自检和交接检验记录、平行检验报告、见证取样检测报告和隐蔽工程验收记录等资料进行检查。

(5) 不合格控制

① 不合格判定

a. 首先是凭经验进行目测检查,而且目测的结论能被分部的施工人员所接受。

如果项目经理部、监理人员无法以目测对质量缺陷做出准确判断或目测判断不能被分部的施工人员所接受,项目经理部试验检测工程师会同专业监理人员、分部的质检及试验人员,进行实际的检验测试,并将检测结果作为认定质量缺陷存在与否的依据。

b. 当质量缺陷的严重程度将影响工程安全时,由原设计单位进行现场分析或验算,以决定采取处理措施。

c. 经检查产品不满足验收标准要求、资料记录不符合规定要求,均为不合格。

② 不合格处理

检验批质量达不到验收标准,要求分部按有关规定进行处理,处理后再进行报检验收。

经返工重做的或更换构配件、设备的检验批,重新进行检查验收。检验批的试块、试件试验结果不能满足要求时,经有资质的法定检测单位对实体检测鉴定,能够达到设计要求的检验批,可以进行验收。

通过返修或加固处理仍不能满足安全使用要求的分部工程、单位工程,验收结果为不合格,要求分部重新返修或返工,直至合格。

质量缺陷的修补,先由分部提出修补方案及方法,经监理工程师批准方可进行,处理后应重新检查验收。

应要求分部提供完整的工程质量缺陷处理资料报监理工程师,并及时归档。

③ 质量缺陷处理

a. 当发现质量缺陷发生在萌芽状态时,应及时发出警告信息,要求分部立刻变换不合格的材料、设备或不称职的施工人员或要求立刻改变不正确的施工方法及操作工艺。

b. 当质量缺陷已经发生,应向分部发出暂停施工令(先口头后书面),待分部采取了能足以保证施工质量的有效措施,并对质量缺陷进行了有效的补救处理后,再书面通知恢复施工。

c. 当质量缺陷发生在某道工序或分项工程完工以后,而且质量缺陷的存在将对下道工序分项工程产生质量影响时,应拒绝验收或工程计量,要求分部进行返工或进行处理。

7) 工序质量管控

(1) 分部必须配齐各级专职质检人员,制定各工序的自检、互检、专检的实施方案,明确各工序的检查时间、次数、负责人、检查方法、依据的标准、使用的检查工具和设备以及检查记录和签字手续。

① 自检

每道工序指定自检人员,实施自检并经班组长验收后,方可继续施工。

② 互检

a. 进行交接检查,填写交接检查表,经双方签字,报质检人员检查;

b. 上道工序输出的工序半成品、成品后应向下道工序办理成品保护手续;

c. 技术交底资料、量测记录等按照要求进行复核检查,确保内业资料准确无误。

③ 专检

a. 工序质量检查、隐蔽工程检查、检测检验必须由质检工程师、试验人员按程序、按质量验收标准和检查标准进行检查、检验检测。检查合格后,按规定报请监理工程师进行检查见证,进行质量检验评定。

b. 分部根据工程进展情况,按照工程检查制度定期组织工程质量检查和专项质量检查(含内业资料)活动。

c. 对专检资料应及时收集、整理、归档。

(2) 按质量验收标准规定,项目经理部及时派人员参加桥梁桩基、基础开挖等工序的检查和签字认可。

(3) 施工前,分部根据工程内容、现场条件、质量验收标准规定、质量控制等要求,选择关键工序或环节以及隐蔽工程、施工条件困难的工序等,编制关键质量控制点辨识一览表上报至安质部。分管副经理组织工程部配合安质部在关键质量控制点辨识一览表基础上,辨识、确定项目经理部关键质量控制点辨识一览表。

施工过程中,安质部对关键工序操作质量实施巡检、抽查或重要部位跟踪检查,及时掌握施工质量总体状况;对工程实体质量进行目测、实测或抽样试验,判断工序质量。

8) 隐蔽工程检查管理

(1) 隐蔽工程验收程序

① 隐蔽工程自检合格后,应提前 24 h 通知监理单位并提供以下资料:

a. 隐蔽工程自检合格后以书面形式通知监理人员和工程分管人员,并注明验收时间和内容。

b. 隐蔽工程验收必须由监理、分部工程部、安质部、架子队技术主管及施工班组长共同验收,必要时要有下一工序施工班组负责人参加。

c. 现场技术人员要对隐蔽工程和关键部位的施工进行全过程旁站监督,工程隐蔽前对隐蔽部位进行录像或拍照留存。

d. 隐蔽工程验收合格后,由监理、分部项目总工程师签署隐蔽工程验收记录后,方可进行下一工序施工。必要时邀请铁路公司(建设单位)人员签署。

e. 关键部位验收程序

对于关键质量控制点辨识一览表中的隐蔽部位,由该项隐蔽部位工程技术人员组织自检,合格后报架子队技术主管,由架子队技术主管通知分部工程部、安质部等相关人员验收并填写验收记录。完成后通知项目经理部对隐蔽部位进行检查和验收。根据检查情况,项目经理部签署工序验收检查意见单,确认是否转序。

合格后报请监理工程师检查验证,验证合格后签字。

② 隐蔽工程在下一道工序开工前必须进行验收,按照隐蔽工程验收控制程序办理,具体包括:

a. 基坑、基槽验收。结构物基础开挖至设计标高后,由分部报请监理组织验槽工作,分部、监理、总包项目经理部到现场确认土质是否满足承载力的要求。基坑或基槽验收记录要经监理验收确认,验收后应尽快隐蔽。

b. 基础回填隐蔽验收。基础回填工作要按设计图要求的土质或材料分层夯填,确保回填土不产生较大沉降。

c. 钢筋工程隐蔽验收。检查验收钢筋绑扎规格、数量、间距是否符合设计图纸的要求,同一截面接头数量及搭接长度必须符合规范的要求。对焊接头的钢筋,按规范的要求抽取样品进行焊接试件检验,并查验报告,确保焊接接头质量达标。

对钢筋保护层按设计要求验收。

d. 混凝土结构上预埋件的隐蔽验收。在混凝土浇筑封模前要对其进行隐蔽验收,首先验收其原材料是否有合格证,是否有见证送检,只有合格材料才允许使用;其次要核对其放置的标高、轴线等具体位置是否准确无误,并检查其固定方法是否可靠,确保混凝土浇筑过程中不变形不移位。

(2) 检查意见应具体、明确,检查手续要及时办理,不得后补。

(3) 分部必须建立隐蔽工程台账,记录所有隐蔽工程的验收、签字、拍照、存档情况,确保隐蔽工程质量受控。

(4) 检测仪器、试验设备、计量器具必须按规定经校验检定合格,不合格的各种仪器设备不得投入使用。

9) 技术质量培训

(1) 三级培训

① 项目经理部负责组织本部和各分部管理人员的培训工作。

② 分部负责本单位管理人员和施工作业人员(含劳务工)的培训工作,并做好特种作业人员安全技术培训、复审送培、建档及日常教育和管理工作。

③ 项目经理部和分部应参加铁路公司(建设单位)组织的相关培训。

(2) 培训要求

① 在每年开(复)工前完成培训工作,对培训考试合格人员核发上岗证。

② 过程培训贯穿施工始终,做到随到随培,培训考试不合格严禁上岗。

③ 结合重点项目、季节变化、重大文件出台或变更、铁路管理单位或铁路公司(建设单位)下达的培训要求等,有针对性地组织培训。

④ 建立现场培训档案管理制度。培训计划、教学方案、培训总结、试卷等培训原始资料

要及时归档整理,参加培训人员的基本信息、考试成绩、培训证书等要全部登记造册,存档资料要保证齐全、完整、真实,保存至工程验交。

(3) 培训计划

① 结合每年分部情况、开复工时间、项目内容等,项目经理部安质部制定年度培训计划。

② 各分部也要相应制定本单位年度培训计划,并按计划组织实施。

③ 各分部应将年度培训计划上报至项目经理部安质部审查备案。

(4) 检查与考核

① 项目经理部对分部自培情况检查每季度不得少于1次,并对检查情况进行通报考核。

② 项目经理部自培检查每季度不得少于1次,做好检查记录备查。

③ 各分部自培检查每月不得少于1次,做好检查记录备查。

10) 质量保证资料定期归档

(1) 分部应明确负责质量保证资料的收集、整理、立卷、归档的归口管理部门。

(2) 分部对内部形成和收集来的质量保证资料要进行系统、科学的分类、组合、排列和编目,立卷归档。对不符合整理要求,不便于保管利用的资料要进行加工。

(3) 分部有关部门要安排专职人员负责质量保证资料的保管工作,强化资料管理人员的教育和业务培训,提高管理人员的素养和业务能力。按照"六防"(防火、防潮、防盗、防蛀、防尘、防光)要求,配备和添置必要的设备设施,确保档案的安全防护和长期保存。

(4) 分部应加强保密工作,质量保证资料原则上不得外借,如需调阅、复印,必须经分部领导批准。

(5) 项目竣工后,质量保证资料作为竣工资料主体应移交给指定的档案管理部门。

(6) 项目经理部应不定期对分部质量保证资料定期归档情况进行检查,督促其做好资料的定期归档工作。

11) 全面质量管理

全面质量管理是对企业、全体人员和施工全过程的管理。为了确保工程质量,积极推行全面质量管理制度。

(1) 广泛深入地进行质量管理教育,强化全员创优意识,坚持开展全员全过程质量管理活动,不断健全并完善质量保证体系,提高质量控制能力。

(2) 制定质量创优规划,确定项目工程质量目标,并制定相应的质量保证措施,实行层层分解,责任到人,狠抓落实,实施施工全过程的质量动态控制。

(3) 从单位到班组、从班组到个人,层层签订质量责任状,实行终身负责制度,依法进行施工质量管理。

12) 项目成品、半成品保护

(1) 成品和半成品保护范围

① 施工生产过程中已完工的成品和半成品。

② 已完成分部工程验收的成品和半成品。

③ 已安装但未最终交付的设备。

(2) 分部应制定成品和半成品保护制度,明确各部门岗位职责,细化成品和半成品保护工作的内容、保护措施,并加强检查量化考核。

(3) 依据成品和半成品保护制度,项目应对工程质量进行定期和不定期检查,监督成品和半成品保护措施的落实情况。分部应做好以下工作:

① 对工程结构物半成品、成品的保护应贯穿整个工程施工的全过程。应根据工程结构物特点有针对性地采取保护措施,防止结构物受到损坏、污染等,对砼预制块(件)、各种标志、各类界桩、护栏、钢(铁)构件、围挡、沟渠等易损设施要防损坏、防污染、防丢失、防火、防潮、防晒、防腐等,保证施工过程中工程设施的完整和安全。

② 有特殊保护要求的结构物、特殊工序,易造成结构物损坏或污染的施工过程,专业技术人员或相关人员应到现场指导、检查、监督施工过程。

③ 对成品的防护主要采取以下措施:设立明显的防护标志;对半成品、成品进行覆盖防污染,设置隔离层防碰撞;混凝土脱模时防止棱角、表面破损;在完工后交付前组织专门人员看守巡逻防丢失或人为破坏等。

④ 对进场施工的全体人员要进行产品保护知识和有关制度要求的教育,提高其职业道德水准和工程成品保护意识,并制定具体的奖惩办法且严格执行。

⑤ 分部应健全成品保护值班制度,现场值班人员应详细填写值班检查记录,发现隐患、损坏、治安等情况时应及时报告,并按规定妥善处理。

⑥ 分部安排各相关专业技术人员对主要施工流程、工序工艺进行审核,必要时下达作业指导书,防止后道工序损坏或污染前道工序,防止或避免成品、半成品因施工方法不当而造成损坏。

⑦ 对于自然损坏以及其他因素造成的损坏,应及时按照施工技术要求和标准予以恢复。

13) 项目首件工程评估管理

(1) 为强化标准化管理,规范作业标准,实现样板引路,本项目路基工程、桥涵工程、轨道工程、"四电"工程等实施首件工程评估制度。

(2) 首件工程评估通过后,同类工程才予以大面积实施。当评估条件发生变化时,应重新确定评估段落后再进行评估。

(3) 各专业首件工程评估内容如下:

① 路基工程

a. 路基工程首件评估按照分部工程组织开展，其主要类别有地基处理、填料生产、路基填筑、路堑开挖、过渡段、路基支挡结构、路基边坡防护、路基防排水、路基相关工程及设施、变形观测等，工序连接紧密的不同分部工程可以合并成一个首件。路基工程各首件可按工程进展分阶段在不同地段组织实施与评估，对影响路基沉降和安全稳定的重要分部工程在施工前必须进行首件评估。

b. 路基工程首件评估应为一个连续施工地段，宜与工艺试验相结合，其规模要达到作业工班正常施工、各种工况作业得以试验、检验批次和检测数据满足统计分析的需要。

② 桥梁工程

桥梁工程首件评估对象包括桥梁混凝土灌注桩、墩台身、梁场预制梁、桥位制梁（现浇、悬灌）等项目。

③ 轨道工程

轨道工程首件评估对象为轨道和道岔。分部标段首件评估选取最先开始施工且具有代表性的施工段落或工点作为首件工程，由单位组织评估。

④ "四电"工程

根据铁路公司（建设单位）有关要求选定。

(4) 首件工程评估各方职责如下：

① 项目经理部工程部牵头建立首件工程评估创建规划，并报铁路公司（建设单位）核备。

② 分部编制首件施工方案和施工作业指导书，报送单项目经理部工程部审查后，报监理审批，并按照审批的文件组织实施。编写首件工程总结，关键工序留存影像资料，改进优化施工作业指导书和施工方案。

③ 项目经理部组织设计部对首件工程在施工前进行技术交底，并在实施过程中进行现场配合。

④ 项目经理部组织分部认真落实监理单位提出的各项评估意见，对存在的问题进行整改。

(5) 首件工程评估流程如下：

① 分部将首件工程方案、施工作业指导书及首件评估工点报送项目经理部工程部审查后，报监理审批，通过后组织实施。

② 首件工程完工后，由项目经理部按照铁路公司（建设单位）对各专业评估标准进行初步评估，并评估申请报告，项目经理部审核未通过则整改后重新评估。首件工程施工及初步评估过程应邀请监理单位全程参与。

③ 项目经理部工程部组织分部参加首件工程现场评估会，并根据评估结论和意见，组织分部修改和完善作业指导书。评估未通过的首件工程，相关单位按照评估意见整改后，报项目经理部重新组织评估。

④ 首件工程评估通过后,分部根据评估结论和意见,组织修改完善,形成全标段内统一的作业指导书,在全标段内同类工程中推广实施;评估未通过的首件工程,分部应组织分析原因,进行整改,重新评估。

(6) 首件工程评估内容如下:

① 对首件工程的标准化管理进行检查评估。

② 对首件工程的质量记录、资源配置、实体质量进行检查评估。

③ 具体评估内容执行铁路公司(建设单位)要求。

(7) 评估标准如下:

① 依据现行标准、规范等进行评估。

② 依据铁路公司(建设单位)关于各专业评估标准。

14) 项目试验管理

(1) 开工前,分部编制工地试验室建设方案,填写试验室建设方案审查表并上报至安质部审查,通过后报监理审核,再报铁路公司(建设单位)审批后实施。

(2) 机构设置及人员安排如下:

① 机构设置

a. 项目经理部安质部设专职试验检测工程师 1 人,负责职责范围内试验检测工作的日常管理及相关业务工作。

b. 分部设工地试验室,满足施工质量控制和试验检测需要。

c. 工地试验室是其母体试验室的派出机构,承担授权范围内的试验检测业务,须持有母体检测机构的授权书。

d. 外委试验应选择通过省级及以上资质认定并具备铁路工程试验检测能力的试验检测机构。分部外委的检测单位须报经铁路公司(建设单位)审核许可。

② 工地试验室人员资格与数量应满足项目工作要求,试验检测人员应持铁路试验检测资格证书,在资格证书有效期内,试验检测人员应参加继续教育培训并达到规定的学识要求。工地试验室负责人应参加上级公司主管部门组织的岗位资格培训,考试合格后方可上岗。

③ 项目经理部和分部工地试验室相关人员应参加铁路公司(建设单位)组织试验检测人员培训。

④ 建设过程中,工地试验室应定期或不定期组织培训学习,对各专业岗位人员工作定期考核,建立培训台账。

(3) 仪器设备要求如下:

① 工地试验室配置的试验机械、仪器设备、计量器具等应满足试验检测工作要求。仪器设备的信息化相关要求应符合铁路总公司《铁路工地试验室标准化管理实施意见》(工管办函〔2013〕284 号)附录 A 的规定。

② 工地试验室应建立仪器设备管理台账，上传至信息管理系统，并及时更新台账内容，加强动态管理。仪器设备技术档案应齐全完整，内容包括产品说明书、检定证书、检定和使用情况登记、调试和维修记录等。

③ 所有工作仪器设备应保持完好，并按标准周期及时进行检定和校准，有计量合格证，并粘贴准用证。

（4）信息化要求如下：

① 工地试验室应建立信息管理系统。系统能具备的主要功能应符合《铁路工地试验室标准化管理实施意见》（工管办函〔2013〕284号）规定，能实现试验结果自动计算及判定，重要试验数据自动采集和实时传输，具有提醒、分析、统计和监控等功能，确保数据真实可靠、试验过程规范、结果能够追溯。

② 工地试验室信息管理平台由总公司信息化管理职能部门统一布置，应用平台由分部根据总公司信息化管理职能部门发布的统一接口要求自行建立，并接入管理平台，配备工地试验室信息化所需的软、硬件设施。

③ 试验人员参加铁路管理单位统一组织的培训并获得由软件厂商颁发的合格证书。

④ 工地试验室设专人负责工地试验室信息化管理工作。编制信息化管理工作流程，及时准确做好数据录入、分析和管理工作。

⑤ 自动采集的数据，应实时上传至试验室信息管理系统，需手动输入的数据应在工作结束后24 h内完成录入。

（5）分部应按现行验收标准、规范的规定对进场建筑工程原材料取样检验。原材料使用前，分部应向监理单位提交进场材料报验单，并附合格材料的材质证明（或出厂合格证书）及进场检验报告或测试记录（电缆光缆等）。甲供材料的材质证明、出厂合格证书，应及时向厂家或代理商索取。

严禁使用未经检验或检验不合格的原材料、成品或半成品。

（6）试验检测过程应真实有效，检测数据应记录详实，检测报告应图表清晰完整、结论准确无误。

（7）试验室出具的试验检测报告应做到实事求是、字迹清晰、内容规范、结论准确，签章齐全，纸张、字迹、报告份数符合归档要求。

（8）项目经理部应参加工地试验室验收，审查外委试验检测机构资质，审查试验室选用的信息化应用软件，参加铁路公司（建设单位）组织的信息化软件应用培训。

（9）项目经理部安质部试验检测工程师定期登录信息管理系统（每周不得少于1次），利用系统的监管功能对工地试验室的基本情况、不合格数据、违规行为记录等进行分析和管理。

（10）项目经理部应组织对试验室标准化管理工作进行专项检查，每季度不少于1次，对发现的问题及时督促整改，形成台账。

15) 施工测量管理

(1) 开工前,分部上报测量实施方案报审表,提交测量依据的规范、测量工具、采取的方法、依据的技术复核制度。

施工测量前,工程部检查分部报送的测量仪器型号、精度等级、法定部门的标定证明、测量员的上岗证明。施工过程中工程部参加分部工程测量误差、错误的处置,并提出处置方案。

(2) 分部应主要根据现场各类控制桩橛的分布和工程实际,合理组织安排各项测量工作。

① 负责接收设计移交的平面控制网和高程控制网并进行定期复测与维护,进行工程施工测量、沉降观测。

② 规范统一测量内外业资料,分类管理测量资料,建立测量资料的档案。

③ 对测量标志进行保护和检查,及时恢复各类测量标志。

④ 配合和接受测量监理工作,按监理要求提交相关测量资料。

(3) 平面与工程控制网测量的内容如下:

① 分部应根据相关标准规定,结合工程实际制定合理完善的控制网测量技术方案,并报总包单位复核、监理单位审批之后执行。平面与高程控制网测量和复测工作应由专业队伍实施。

② 交桩的主要工作如下:

a. 开工前,项目经理部组织,监理参加,设计部向分部进行桩橛以及测量成果资料交接。交桩后,分部应立即组织进行全面复测,并履行交接签字手续。

b. 分部进行现场核对,检查交桩数量、精度。若重要桩位丢失不能满足施工测量要求,项目经理部设计部负责补桩、补测并提供补测成果资料。

c. 工程部检查分部复测成果。分部负责对复测后的测量控制桩的维护,定期进行检查和复测。

(4) 线下工程测量的内容如下:

① 分部在测量中应采取行之有效的多级复核制,确保工程测量的精度,同时加强施工期间各类测量标志的保护。

② 路基、桥涵、轨道、站场及附属工程、给排水设备、通信及电力沟槽、房屋建筑等工程施工前分部均应由2人独立进行换手放样及资料计算,相互检核后报监理审核;未经监理工程师签认的施工放样成果禁止采用。放样时需检查控制点的稳定性,放样完成之后应进行自检,保证放样测量的精度。

③ 项目经理部应按照设计图纸及标准规范抽查分部的测量成果。

(5) 路基工程测量:路基工程每填筑层分部均需按要求进行测量,经现场监理抽检确认合格方可进行下道工序施工。

(6) 桥涵工程测量的内容如下：

① 对建立独立控制网的桥梁,分部完成桥梁施工控制网测量,经监理复测确认、审核批准后,方可进行各分项工程施工。

② 每分项工程的位置、结构尺寸、高程均是施工测量的控制重点,分部按要求进行测量,经现场监理复测确认合格方可进行混凝土浇筑施工。

③ 灌注桩、桥梁基础及涵洞均为隐蔽工程,分部对施工放线、成品检测的测量工作完成后,经监理复测确认、审核批准,方可对隐蔽工程进行隐蔽。

④ 单位工程完成后,分部按要求进行测量,经现场监理复测确认合格报监理审核。

(7) 附属工程、给排水设备、通信及电力沟槽、房屋建筑、接触网杆等工程测量的内容如下：

① 分部按设计要求完成测量工作,报现场监理复测确认合格后,方可进行施工。

② 工程完成后,分部进行测量,报现场监理复测确认合格后,方可进行下道工程施工。

(8) 线下工程竣工测量的内容如下：

① 线下工程竣工测量由监理组织分部测量队具体实施。

② 按规范要求完成线路竣工测量之后,按要求上报、审批、核备。

③ 路基面、桥涵竣工测量成果,上报监理审批后,移交给轨道分部。

④ 桥梁墩台施工完毕,梁部架设之前,应按规范要求完成贯通测量工作,报监理审批后,移交给梁部架设单位。梁部架设完成之后,梁部架设单位应按规范要求完成中线贯通测量工作,上报监理审批后,移交给轨道安装单位。

(9) 线下工程沉降变形观测及评估的内容如下：

① 项目经理部、分部应各负其责,相互配合;并积极配合建设、监理单位相关工作。

② 分部应编制沉降观测实施细则和特殊工点方案,并提交给评估单位,参加评估工作。

(10) 竣工(贯通)测量的内容如下：

① 线下工程竣工后,铺轨前分部应进行水准基点高程测量、线路高程测量和横断面测量,并贯通全线的里程和高程,并报监理批准。

② 线路中线贯通测量时,线路中线应与桥中线相符合。在有桥梁的地段,应从桥梁中线向两端引测贯通。贯通测量后中线位置应符合路基宽度和铁路建筑界线的要求。

③ 竣工测量完成后,项目经理部组织分部应参与铁路公司(建设单位)组织的现场验收,办理交接手续。

(11) 轨道施工测量的内容如下：

① 轨道施工前应对已完成线下工程进行全线贯通测量。

② 轨道施工完成后,分部应对设置的轨道控制网进行复测,履行报批手续。

③ 工程建成竣工,其测量成果资料在工程验交中移交运营养护单位。

(12) 工程部组织竣工测量,整理编制测量资料,做好档案交付。

16) 定期汇报及总结

(1) 各分部于每月22日前由专人负责向项目经理部上报工程质量情况报告。

(2) 质量专题总结：各分部每半年应写出工程质量工作小结，年终写出工程质量工作总结，分别于每年6月15日和12月15日上报项目经理部。

(3) 工程结束后，项目经理部应对本项目从技术管理、质量控制、科技成果攻关、QC活动等方面进行工作总结。

① 技术总结：对技术施工过程中某一工法、工艺，某些新材料、新技术进行技术总结，写出施工过程、改进措施和效果分析。

② 科技成果：对采用新材料、新工艺、新技术等各种科技成分较高的成果进行总结，分析经济造价、取得成果，从劳力、经济、进度、质量等方面加以分析，形成书面资料。

③ QC活动成果：全面质量管理，分为攻关型、技术型、现场管理型等形式，通过几个PDCA循环，取得成果分析。

④ 论文、工法：对某一施工方法进行总结，质量控制、成本控制、施工难点、主要关键工序控制和做法有一定推广价值的，鼓励青年技术人员发表论文。

17.6 工程质量事故处理

1) 工程质量事故分类

住房和城乡建设部"关于做好房屋建筑与市政基础设施工程质量事故报告和调查处理工作的通知"（建质〔2010〕111号）铁路建设工程质量事故分为特别重大事故、重大事故、较大事故、一般事故及工程质量问题。

(1) 特别重大事故，是指造成30人以上死亡，或者100人以上重伤，或者1亿元以上直接经济损失的事故。

(2) 重大事故，是指造成10人以上30人以下死亡，或者50人以上100人以下重伤，或者5 000万元以上1亿元以下直接经济损失的事故。

(3) 较大事故，是指造成3人以上10人以下死亡，或者10人以上50人以下重伤，或者1 000万元以上5 000万元以下直接经济损失的事故；

(4) 一般事故，是指造成3人以下死亡，或者10人以下重伤，或者100万元以上1 000万元以下直接经济损失的事故。

2) 事故报告

(1) 工程质量事故发生后，事发分部填写工程质量事故报告表，必须在8 h内向项目经理部提出书面报告，项目经理部在接到书面报告2 h内将审核后的书面报告上报至铁路公司（建设单位）安质部，并由项目经理部通知上级单位、监理单位和质量监督站。事发施工单位应在事故发生后24 h，向×××铁路监督管理局报告，并采取有效措施，防止事故扩大，保护事故现场。逾期不报的，按隐瞒事故处理。

(2) 工程质量事故书面报告内容主要包括：

① 工程项目名称、事故发生时间和地点及建设相关单位；

② 事故简要经过、直接经济损失情况；

③ 事故原因的初步分析判断；

④ 采取的应急措施及事故控制情况；

⑤ 处理方案及工作计划；

⑥ 事故报告单位。

(3) 项目经理部现场检查发现问题时，立即责成有关单位整改；确认构成工程质量事故及质量问题的，立即下达书面通知，责令有关单位在 10 h 内报送工程质量事故报告。项目经理部应在事故发生后 24 h 内，向×××路监督管理局报告。

对于铁路公司（建设单位）在检查过程中认定为工程质量事故的，有关单位须在 8 h 内向项目经理部提出书面报告。项目经理部在接到书面报告 2 h 内将经审核后的书面报告上报至铁路公司（建设单位）安质部。

3) 应急抢险救援

(1) 质量事故发生后，有关分部现场负责人应立即启动应急预案，采取有效措施，防止事故扩大，并按规定及时上报。

(2) 项目经理部发现或接到报告后须立即启动突发事件应急预案并赴现场，组织事故抢险，配合调查处理，并按规定及时上报。

(3) 应急抢险救援遵照《施工单位×××铁路项目经理部突发事件综合应急预案》有关规定和程序执行。

4) 工程质量事故实行分级调查处理制度

(1) 特别重大事故调查按照国务院有关规定办理。

(2) 重大事故由国家铁路管理单位组织调查。

(3) 较大事故由×××铁路监督管理局组织调查。

(4) 一般事故由×××铁路监督管理局组织调查或者委托铁路公司（建设单位）（或者×××铁路管理单位）调查。

(5) 国家铁路管理单位认为有必要的，可组织调查一般及较大事故。必要时，铁路监管部门应当邀请地方人民政府的有关部门参加事故调查。

5) 事故处理

(1) 工程质量事故发生后，依据事故类型和等级，具有相应权限的机构成立工程质量事故调查组，负责现场事故调查处理工作。

(2) 项目经理部牵头成立工程质量事故配合调查处理小组，主要工作如下：

① 项目经理部做好工程质量事故的调查处理的配合工作。

② 发生事故，项目经理部成立工程质量事故配合调查处理领导小组，成员包括安质

部、工程部,以及有关施工单位项目负责人。领导小组办公室设在安质部,负责相关协调工作。

③ 工程质量事故处理方案必须经审定后,方可实施。需要进行变更设计的,按有关规定进行审批。工程质量事故处理完成后,必须经过验收合格,方可进行下道工序施工。

④ 处理过程中,事故单位应严格按照审定后的处理方案施工,项目经理部现场检查,必要时邀请铁路公司(建设单位)专业人员核查。

⑤ 事故单位应详细记录处理过程,并将相关资料(包括照片、影像等)归档,做到图表清晰、内容完整、签署齐全。

6) 责任追究与处罚

工程质量事故责任,依次分为全部责任、主要责任、重要责任、次要责任和无责任。

(1) 事故责任认定为全部责任的单位,承担事故的全部直接经济损失;事故责任认定为主要责任的单位,承担直接经济损失的50%及以上;事故责任认定为重要责任的单位,承担事故直接经济损失的30%以上50%以下;事故责任认定为次要责任的单位,承担事故直接经济损失的30%及以下。责任单位承担总费用不得超过全部直接经济损失。

(2) 对造成工程质量事故的单位和个人,纳入不良行为记录,并按有关规定追究责任。

(3) 对发生下列情形的,依据国家和铁路总公司有关规定追究相关单位和人员的责任:

① 对工程质量事故隐瞒不报、谎报或者拖延报告期限;

② 故意破坏事故现场,或者弄虚作假,提供假资料;

③ 在调查处理过程中弄虚作假。

17.7 工程质量检查与考核

(1) 项目经理部按照相关规定和合同约定,将有关定期检查与不定期检查发现的实体质量问题、质量违规行为和质量事故,及时纳入有关单位和个人的不良行为记录。不良行为认定标准编制见表17.1~表17.3所示。根据项目经理部制定的《综合考核管理办法》,每月对分部的质量控制情况进行考核。工程质量管理领导小组负责考核工作的实施。工程质量考核与安全、环水保、进度考核一并进行。

同时,根据《×××铁路施工企业信用评价实施细则》的规定,将不良行为纳入分部信用评价范围,并进行责任追究。

(2) 各部门考核依照×××铁路工程项目经理部《员工考核管理办法》执行。

(3) 项目经理部积极配合完成铁路公司(建设单位)组织的工程质量检查、考核工作。

表 17.1 一般不良行为认定标准

编号	一般不良行为认定标准	备注
1	上报给项目经理部的方案、计划、报表等技术资料,编制质量差、弄虚作假、未经单位主管领导审核即上报的(以项目经理部的认定为准)	
2	依据质量验收标准,检验批中主控项目不合格、分项工程中检验批不合格的	
3	隐蔽工程未经检验合格而进入下一道工序的	
4	未编制或编制的作业指导书不符合要求,或不按作业指导书施工的	
5	隐蔽工程未留存影像资料的	
6	未按规定进行施工技术交底,或技术交底未形成书面记录、签字不全,或交底内容缺乏针对性和可操作性。	
7	混凝土试件制作数量不足,规格类型与工程实际不符,或标准养护条件不满足规定要求的	
8	未按投标承诺和合同约定配备试验检测负责人、测量负责人、拌和站负责人等主要技术人员或主要上场机械设备的	
9	建设项目静态验收、动态验收中发现的工程实体质量方面影响行车的	
10	初步验收和安全评估中发现的工程实体质量方面影响行车的(含静态验收、动态验收中发现的问题未完成整改的)	
11	建设项目完成实物工作量不满足施工组织设计要求,施工企业负有一定及较大责任的	
12	经项目经理部信用评价领导小组研究确定,应纳入一般不良行为的其他违约行为	

表 17.2 较大不良行为认定

编号	较大不良行为认定标准	备注
1	擅自更换项目经理或总工程师的	
2	未经批准擅自开工的	
3	违反质量安全管理红线的	
4	使用未经检验或不合格原材料、构配件的	
5	内业资料弄虚作假的(以项目经理部、铁路管理单位、铁路公司(建设单位)、质量监督部门认定为准)	
6	隐蔽工程弄虚作假的	
7	施工中偷工减料的(以项目经理部、铁路管理单位、铁路公司(建设单位)、质量管监督部门认定为准)	

续表

编号	较大不良行为认定标准	备注
8	一般质量事故负全部、主要、重要责任	
9	较大质量事故负重要、次要责任	
10	擅自改变施工图设计或不按图施工的,擅自改变工程材料的	
11	建设项目完成实物工作量不满足施工组织设计要求,施工企业负有主要责任的	

表 17.3　重大不良行为认定

编号	重大不良行为认定标准	备注
1	单位工程不合格的(以质量监督和管理部门通报为依据)	
2	发生较大及以上工程质量事故(隐瞒不报的按事故等级加重一级处理)	

第 18 章　职业健康、安全、环境管理策划

18.1　管理方针

1) 安全生产管理方针

安全第一、预防为主、综合治理。

2) 环境方针

行为制度化、废弃物资源化、造福后代、留住自然资源。

3) 职业健康安全方针

遵规守法、安全第一、以人为本、减少风险、持续改进。

18.2　职业健康、安全、环境管理目标

杜绝环境污染事件的发生,实现排放污染物达到国家及施工所在地政府主管部门规定的排放标准。作业场所有毒有害气体、粉尘、噪声的检测和治理达到国家和行业卫生标准。

为作业人员提供符合安全卫生标准的劳动保护设施和个人防护用品。控制职业病,杜绝职业中毒事件的发生。

杜绝生产安全一般及以上责任事故。

杜绝因建设引起的铁路交通一般 C 类及以上事故,遏制因建设引起的铁路交通一般 D

类事故,减少事故隐患。

杜绝一般及以上道路交通事故。

杜绝一般及以上火灾事故。

杜绝一般及以上特种设备责任事故。

顾客满意度＞92％。

18.3 管理机构设置

项目经理部和各分部成立以项目经理为组长、项目副经理为副组长、各部门负责人为组员的安全生产领导小组。

项目经理部安全生产领导小组成员如下：

组长：项目经理

副组长：副经理、总工程师、安全总监

组员：项目经理部各部门主管、分部副经理、分部总工程师、分部安全总监、部门负责人

项目经理部安质部为安全管理领导小组的下设办公室,为负责工作组织和协调的常务机构。

18.4 安全管理人员配置及要求

项目经理部设主管安全副经理,下设安质部,配备专职安全工程师；各分部设安全总监、安质部长和专职安全工程师,架子队设专职安全员,班组设兼职安全员。施工现场应按施工人数的1‰～3‰配置专职安全管理人员。各级安全生产管理人员应由具备上岗执业资格、工作责任心强、有一定施工经验的人员担任,并保持人员的相对稳定。

安全生产管理人员到位率应达到100％,并应满足以下要求：

(1) 项目经理部安质部专职安全生产管理人员不少于2人。

(2) 各分部必须配备安全总监,安全管理部门按项目规模、要求、需要配备专职安全生产管理人员；专职安全管理人员应持证上岗。

18.5 安全保证体系

安全保证体系详见图18.1所示。

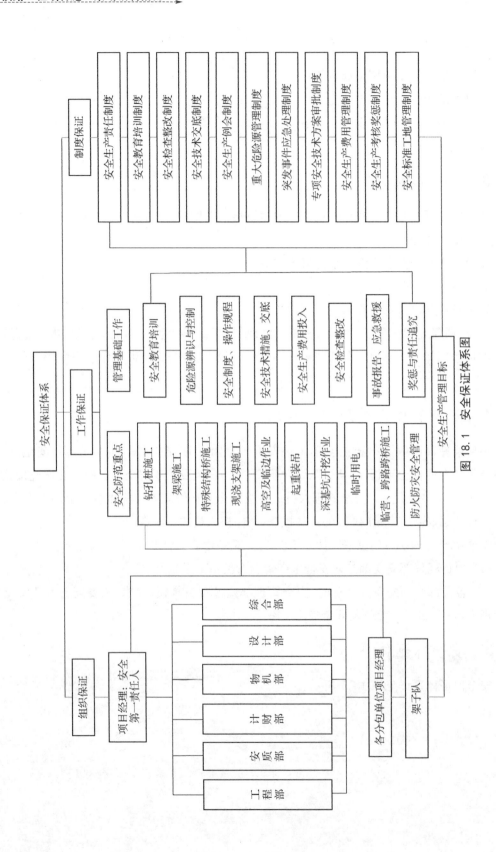

图 18.1 安全保证体系图

18.6 安全生产责任制

1）指导原则

铁路项目经理部坚持"管业务必须管安全,管生产经营必须管安全""谁主管谁负责"的原则,逐级建立健全安全生产责任制。

2）项目经理部安全生产领导小组职责

(1) 按照国家、行业、铁路总公司有关安全生产方针、政策和法规,公司的安全管理要求,研究制定本项目的安全管理方案和措施。接受上级机关、铁路公司(建设单位)和属地人民政府安全生产管理部门的监督检查。

(2) 建立本项目安全生产保障体系,研究审定本项目安全生产管理制度、突发事件应急预案。

(3) 监控和评估本项目工程建设的安全生产状况。

(4) 组织审核施工安全技术措施,批准重大施工安全技术方案。

(5) 组织开展安全生产大检查,定期召开安全生产例会,总结、分析和决策重大安全生产事项。

(6) 组织制定并实施对项目经理部主要安全管理人员的培训计划,组织开展岗前培训。

(7) 组织安全生产突发事件应急救援,组织或参与生产安全事故调查处理。

3）安全生产管理办公室职责

(1) 执行项目安全生产管理领导小组关于安全生产工作的决策部署,负责安全生产领导小组的日常管理工作。

(2) 负责与上级机关、铁路公司(建设单位)、监理单位和地方人民政府安全生产监督机构工作沟通联系,接收、转达、部署、落实有关安全生产指示精神,及时反馈项目安全生产管理情况。

(3) 负责督促、检查、指导各分部安全生产领导小组工作。

(4) 接收、处理、反馈各分部安全生产领导小组报告的现场安全问题。

(5) 组织编制、审查、修订本建设项目安全生产管理制度和安全标准化管理体系文件。

(6) 定期总结、分析、评估建设工程生产安全管理情况,为领导小组决策提出工作建议。

(7) 建立、归档安全领导小组的安全生产管理活动记录。

(8) 制定并实施对各分部主要安全管理人员的培训计划,督促各分部开展岗前培训。

(9) 处理安全生产突发事件时,就工程应急抢险救援、事故调查处理等工作向项目安全生产领导小组提出建议或意见。

4）项目经理职责

(1) 代表本项目与公司签订项目安全生产责任书,对本项目安全生产全面负责。

(2) 贯彻执行国家、行业安全生产法律法规和铁路总公司建设管理规定,按照批准的建设规模、技术标准、建设工期和投资计划组织本项目工程建设,对工程质量、安全、投资、工期、环水保、文明施工等全过程负责。

(3) 按规定设置安全管理机构,配备满足工程建设需要的安全生产管理人员。

(4) 建立健全安全生产责任制,组织制定项目安全生产规章制度和操作规程,保证本建设项目安全生产投入的有效实施,督促、检查本项目各参建分部的安全生产工作,及时消除生产安全事故隐患,组织制定生产安全事故应急预案,及时、如实报告生产安全事故。

(5) 定期组织召开安全工作会议,总结分析安全生产状况,研究解决安全生产重点问题,部署安全生产工作,决策安全生产事项;对安全领导小组确定的安全生产重大事项落实情况进行监督,对违反或落实不到位的事项,督促项目班子成员跟踪落实。

(6) 组织或参与对严重工程质量、安全事故及重大突发事件的调查、处理工作。

(7) 检查、督促和考核各副经理(主管安全、总工程师、设计总体)及各部门的工作,督促各级管理人员严格落实安全生产责任制。

(8) 围绕安全中心工作和重点任务,组织研究制定党组织建设和思想政治工作目标任务,为安全生产提供思想保证和组织保证。

(9) 落实"党政同责、一岗双责",实施党政工团齐抓共管安全保障机制,调动各方面积极因素共保安全。

5)项目副经理(主管安全)职责

(1) 认真贯彻落实国家、行业安全生产法律法规和铁路总公司建设管理规定;严格执行《安全生产法》《铁路法》《建设工程安全生产管理条例》《铁路运输安全管理条例》等法律法规和中国铁路总公司、公司和铁路公司(建设单位)对安全工作的规定及要求;对本项目的安全生产工作和分管部门负直接领导责任。

(2) 在项目经理的领导下开展各项工作,分管本铁路建设项目的安全质量管理工作。

(3) 组织建立健全分管部门安全生产责任制,参与制定安全生产管理办法、规章制度,并监督指导落实;组织制定并实施项目安全生产教育和培训计划;组织制定并实施项目生产安全事故应急预案,组织或参加抢险救灾、救援和事故调查工作;及时、如实报告生产安全事故。

(4) 检查、督促和考核分管部门及各分部的安全生产管理工作;组织开展安全生产大检查、专项检查和安全专题活动;掌握各分部的安全生产动态,督促开展安全生产隐患排查和专项整治,及时降低或消除安全风险。

(5) 组织或参与对严重工程质量事故、生产安全事故及重大突发事件的调查、处理。

(6) 指导各部门、各参建分部开展安全文化建设,发挥安全文化对安全生产的引领、促进作用。

(7) 定期主持召开安全会议,研究解决安全生产重点问题,部署分管范围内的安全生产工作,分析、评估项目安全生产状况。

6)项目总工程师职责

(1) 认真贯彻落实国家、行业安全生产法律法规和铁路总公司建设管理规定;严格执行《安全生产法》《铁路法》《建设工程安全生产管理条例》《铁路运输安全管理条例》等法律法规和中国铁路总公司、公司和铁路公司(建设单位)对安全工作的规定及要求;对项目安全生产工作负技术责任,对分管部门负直接领导责任。

(2)组织建立健全分管部门的安全生产责任制;组织编制分管部门的各项管理制度、办法,并督促实施;参与制定并实施分管部门的生产安全事故应急预案;组织分管部门制定并实施安全生产教育和培训计划;组织或参加抢险救灾和事故调查工作。

(3)组织或参加工程重要技术方案、重大安全技术方案审查工作,负责科技管理工作;及时研究解决安全生产中的重大技术问题;组织确定项目重大专项技术攻关项目和年度科技开发项目。

(4)检查、督促和考核分管部门及各分部的安全生产管理工作;掌握项目安全生产动态,督促开展安全生产隐患排查和专项整治,及时降低或消除安全风险。

(5)参加项目安全工作会议,研究解决安全生产重点问题,部署分管范围内的安全生产工作。

7)安质部职责

(1)部门职责

① 在项目安全生产领导小组的领导下,组织拟定项目安全生产管理制度、生产安全事故应急预案,负责建设项目安全生产归口管理工作,对本项目安全生产履行监督检查职责。

② 指导、督促各分部建立健全安全管理体系,落实各项安全管理制度,监督检查安全管理体系运行,组织对参建各方安全管理工作的考核。

③ 归口管理本项目的安全生产教育和培训,如实记录安全生产教育和培训情况。督促、检查各分部按时开展安全教育培训。

④ 督促各分部开展项目危险源辨识,对重大危险源制定并落实安全管理措施。

⑤ 督促各分部编制各项应急预案,指导各分部检查现场应急管理情况,参与生产安全事故应急救援。

⑥ 开工前配合铁路公司(建设单位)办理质量安全监督手续,配合铁路总公司、铁路管理单位等上级安全质量监督部门开展监督工作。

⑦ 组织工程建设安全大检查或专项安全检查,评估施工生产安全状况,督促落实安全技术措施。

⑧ 参加铁路建设项目工程风险评估和首件工程安全生产条件评估工作。

⑨ 组织实施对各参建企业的信用评价工作。

⑩ 建立安全监控台账,对各分部上报的安全隐患、事故等信息及时分析汇总,跟踪落实整改情况,并按规定上报项目安全生产领导小组。

⑪ 监督各分部安全生产费用的合理使用情况。

⑫ 制止和纠正违章指挥、强令冒险作业、违反操作规程的行为。

⑬ 组织或参与安全事故的调查分析会,及时向项目安全生产领导小组报告事故调查处理情况。

(2) 部长职责

① 贯彻国家的法律法规,熟悉铁路管理单位(建设单位)的建设管理规定;依照部门职责分工,负责部门全面工作。

② 执行项目安全生产领导小组有关安全工作决议和领导办公会议决定,在项目经理、主管安全副经理领导下开展工程质量安全管理工作。

③ 量化细化本部门人员职责分工,监督、检查和指导本部门日常工作,负责本部门人员考核管理工作。

④ 组织制定公司工程质量安全标准化管理制度,建立工程质量安全管理体系。

⑤ 组织制定部门阶段性工作、学习计划,报项目经理审批后实施;定期总结相关情况,并不断完善提高。

⑥ 定期组织对各分部的现场检查,掌握现场质量安全管理情况,督促落实重大危险源安全管理措施;组织工程质量安全分析会,汇总检查发现问题,及时向有关各方通报相关情况,并做好督导整改工作。

⑦ 组织或参与工程建设质量安全事件调查。

⑧ 负责与建设单位、监理单位、公司安管办等归口部门建立工作沟通联系,并按规定向项目经理部安全领导小组汇报有关情况。

⑨ 参与指导性施工组织设计编制和审核工作,参与分部编制的实施性施工组织设计及专项安全方案审核工作。

⑩ 按领导小组要求开展遵纪守法和清正廉洁教育。

(3) 专业工程师岗位职责

① 负责相关专业工程质量安全归口管理工作,各专业岗位职责详见《安全生产岗位责任制》职责划分,监督现场施工质量安全管控状况,监督指导高风险工点管理和应急管理,保持工程质量安全状态有序可控。

② 熟悉工程设计文件、技术规范、验收标准、安全规程,以及中国铁路总公司、公司和项目经理部有关标准化管理规定,拟定本专业工程管理制度,并监督实施。

③ 负责部门内施工图纸、管理文件和活动记录等资料的归档管理,建立资料管理台账,规范借阅管理,并保持其完整性。

④ 负责本项目特种设备归口管理工作,全面掌握施工质量安全状况,保持沟通渠道畅通。

⑤ 指导各分部业务部门工作,组织或协助本专业工程质量安全管理培训工作。

⑥ 收集汇总各级检查发现的现场施工质量安全问题,及时建立问题库及台账,并动态管理、跟踪整改闭合。

⑦ 参与本专业工程施工安全专项方案审核,提出工程质量控制、安全保证措施意见或建议。

⑧ 定期组织或参加本专业工程质量安全检查,归纳总结现场存在问题,建立问题库,并动态管理、跟踪整改闭合。

⑨ 跟踪检查信息系统质量管理模块运行情况,并定期总结分析评估,及时通报存在问题。

⑩ 做好与受辖的监督管理局、铁路管理单位质量监督站、铁路公司(建设单位)和上级部门的监督检查配合工作。

⑪ 协助做好本项目现场工程质量、安全的评比工作。

⑫ 完成领导交办的其他工作。

8) 工程部职责

(1) 部门职责

① 在项目安全领导小组的领导下,依法对建设项目安全生产承担施工技术管理责任。

② 建立并完善安全技术规章制度,参与制定安全生产操作规程和安全事故应急预案。

③ 参与本项目安全生产教育和培训,如实记录安全生产教育和培训情况。

④ 组织审核重大专项施工技术方案,督促落实重大风险源安全技术措施及方案。

⑤ 编制指导性施工组织设计和组织编制实施性施工组织设计,制定满足建设工期要求的安全技术保证措施。

⑥ 指导各分部组织包括安全技术措施在内的各项施工技术交底。

⑦ 参加本项目工程风险评估,组织高风险工点安全生产条件评估工作。

⑧ 指导各分部检查工程建设安全技术措施执行情况,及时排查生产安全事故隐患,发现设计方案与现场客观条件不符时,应督促分部履行变更设计手续。

⑨ 负责本项目综合调度管理,接收现场突发事件和施工安全信息,并及时反馈给相关领导和有关业务部门。

⑩ 参加工程突发事故应急救援,参与或配合安全事故的调查处理。

(2) 部长职责

① 主持工程部全面工作,具体负责施工组织管理并将安全生产相关措施纳入施组。

② 负责制定部门规章制度并督促执行,落实部门安全生产责任制。

③ 负责审定部门工作计划并全面组织完成项目经理部下达的工作任务。

④ 组织参与指导性施工组织设计编制和动态调整施组审核工作并负责报审,组织对分部所编制的实施性施工组织设计及专项安全方案进行审核。

⑤ 负责组织对各分部施工技术管理的指导、检查、监督工作。

⑥ 参与本项目安全生产教育和培训。

⑦ 参与工程建设质量检查评比和安全质量事故分析处理工作。

(3) 主管工程师职责

① 参与本部门安全隐患排查,发现问题及时整改。

② 协助组织重大技术方案审查。

③ 参加现场施工安全生产检查、考核。

④ 参与工程建设质量安全事件调查。

⑤ 完成上级领导交办的其他工作。

(4) 工程调度职责

① 负责项目工程调度工作,根据铁路公司(建设单位)要求组织编制工程调度规章制度和有关管理规定,并组织抓好落实。

② 负责收集全线的安全生产信息,及时向安全领导小组报告,并上报铁路公司(建设单位);对铁路公司(建设单位)的调度命令及时传达并报告项目经理部;对于现场发生的紧急、重大情况,协助处置并进行信息跟踪。

③ 按项目经理部应急预案信息归口管理要求,参与项目经理部紧急、重大情况分析及重点问题的研究。

9) 综合部职责

(1) 部门职责

① 制定项目经理部驻地安全管理办法。

② 负责项目经理部驻地日常安全管理,包括防火、防盗、防毒、用电安全、行车安全、安全保卫等综合管理工作。

③ 定期开展驻地安全检查和设备维护工作,确保用电设备、车辆等状态良好。

④ 负责项目经理部计算机系统信息安全管理,以及涉密档案文件安全管理。

⑤ 组织制定并实施本部门安全生产教育培训计划,如实记录安全生产教育和培训情况。

⑥ 负责项目经理部的员工职业健康、卫生防疫、食品安全等工作管理,以及劳保用品、个人安全防护用品配置、驻地安全防护设施和设备的配置及维护,并组织演练。

⑦ 负责食堂、车队等后勤人员健康检查、教育培训。

⑧ 负责项目经理部安全生产费使用计划的编制工作。

⑨ 参与安全生产事故应急救援。

(2) 部长职责

① 负责综合部全面工作,组织、督促部门人员贯彻落实本部门岗位安全责任制和工作标准,全面完成各项工作任务。

② 负责制定本部门的公文管理办法、车辆使用管理办法、办公室安全管理办法、食堂管理办法、食堂用餐制度和消防管理制度等,并组织落实。

③ 负责项目综合部培训计划编制、培训组织及具体管理工作。

④ 负责项目综合部文件收发、日常行政管理、项目经理部工作人员食宿、项目经理部生产用车管理等后勤保障和安全工作。

⑤ 负责机要、保密、信息安全、档案管理工作。

⑥ 负责信访、综治、安全保卫、维稳等日常管理工作。

(3) 综合部工作人员职责

① 协助部长进行项目经理部收发文件和日常行政管理,负责各办公室、宿舍、食堂等处

所的日常安全检查,及时消除不安全因素。

② 负责本项目经理部劳动保护用品的计划、请领、保管、发放等事宜,并建账、建卡。

③ 负责职工食堂管理,确保项目经理部职工用餐卫生、健康、安全。

④ 负责项目经理部办公用车调度,对项目经理部车辆使用情况进行合理安排、记录、检查。

10)财务部职责

(1)部门职责

① 参与制定本项目安全生产管理办法,督促参建各分部严格执行计划财务业务中与安全生产相关的规章制度。

② 制定部门教育培训计划,组织项目经理部计划财务人员参加安全生产教育培训,并记录教育和培训情况。

③ 组织对各分部进行履约检查,督促各分部为施工人员办理工伤和人身意外保险。

④ 参与对分部安全生产的检查与考核。

⑤ 按合同约定监督检查安全生产费用的足额投入,严格审查安全生产费验工计价并及时拨付费用。

⑥ 参与安全生产事故应急救援。

(2)部长职责

① 认真贯彻执行国家和中国铁路总公司有关安全方面的工程建设法律、法规及有关规章,主持计划财务部的全面工作。

② 负责组织建立健全计划、统计、财务、招标、合同、验工等管理办法和内控管理制度,指导、督促各项管理制度的执行和落实。

③ 明确计划财务部内部人员工作分工、岗位职责、工作标准、程序和要求,定期组织检查考核。

④ 负责资金管理、财务会计、概预算管理、验工计价、合同管理、计划统计等相关工作,检查各分部安全生产费使用情况,确保安全投入足额到位。

⑤ 制定合同履约风险防范控制措施,定期开展合同履约检查。

⑥ 负责组织财务会计人员的岗位培训、继续教育、日常业务学习等工作。

11)物机部(物资站)

(1)部门职责

① 组织拟订项目经理部物资设备采购与进场管理规章制度。

② 参与项目经理部安全生产教育和培训,并记录安全生产教育和培训情况。

③ 检查现场各类生产物资设备管理情况,及时排查生产安全事故隐患,提出改进安全生产管理的建议。

④ 参与对各分部安全生产的检查与考核。

⑤ 参加项目生产安全突发事件应急抢险救援,协调现场应急抢险救援物资的供应。

⑥ 参与或配合安全生产事故调查处理。

(2) 物资管理人员职责

① 负责制定物资设备采购与管理办法等标准化管理文件,并监督各分部有效落实。

② 负责编制部门工作制度、工作计划和工作总结,并有效落实。

③ 负责组织各分部制定物资设备采购供应方案和计划,审定合格供应商。

④ 负责组织监控建设项目物资设备质量,指导、检查、监督、评价现场物资设备管理。

⑤ 指导现场分部相关物资设备管理工作。

⑥ 配合工程质量安全事故调查处理,参与建设工程抢险救援工作。

12) 各分部的安全责任

(1) 分部是工程建设施工安全责任主体,应严格遵守国家法律法规、强制性标准规范、铁路总公司的铁路工程安全技术规程、管理规定,以及所属上级公司的管理制度,按照批准的施工图、设计文件组织施工,保证工程质量满足验标要求,对施工安全生产承担直接责任。

(2) 按照合同约定,建立现场管理机构,配备满足要求的安全生产管理人员,建立健全安全生产管理制度和操作规程,落实安全生产责任制,完善安全生产考核奖惩制度。

(3) 分部的项目负责人、技术负责人、安全负责人和专职安全生产管理人员应取得相应的安全资格证书,并保持继续教育记录。

(4) 分部现场项目经理部应配备安全总监和专职安全工程师,施工架子队设专职安全员,班组设兼职安全员。施工现场应按施工人数的1‰~3‰配置专职安全管理人员。

(5) 开展科技攻关活动,积极采用"四新"技术,淘汰落后工艺设备,实行安全生产标准化管理。

(6) 建立安全风险评价制度,组织开展危险源辨识;对危险性较大的工程或重大环境风险,编制专项安全技术方案,并组织专家评审,确保安全风险控制在较低等级范围。

(7) 结合专业特点及重要工程结构,组织制定施工生产专项安全技术方案和安全事故应急预案。专项安全生产方案需经分部组织审查,必要时组织专家评审,报监理审核后报项目经理部备查,获得批准的专项施工方案方可组织实施。

(8) 按照不同工种及现场工程施工安全风险,制定安全生产培训计划,按规定对新进场管理人员和作业人员组织安全生产教育培训,培训学时应满足国家相关规定;新进场人员经岗前培训、考试合格后方可上岗作业。

(9) 分部应按照法律法规、规程规定和设计要求,结合安全文明施工标准化要求设置施工现场安全防护设施、安全警示标识,并为现场管理、作业人员提供个人安全保证措施,消除安全事故隐患,确保现场作业环境安全、文明、和谐、环保。

(10) 分部现场作业使用的机械、设备、材料、工具、防护设施、防护用品等应为正规生产厂家生产的合格产品,且符合国家现行标准规定,应由专人管理,定期进行检查、维护和保养,并建立相应管理档案。

(11) 分部的安全管理部门和安全生产监管人员应经常性检查施工现场作业环境、机械设备、工程机具、安全设施等安全稳定状况，以及作业人员执行安全作业规程和管理制度行为情况，并留存记录，对发现的问题隐患须及时果断处理，杜绝安全事故发生。

(12) 分部使用提梁机、架桥机、起重机械、整体提升脚手架等设备前，应委托具有相应资质的检验检测机构进行验收，检验合格后方可投入使用，并建立相应管理档案。

(13) 施工现场搭建的临时建筑物，其选址和结构等应符合安全要求；装配式活动房屋应具有产品合格证，板房内芯必须使用阻燃材料填充。

(14) 施工前，分部负责本项目的技术、安全管理人员应就有关安全施工的技术要求和措施向作业班组、作业人员进行交底，如实告知作业场所和工作岗位存在的危险因素、注意事项、防范措施以及事故应急处置措施等，交底记录由交底人员和作业人员签字确认，交底资料纳入工程档案管理。

(15) 成立突发事件应急救援队，配置救援人员，配备应急物资和救援装备；定期开展应急演练，以确保突发事件发生时，能迅速响应，有序开展应急救援工作。

(16) 建立高风险工点带班作业制度。极高风险工点由分部负责人包保，项目班子成员轮流带班作业；高度风险工点由分部班子成员或部门领导、干部带班作业，执行技术和安全管理人员跟班作业制度。

(17) 分部安全生产负责人和安全生产管理部门应经常检查现场施工安全状况，查处"两违"行为，处置施工安全隐患，并定期组织安全生产例会，总结、分析、考评阶段安全生产管理情况。

(18) 分部的安全管理人员应告知作业人员所拥有的权利：有权对施工现场的作业条件、作业程序和作业方式中存在的安全问题提出批评、检举和控告；有权拒绝违章指挥和冒险作业；当现场发生危及人身安全的紧急情况时，作业人员有权立即停止作业或者采取必要的应急措施后撤离危险区域，并及时报告。

(19) 发生生产安全事故时，分部负责人应立即组织救援，并采取切实可行的措施防止和降低次生灾害的产生，并按照规定立即向有关方面报告，严禁谎报、瞒报、迟报或漏报。

(20) 分部应制定项目安全生产费用的使用计划，专款专用，不得挪用；建立安全生产费用使用台账。

(21) 分部应及时为施工人员办理意外伤害保险。

18.7 安全生产管理

1) 危险源辨识及风险评价

(1) 根据工程项目特点、现场生产条件和工程实施组织模式，按照公司《危险源辨识与风险评价过程控制程序》规定的方法和程序，通过合理分工与协作，完成项目经理部生产活动和工程实施现场的危险源辨识和风险评价，制定管控措施，形成危险源辨识与风险评价表、重要危险源清单,经项目经理批准后实施。当项目危险源发生变化后,要及时对"两表"进行更新。

由项目副经理(主管安全)组织危险源辨识及风险评价工作,安质部负责整理汇总编制,工程部负责从技术角度、设计部负责从设计角度、物机部负责从机械物资方面、计财部和综合部负责配合安质部进行危险源辨识及风险评价工作。

(2)项目经理部除进行自身生产活动的危险源辨识和风险评价工作外,尚需指导、督促各分部完成工程实施现场的危险源辨识和风险评价,并评价其危害程度,判定重大危险源,通过采取措施对其加以控制和改善,以消除或减少事故的发生,为制定职业健康安全方针、职业健康安全目标指标及管理方案提供依据。

(3)项目经理部应获取并识别执业健康安全的法律法规及其他要求,向项目经理部全体员工及分部传达、贯彻。根据法律法规和其他要求的变化情况,原则上应在每年第四季度更新一次,对有变化的及时予以调整、补充"法律法规和其他要求清单"和"对应关系表及控制一览表",并按要求及时上报。

(4)合规性评价:项目经理部和各分部每年至少自查一次,做出合规性评价,并保留检查和评价记录,形成合规性评价记录表。

(5)检查考核:项目经理部安质部定期检查各部门和各分部的危险源辨识和风险评价工作,对此项工作落实不到位的情况提出整改要求,并将检查情况记入检查记录。

2)安全生产教育培训

(1)项目经理部和各分部应按照《中华人民共和国安全生产法》规定,建立健全安全生产教育培训制度,制定年度安全生产培训计划,落实培训资金,严格按照计划分期、分批、分阶段开展参建员工安全教育培训,并对参训员工进行考核,考试合格后方可上岗。培训应达到安全培训率100%、合格率100%。

(2)开工前,项目经理部做好培训工作,确保开工前全体参建人员经培训合格后上岗。在每年开(复)工前,项目经理部和各分部的主要管理人员和专职安全工程师、安全员按要求应参加铁路公司(建设单位)或行业单位组织的相关培训。

(3)项目经理部教育培训的内容如下:

①项目经理部负责组织本项目经理部和各分部管理人员的培训工作。

②项目经理部内部培训主要包括以下内容:国家现行法律、法规、行业规程,安全生产标准、规章制度、操作规程,"安规""技规"等;铁路公司(建设单位)安全管理办法、要求;公司安全生产办法;各部门安全管理岗位职责、工作内容、工作方法和工作要求;安全管理体系运行方法;设计文件关于工点的安全措施;重要危险源和管理方案的培训;安全生产事故应急预案的培训等。

③项目经理部对各分部的培训主要涉及以下内容:铁路公司(建设单位)和公司有关安全生产的文件、规定的传达;项目经理部安全管理体系的宣贯;设计文件关于工点的安全措

施;铁路工程施工安全技术规程;重要危险源及管理措施的培训;安全生产事故应急预案的培训。

④ 安质部负责教育培训的计划、组织、实施和总结,做好培训记录,建立培训台账和培训档案。

(4) 分部教育培训的内容如下:

① 分部负责本单位管理人员和施工作业人员(含劳务工)的培训工作。要加强"三级"安全教育培训,开展以"应知应会"为主要内容的安全知识、安全操作技能培训。

② 分部培训教育应做到"四个必须",即新工艺、新设备、新材料、新技术在使用前,必须进行安全教育培训;新从业人员和转岗人员在上岗前,必须进行安全教育培训;新从业人员必须经安全教育培训后方可上岗;特种作业人员必须参加有关部门的培训取得特种作业人员操作证后持证上岗。

③ 培训充分运用宣传、安全录像、电视、安全知识考试、设讲评台等多种形式普及宣传安全技术知识,开展有针对性、形象化的培训教育,并根据接受教育对象的不同特点,采取多层次、多渠道和多种方法进行。

④ 各种安全教育培训应建立培训台账和培训档案;每项培训工作完成后,将培训名单、培训内容、课程安排、考试结果等有关资料存入培训档案。

(5) 培训时间须符合下列规定:

① 项目负责人每年不得少于 30 学时。

② 专职安全生产管理人员每年不得少于 40 学时。

③ 其他管理人员和技术人员每年不得少于 20 学时。

④ 作业人员每年不得少于 15 学时。

⑤ 特种作业人员取得岗位操作证后,每年仍须接受有针对性的安全生产培训,时间不得少于 20 学时。

⑥ 新进场和换岗作业人员,在上岗前安全生产培训时间不得少于 20 学时。

(6) 检查考核:项目经理部安质部定期检查各部门和各分部的培训计划实施情况,对未落实培训计划和培训不足的提出整改要求,并将检查情况记入检查记录。

3) 安全生产交底

(1) 项目经理部组建成立后,由项目经理组织向项目经理部各部门的安全生产交底。交底内容为:安全生产目标、建设单位对安全生产的有关要求和各部门的安全生产责任。安全交底形成记录,存入管理档案。

(2) 项目经理部设计交底过程中同步向各分部进行安全交底。交底内容为:建设单位对安全生产的有关要求、项目安全管理规章制度、项目安全生产目标、工程特点、安全控制重点及相关要求。

(3) 分部应逐级开展安全技术交底,主要内容如下:

① 分部负责人向项目管理人员和架子队管理人员进行书面安全技术交底。交底内容应包括:项目经理部对安全生产的有关要求、项目安全管理规章制度、工程概况、施工内容、施工方法、关键工序、"四新"技术、关键部位、安全技术要求、重要危险因素、安全防护措施等,并履行签认手续。

② 架子队安全负责人对现场操作人员进行有针对性的班前作业安全交底。交底内容应包括:本工点的危险源和安全控制重点、安全操作规程和注意事项、现场作业环境要求、个人防护措施等。

(4) 安全技术交底应全面、准确、针对性强,符合有关安全技术操作规程的规定;安全技术交底人与接受交底人要履行交底签字手续;书面交底字迹要清晰,必须本人签字,不得代签。

(5) 工作检查的主要内容如下:

① 分部的安全总监、安全工程师(安全员)、工班(队)长等相关安全管理人员,要对安全交底的落实情况进行检查,监督操作人员严格按照交底要求进行施工,制止违章作业,并做好检查记录。

② 项目经理部安质部对各分部逐级安全技术交底执行情况进行抽查,对未认真履行交底制度的单位或部门下发整改通知单,严重者予以处罚。

③ 项目经理部定期对各部门的安全生产交底落实情况进行检查,对未认真履行交底内容的部门按照项目经理部《员工绩效考核管理办法》进行处罚。

4) 安全生产检查

(1) 项目经理部严格按照铁路公司(建设单位)要求和公司的有关规定,对工程全线定期或不定期开展安全生产检查工作,保障全线安全生产工作顺利进行,及时发现和消除安全隐患,完善安全预防措施。各分部应建立相应安全生产检查制度,并定期开展安全生产检查工作。

(2) 项目经理部安全检查的主要内容如下:

① 定期检查:项目经理部每月组织一次工程全线安全大检查,检查内容涵盖全线内所有已开工项目,对检查发现的问题立即下达整改通知书并提出具体整改要求。定期检查实行打分制,检查完毕公布检查评比结果,排出名次。

② 安全专项检查:项目经理部按照铁路公司(建设单位)和公司有关安全管理活动要求,结合建设工程实际情况,对施工现场开展安全专项检查。同时开展特殊季节、节假日的安全生产专项检查活动。

③ 日常安全检查:项目经理部安质部结合各分部现场施工进度开展日常安全检查。检查形成检查记录,对检查中发现的安全问题及时下发整改通知单,并督促问题单位及时整改到位。

④ 项目经理部各项安全检查应做好检查记录。对发现的安全问题和安全隐患及时下

发整改通知书限期整改,并纳入问题库,实行销号管理,对整改不到位的按照规定进行处罚,直至停工整顿。

⑤ 对分部安全检查的内容、要点编制见表18.1所示。

表18.1 项目经理部安全管理检查表

序号	检查项目		内容要求	检查要点
1	管理体系审核	安全管理组织机构人员配置	"三类人员"安全管理资质、职责分工;专职安全管理人员人数;特种作业人员人数和资质情况	① 与投标文件相核对; ② 与施工协议书相核对; ③ 与现场实际相符
2		安全生产责任制	按项目安全生产责任制规定编制	"管生产必须管安全,安全生产人人有责",明确各级领导、各职能部门和各类人员在施工中的安全责任
3		安全生产教育培训制度	内容包括安全生产教育、安全知识教育、安全技能教育、安全法制教育;对象包括"三类人员"、特种作业人员、现场管理技术人员、现场从业人员;公司、工地和班组三级教育	重点审核对现场劳务分包队和专职安全管理人员的教育培训
4		安全生产规章制度和操作规程	按规定编制	制度完整、内容全面;操作规程有可操作性,并现场挂牌
5		安全施工技术交底制度	项目的施工作业特点和危险点;针对危险点的具体预防措施;应注意的安全事项;相应的安全操作规程和标准;发生事故后应及时采取的避难和急救措施等	
6		机械设备维修保养制度	有机械设备维修保养制度,有检查落实记录	审查机械设备进场情况,是否按照规定定期维修保养
7		特种作业人员持证上岗制度	垂直运输机械人员、安装拆卸作业人员、起重信号工、登高架设人员、爆破作业人员、电工、电焊工、架子工、预应力张拉、大中型机械操作人员等资质证书和上岗证书	① 与投标文件相核对; ② 与施工合同书相核对; ③ 与现场实际相符
8		消防安全责任制度	确定施工现场的消防安全责任人;制定用火、用电、使用易燃易爆材料各项消防安全管理制度和操作规程;现场设置消防通道、消防水源;配备消防设施和灭火器材等	检查账、物是否相符,现场是否符合要求

续表

序号	检查项目		内容要求	检查要点
9	安全设施机械	安全设施	安全设施的产地、厂家、生产许可证、出厂合格证书、安全鉴定证、进场前的自验证明	审核是否满足安全技术规范要求和现场安全生产的需要
10		大中型施工机械	设备数量、型号、规格、生产能力、完好率;各种机具应处于完好状况,不合格者严禁使用;起吊设备(如塔吊等),使用前必须经当地劳动安全部门检查批准;工地使用的大型临时设备,如龙门吊、缆索吊机、吊索塔架、架梁吊机等,使用前须经分部上级安全主管部门验收,合格后方准使用;工地用电设备和用电线路的安装,使用前须经分部上报安全主管部门,验收合格后方准使用	各项指标均满足要求、资料齐全
11	施工审查	施工组织设计	施工安全技术措施	完善、针对性强,有可操作性
12		专项安全施工方案	符合危险性较大的分部分项工程方案编制要求,经过内部审查,签字齐全	按照危险性较大的分部分项工程审查
13		临时辅助设施	① 临时油库设置应符合国家有关消防规定; ② 施工现场应有安全标志	① 临时油库区应设围栏,使用中应配足消防设备并设专人看守,严禁在库区内存放易燃物品; ② 在悬崖、陡坎、沟、槽、坑、井等危险部位必须设有防护设施和安全标志
14		施工记录	① 施工安全技术交底记录; ② 分部自检记录,包括:日常性检查、专业性检查和季节性检查	"4M1E"是否符合安全施工的要求;施工专项方案和安全技术措施的落实情况;记录资料整理和自查存在问题的整改;安全规程执行情况;安全防护设施、文明施工、用电安全及消防安全管理情况等
15		劳动保护用品	安全防护	施工现场设置安全防护设施,进入施工现场的人员应按规定使用劳动保护用品

续表

序号	检查项目	内容要求	检查要点
16	施工审查	安全措施	① 深基坑开挖及降水施工； ② 模板工程及脚手架工程； ③ 临时用电； ④ 高处作业； ⑤ 上跨各级公路及航道，下穿既有构筑物； ⑥ 既有线上施工，必须贯彻执行《铁路技术管理规程》《铁路工务安全规则》《铁路线路维修规则》和既有线上施工安全的有关规定	① 检查开挖支护措施，降水对周围建设物的影响，检查沉降观测记录； ② 对检算结果进行复核，是否符合设计，尤其是脚手架的横撑及斜撑，脚手架基础预处理； ③ 检查临时用电是否存在乱拉、乱接线； ④ 安全带应挂在牢固的物体上，严禁在一个物体上拴挂几根安全带或一根安全绳上拴几个人，临边作业应设置防护围栏和安全网； ⑤ 临边防护是否有效可靠、公路及航道交通疏导是否按设计要求实施，能否满足运营要求，有无缺失； ⑥ 架空输电线路安全距离符合规定，有困难时，应停电，并经有关部门批准后方可作业； ⑦ 桥上进行铺架作业时，桥下严禁车辆及行人通过； ⑧ 必须制定施工临时行车限线，施工中严禁侵入临时行车限线； ⑨ 应检查与设备管理单位和行车组织单位分别签订的施工安全协议
17		危险源辨识	对分部识别的危险源及应对措施的落实情况进行检查	分部是否执行了危险源辨识的应对措施

(3) 分部安全检查。为确保安全生产顺利进行，各分部安全负责人、安全工程师、安全员应经常性开展项目安全自查自纠，及时发现安全隐患，查处违规违章行为，完善安全预防措施，堵塞安全漏洞，保证安全生产。

① 分部每月至少组织 1 次标段内安全大检查，检查内容应涵盖标段内所有已开工项目，主要针对重大危险源，对施工现场的特种作业安全，现场的施工技术安全，现场的大中型设备的使用、运转、维修进行检查。同时进行季节性、节假日安全生产专项检查活动。检查过程保留有效记录备查。

② 分部主要负责人每旬至少 1 次对管段内安全生产情况进行检查，检查内容应涵盖所有已开工项目，主要查思想、查制度、查纪律、查隐患、查落实；重点检查施工用电、模板工程、

机械设备等；并对防坍塌、防高空坠落、防物体打击、防交通事故等措施检查落实；对项目经理部检查发现问题进行跟踪整改销号复查，对新发现的问题立即下达整改通知书并提出具体整改要求。

③ 各分部的安全负责人每周巡查不少于1次，巡查工点应涵盖所有已施工工点，巡查过程要做好巡视检查记录表。现场安全管理人员结合施工现场情况，切实做好日常安全检查。

5) 安全生产会议

项目经理部和各分部结合项目安全生产工作情况和上级有关安全工作要求，定期组织召开安全生产例会，认真总结、分析、评估生产安全状况，查摆安全生产工作中存在的不足和阶段性的突出安全问题，及时处置问题隐患，落实岗位责任追究和奖惩考核，完善并落实现场安全技术保障措施，确保本项目生产安全风险可控。

(1) 安全生产周例会

项目经理部由项目经理(或主管安全质量副经理)每周组织召开1次安全生产专题例会(结合工程例会一同召开)，传达铁路公司(建设单位)的有关要求、文件。

① 对一周安全质量工作进行总结。通报安全质量风险控制情况，本单位现场检查情况，量化任务完成情况，自查及外单位检查发现的各类问题整改落实情况，并进行分析。对未整改的问题进行通报，并在下周周例会上核实落实情况。对处理时间较长的，跟踪闭环情况。

② 对下周安全质量工作安排。布置本单位下周检查计划，明确检查重点。周例会须有会议记录、会议签到表，并形成会议纪要。

各分部应每周组织召开1次管段施工安全生产例会，落实建设指挥部、项目经理部的安全生产管理工作部署，总结、分析、评估标段安全生产状况，通报各级检查及本单位检查发现影响安全生产的问题隐患，研究制定整改措施消除事故隐患，并做好会议记录。

(2) 安全生产月度例(分析)会

项目经理部和各分部应于每月召开1次月度安全生产分析会议，会议由项目经理主持，对本月完成的各项工作进行总结、评价，查找安全生产管理工作中的不足、提出下月安全生产管理的重点内容和风险管理重点，布置具体的安全工作。会议形成纪要，并发通报。

(3) 安全生产专题会议

根据管控需要，如季节性安全工作布置、某一类较严重的质量安全情况、上级专项质量安全检查工作布置等，不定期召开安全生产专题会议。会议由安质部长主持，各分部的生产副经理、项目总工、安全总监和安质部部长参加，项目经理部项目经理和分管副经理视情况参加。会后形成会议纪要，下发分部。

6) 危险性较大分部分项工程安全专项施工方案管理

根据《建设工程安全生产管理条例》《危险性较大的分部分项工程安全管理办法》(建质〔2009〕87号)和《危险性较大工程安全专项施工方案编制及专家论证审查办法》(建质〔2004〕213号)文件要求,项目经理部制定危险性较大分部分项工程安全专项施工方案管理制度。

(1) 工程开工前,各分部研究、分析本单位承担施工内容,根据《危险性较大的分部分项工程安全管理办法》对危险性较大分部分项工程的分类,确定本项目经理部的危险较大分部分项工程目录,并根据项目的施工组织设计安排制定其方案编制和报审计划,报总监理工程师审核,项目经理部备查。

(2) 项目经理部安质部会同工程部对分部上报的施工组织设计、专项施工方案和安全防护措施进行审查,重点审查施工安全措施的合理性。超过一定规模的危险性较大的分部分项工程安全专项施工方案应由建设单位组织专家进行评审。在方案获得批准后方能开工。

(3) 项目经理部安质部对全线所有危险性较大分部分项工程安全措施的落实情况进行监督、检查,对未编制专项安全方案的或安全方案未获批的项目坚决不予开工,对未按方案落实的予以下发整改通知,必要时停工处理,并纳入安全管理考核内容。

(4) 项目经理部根据各分部制定的危险较大分部分项工程目录,及时提醒各分部制定、提报安全专项施工方案。

7) 安全操作挂牌

分部应对各种机电设备、机械设备操作和各种危险作业制定安全操作规程,并在现场适宜位置设置安全操作规程牌进行明示。其内容主要包括:操作要领、安全注意事项和工前检查、工后保养、日常维护内容、责任人等。

项目经理部定期对安全操作挂牌情况进行检查、监督。对未挂牌作业项目予以安全管理不合格评定,并下发整改通知单。

8) 特种作业持证上岗

根据《建设工程安全生产管理条例》的规定,工程施工中的特种作业人员应持证上岗。

(1) 从事垂直运输机械作业人员、安装拆卸工、电工、金属焊接、起重作业、登高架设、铺架作业等特殊工种作业人员,必须按照国家相关规定经过专门的安全培训,并取得特种作业操作资格证书后,方可上岗作业。

(2) 分部对特种作业人员应建立专门的管理档案和人员管理台账,加强动态管理,无特种作业操作资格证书或操作证书过期失效的人员不得上岗。特种作业人员应在分部留存资格证书复印件备案,分部应对其资格证书的有效性进行检查,避免证书过期,及时组织特种作业人员参加继续培训教育。

(3) 项目经理部对分部的特种作业人员持证上岗情况进行动态监督检查,特别对新开工项目和重点工程重点检查。对无证上岗的,记入该分部的检查记录,并下发安全问题整改通知单,有关内容记入月度综合管理考核。

9) 特种设备检验检测

根据《建设工程安全生产管理条例》和《特种设备安全监察条例》的规定,起重机械、提升脚手架、模板等自升式架设设施和其他起重设备、压力容器等特种设备、设施,应由分部组织进行进场验收、安全性检测等工作,形成设备台账,未取得验收和检测合格证的设备不得使用。

(1) 分部在使用施工起重机械和整体提升脚手架、模板等自升式架设设施前,应当组织有关单位进行验收,也可以委托具有相应资质的检验检测机构进行验收;使用承租的机械设备和施工机具及配件的,由分部、出租单位和安装单位共同进行验收。验收合格的方可使用。

(2)《特种设备安全监察条例》规定的施工起重机械,在验收前应当经有相应资质的检验检测机构监督检验合格,取得相应的检测合格证;对于检测有效期到期的设备及时组织复检,取得检测合格证后方可继续使用。

(3) 分部应当自施工起重机械和整体提升脚手架、模板等自升式架设设施验收合格之日起 30 日内,向建设行政主管部门或者其他有关部门登记。登记标志应当置于或者附着于该设备的显著位置。

(4) 项目经理部安质部配合物机部对各分部对特种设备的使用管理进行监督检查,对于检查中发现未按要求进行验收和检测的,停止使用该设备,并下发整改通知单,同时将其记入月度综合管理考核。

10) 作业安全须知、项目危险岗位书面告知

(1) 各分部应向参建人员发放安全知识卡片,针对具体工作岗位进行安全技术交底,写明作业安全须知。作业安全须知内容包括:本岗位安全操作规程、违章操作的危害、安全注意事项、个人安全防护知识、紧急避险措施等。

(2) 对有一定危险的作业和操作过程中危险性较大的施工设备,各分部安全管理工程师应下发预警通知、危险岗位书面告知书,把危险因素、危险处所、危险程度、避险方法等内容以书面的形式告知作业者或操作人员。

(3) 项目经理部在安全检查的同时,检查各分部作业安全须知和危险岗位书面告知书制度的落实情况。对未认真实行的分部将下发安全管理问题通知单,要求其及时整改。对屡次检查告知不予改正的,将纳入项目月度综合管理考核。

11) 意外伤害保险

依据《建筑工程安全生产管理条例》的规定,分部应当为施工现场从事危险作业的人员办理意外伤害保险。

意外伤害保险费由分部支付。意外伤害保险期限自建设工程开工之日起至竣工验收合

格止。

项目经理部应对各分部对从事危险作业人员的投保情况进行检查,督促落实意外伤害保险工作。

12) 安全交接班

对不间断连续作业的工作,严格执行交接班制度。

(1) 接班要求:各分部架子队班组长和班组兼职安全员每日接班前对作业环境、设施、设备进行认真检查,发现安全隐患,立即解决;重大隐患,报告领导解决,严禁冒险作业。

(2) 交班要求:交班前进行确认检查,各类安全设施、机电设备使用状态是否良好,是否已经拉闸、断电、门上锁,用火是否熄灭,施工垃圾是否清理完毕。确认无误,方可交班。

(3) 工作交接:架子队施工班组交接班时应进行安全交接,主要对施工中的安全防护措施、人员及设备安全、安全警示等进行交接,保证下一班组在有安全保障的情况下进行施工。安全交接履行签字手续,对安全情况进行确认。

(4) 分部现场安全管理人员要经常对安全交接班情况进行监督和检查,项目安质部定期要对分部的安全交接班制度落实情况进行抽查,保证项目施工作业安全。

13) 周一安全活动

分部的架子队及其作业班组每周一开展一次安全活动,主要是结合工作实际内容进行安全学习、总结和安全工作布置。安全活动内容要进行记录。

分部安质部对班组周一安全活动开展情况进行检查,项目经理部进行抽查。

14) 班前安全讲话

分部的架子队班组长每日上班前召集所辖班组上岗作业人员,针对当天任务,结合安全技术措施内容和作业环境、设施、设备安全状况,有针对性地进行班前讲话,重点提出具体安全注意事项。

分部安质部对班前安全讲话制度执行情况进行检查,项目经理部进行抽查。

15) 建立安全隐患排查档案

项目经理部安质部和分部安质部在安全检查的同时建立安全隐患排查档案和管理台账。

(1) 项目经理部安质部建立全项目的安全隐患排查档案,各分部安质部负责建立的安全隐患排查档案,对安全检查时发现的问题建立问题库,并对监督单位、建设单位和监理单位等有关各方检查发现的问题进行登记、录入问题库。对于各方检查发现的安全问题认真分析原因、提出解决措施,落实整改责任人,按规定时间整改到位,并将整改完成情况及时录入问题库。

(2) 各级安质部对安全隐患排查问题库进行日常检查,项目经理部对分部安全隐患排查档案管理情况进行抽查,督促落实。

16) 项目安全防护设施、安全标志管理

为保障施工现场的安全防护工作切实有效,保证防护措施到位,建立现场安全防护设施和安全标志管理制度,按照《现场安全文明管理标准》和《现场安全文明标志》要求合理设置安全防护设施和安全标志。

(1) 防护设施和安全防护标志设置:各分部在悬崖、陡坎、沟、槽、坑、井等临边危险部位须设置安全防护设施和安全警示标志;在临街、交通干道、航道附近和居民密集地段施工时,施工范围必须设置安全围挡和警示牌;在施工场地、生产设施、变配电室、材料储存场地、危险品库等靠近危险源明显位置设置安全文明标志和警示标志。

(2) 各分部应设专人负责经常性检查和维护安全防护设施以及各种安全标志,防止破坏、移位和丢失。

(3) 各分部安全文明标志的材质、式样、内容应满足项目经理部的统一规定。

(4) 各分部安质部应加强对上述各种安全防护设施和安全标志的管理、检查与维护;项目经理部应对各种安全防护设施和安全标志的管理进行检查、监督,发现问题及时通知整改。对于多次整改不及时、不到位的,项目经理部将记入月度综合管理考核。

17) 项目易燃、易爆物品管理

项目经理部和各分部建立易燃易爆等危险物品管理制度,具体要求是:

(1) 危险化学品、易燃易爆品储存、运输、使用的从业人员应经所在地县级以上政府公安部门培训合格,并取得相应的资格证书,持证上岗。

(2) 对于油料等易燃易爆的特殊物资,各分部要按照国家的有关规定强化安全措施,确保绝对安全。对易燃易爆物品要单独存放保管,远离火源,并设置适量的灭火器材和必要的安全警示标志。

(3) 对于易燃易爆品的运输车辆应满足防火、防盗、防爆等要求,分部要做好运输设备管理、使用登记、定期检验的工作。

(4) 分包项目经理部应对供热锅炉、天然气管道等压力容器和装备定期检查、维护,并做好记录。

(5) 分部须对具体负责危险化学品和易燃易爆品的安全管理人员和作业人员严格落实安全培训制度,配备相应的劳动防护用品,并按要求组织现场火灾爆炸突发事件的应急演练。演练做好记录和总结。

(6) 项目经理部安质部会同物机部经常对辖区现场油料等易燃易爆品使用管理、从业人员情况进行监督检查,发现问题及时通知整改,必要时下达安全问题整改通知书。对严重违反管理要求的,记入月度综合管理考核。

18) 安全资料管理

项目经理部安质部指定专人负责安全资料的归档管理,对各种安全管理文件、安全检查资料和安全整改通知等资料,分门别类建立管理档案。档案资料整理、归档和存储均符合档案管理规定,做到防霉、防火、防丢失。

各分部按照档案资料管理要求建立相关的资料管理档案与制度,合理管理、归集安全管理资料,建立档案。

项目经理部安质部结合每月安全检查,同时检查各分部的安全资料归档情况,发现问题及时要求整改。

项目经理部对安全资料开展定期检查。

19) 项目消防工作

项目所处环境复杂,距离人口密集区较近,且施工期间施工人员数量较多、施工条件也比较复杂,极易引发火灾事故。项目经理部及各分部按照规定要求建立健全消防工作管理制度。

(1) 项目经理部负责项目经理部驻地(办公、生活)的具体消防管理和对各分部消防管理工作的监督、检查;各分部是其单位办公、生活处所和所有施工区域消防管理的责任主体,负责上述区域的具体消防管理工作。

(2) 项目经理部综合部负责项目经理部驻地(办公、生活)日常消防安全管理工作及组织相关的应急演练。

(3) 分部坚持以"以防为主,防消结合"的消防管理方针,结合施工中的实际情况,做好施工过程中的各项消防管理工作。

(4) 消防管理具体要求如下:

① 成立安全管理领导小组,落实消防责任,确保各级领导和管理部门层层有责,人人有责。

② 对进场施工人员进行消防知识教育,增强防范意识和各类火灾的预防、扑救、逃生技能。

③ 加强对易燃易爆物品的管理,严格落实管理制度,控制火灾事故易发点和敏感区域。

④ 施工现场火灾易发部位、区域要设置明显的防火安全警示标志,并按要求配置适量的灭火器材。

⑤ 施工区域内要保证消防通道畅通无阻,并悬挂防火标志牌等醒目标志。防火重点单位墙上悬挂防火制度。

⑥ 电、气焊作业周围的可燃、易燃物必须清除,如不能清除时,应采取安全可靠措施加以防护。存在油漆、喷漆、汽油、丙酮、乙醚、天那水等易燃物的工作场所,不得进行焊接作业。

⑦ 各种电气设备和线路,不许超过安全负荷,并设置安全过载装置。要经常检查设备和线路情况,发现超负荷、短路、发热和绝缘损坏等容易造成火灾的危险情况时,必须立即进行断电检修。

⑧ 照明灯具不准靠近易燃物品,严禁用纸、布等易燃物蒙罩灯泡。

⑨ 劳务工宿舍严禁用汽油、柴油作燃料取暖、做饭。

⑩ 现场活动板房不得采用易燃苯板填芯,必须采用阻燃材料。

(5) 各分部安质部对本项目施工区域内的消防工作定期检查,发现问题及时整改。项目经理部按消防管理具体要求,对各分部的施工作业现场消防安全工作开展不定期检查,发现问题及时要求整改,必要时下发整改通知单。对于出现严重安全隐患的管理单位项目经理部将记入月度综合管理考核。

20) 安全管理"三同时"和"五同时"

为保障铁路工程建设项目和建设过程的安全,项目经理部要严格落实"三同时"要求,各分部要严格落实"五同时"管理制度。

(1) 三同时:项目的安全设施与主体工程同时设计、同时施工、同时投入生产和使用。

(2) 五同时:

① 项目经理部制定生产计划同时有安全生产目标和措施;

② 项目经理部布置工作内容同时有安全生产要求;

③ 项目经理部开展检查工作同时有安全生产检查项目;

④ 项目经理部制定生产评比方案同时有安全生产评比条款;

⑤ 管理总结报告的同时有安全生产内容。

21) 项目应急预案管理

为了提高项目应急处置能力,实现各分部应急资源最大限度的共享,及时有效地处置各种突发事件,最大限度地减少人员伤亡、经济损失和社会影响,项目经理部和各分部编制有关应急预案和应急处置方案,并加强管理,以实现突发事件发生时反应迅速、处置有效的目的。

(1) 项目经理部的预案管理

① 应急预案的管理遵循"综合协调、分类管理、分级负责、属地为主"的原则。

② 项目经理部编制安全生产事故综合应急预案、自然灾害、火灾消防、交通安全等专项应急预案,并与铁路公司(建设单位)、监理单位和地方政府应急管理部门的应急预案互相衔接、形成体系。

③ 应急预案的编制应结合本单位的危险源状况、危险性分析情况和可能发生事故的特点,依据《生产经营单位生产安全事故应急预案编制导则》(GB/T 29639—2020)的要求进行编制。

④ 项目综合应急预案针对工程现场安全事故的应急处理,是项目应急管理的纲领性文件,应当涵盖建设单位、施工单位、监理单位和各分部。预案中要明确各单位的分工、职责,形成应急联动机制。

⑤ 项目经理部的应急预案编制完成后,项目安质部组织各部门召开应急预案评审会,对应急预案进行评审。评审应注重应急预案的可操作性、体系完善程度和相关应急预案的

衔接性等内容,评审通过后的应急预案报项目经理批准后发布执行。

⑥ 项目经理部应当采取多种形式开展应急预案的宣传教育,普及生产安全事故预防、避险、自救和互救知识,提高项目经理部人员安全意识和应急处置技能。应急预案的要点和程序应当张贴于项目经理部宣传栏,并设有明显的标志。

⑦ 安质部适时组织项目应急体系的管理培训,使有关人员了解应急预案内容,熟悉应急职责、应急程序和岗位应急处置方案。

⑧ 应急预案应有演练计划。应急领导小组组织应急预案有关方参与演练,检验应急反应能力。在演练结束后进行演练效果评估,分析存在的问题,完善预案。演练记录存档备查。

⑨ 根据预案的要求,综合部配备应急物资及装备,设置于指定地点并列出应急物资清单与平面图。综合部建立应急物资及装备档案,定期检测和维护,使其处于良好状态,保证随时可以动用。

⑩ 项目经理部安质部及时督促各分部按要求编制综合应急预案、专项应急预案和现场处置方案,并报项目经理部备案。

(2) 各分部的预案管理

① 根据预案管理体系要求,开工前,各分部编制项目综合应急预案、专项应急预案和现场处置方案,经本单位审批后,报项目经理部安质部备案。各分部的应急预案应与项目经理部和监理单位的各项应急预案互相衔接,形成体系。

② 各分部应按《生产经营单位生产安全事故应急预案编制导则》(GB/T 29639—2020)要求编制标段的各项应急预案,保证内容完整、格式正确。

③ 各分部应根据应急预案的要求,配备应急物资及装备,设置于指定地点,并列应急物资清单与平面图。

④ 各分部应建立应急物资及装备档案,并对应急物资与装备定期检测和维护,使其处于良好状态,保证随时可以动用。

⑤ 各分部应根据应急预案进行项目应急体系的管理培训,使有关人员了解应急预案内容、熟悉应急职责、应急程序和岗位应急处置方案。

⑥ 按应急预案管理要求,各分部应组织应急演练,演练结束后进行演练效果总结评估,分析存在的问题,完善预案。综合应急预案和专项应急预案演练每年至少组织1次,现场处置方案演练每半年组织1次。

⑦ 各分部及时上报应急预案文件及演练总结,总包项目经理部存档备查。

(3) 应急管理的监督检查

项目经理部安质部定期检查分部的应急预案管理情况,包括预案体系的建立、预案编制审批备案情况、宣传教育与培训情况、应急物资配备情况、演练情况等。

检查方法:检查应急预案书面文件,检查有关应急预案评审、演练等记录,检查应急物资装备的清单档案与实物。

根据检查结果填制检查记录表,对存在的问题及时通知分部进行整改完善。对于应急管理不到位、多次整改不及时不彻底的单位将记入安全管理考核。

18.8 工程安全风险管理

1) 工程安全风险管理原则

工程安全风险管理包含风险计划、风险辨识、风险估计、风险评价和风险控制,工程竣工后开展风险后期评估。工程安全风险管理遵循"安全第一、预防为主、动态管理、全过程分阶段实施"的原则,全面加强基础管理、过程控制和应急处置,构建全面、全员、全过程的安全风险管理控制体系,从源头上消除安全隐患,确保铁路建设施工安全持续稳定,全面提升本项目安全管理水平。

2) 工程安全风险等级划分

在建设项目实施阶段,根据铁路建设项目的特点和安全风险辨识、研判,按照控制难度和危害程度大小,将铁路建设工程安全风险划分为极高度风险、高度风险、中度风险和低度风险四个等级。

(1) 极高度风险

① 跨越既有铁路(高等级公路)的连续梁支架及转体梁施工。

② 经评估认为应列为极高度风险的其他工作。

(2) 高度风险

① 桥梁跨越既有铁路、县级以上公路、闹市区的施工(施工期间全天候封闭该区域营运线路的除外)。

② 建设工程高大模板支撑系统。

③ 极易造成作业人员群死群伤(伤亡事故)或造成较大不良社会影响的施工。

④ 经评估认为应列为高度风险的其他工作。

(3) 中度风险

① 跨河桥梁,桥梁跨越高风险工点范围以外的公路、居民区施工。

② 搭设高度大于 5 m 或搭设跨度大于 10 m、施工总荷载大于 15 kN/m^2 或集中线荷载大于 20 kN/m 混凝土模板支撑。

③ 开挖深度超过 5 m,或开挖深度未超过 5 m 但现场地质情况和周围环境复杂的深基坑施工。

④ 其他质量安全控制难度较大极易造成重伤事故的施工。

⑤ 经评估认为应列为中度风险的其他工作。

(4) 低度风险

低度风险是指不属于极高度、高度、中度风险范围的,但存在一定质量安全风险的施工。

施工阶段根据施工过程中工程条件、施工方法、施工工艺以及设备、材料等,结合工程施工进度和工序,除应对设计阶段评估结果的风险因素进行核对外,还应重点辨识施工阶段的主要风险因素。对风险等级评为高风险的工序、作业过程比照高风险工点管理。

3) 安全风险管理机构

项目经理部成立安全领导小组,负责本项目安全风险管理。领导小组办公室设在安质部,负责建设项目风险管理的组织协调工作。

4) 风险管理职责

(1) 项目经理部的管理职责

① 按照国家、行业、铁路总公司和建设单位相关要求,制定安全风险管理办法。

② 负责设计阶段合理选择施工方案,对风险工点进行分析评估提出风险等级建议,及时提交包括风险控制措施和风险防范注意事项的勘察设计文件。

③ 建立风险管理体系,完善风险管理机制,落实分部和人员责任,按照管理目标和管理要求认真做好风险管理工作。

④ 负责将风险管理方案、风险控制措施等纳入指导性和实施性施工组织设计。

⑤ 审定分部编制的风险管理实施细则。

⑥ 全面负责风险桥梁、路基等工程日常风险管理工作,对分部工程风险措施实施情况进行监督、检查。

⑦ 根据项目工程特点,督促分部制定高风险工点包保责任制和带班管理办法并监督实施。

⑧ 对风险工点技术方案、监控量测、沉降观测等提出技术管理要求,督促各分部及时收集、分析风险工程技术信息。

⑨ 负责检查分部风险工点现场设施布置,作业指导书编制,监控、监测及预警方案,应急预案编制及演练情况。

⑩ 根据风险工点动态管理要求,检查分部在施工过程中对已揭示的重大风险和潜在风险的应对措施制定与实施情况,实行动态管理。

(2) 项目经理部各部门职责

① 安质部职责

a. 配合工程风险评估工作,督促、检查分部施工前的安全风险评估落实情况。

b. 制定本项目工程风险管理办法,监督各项目分部编制风险工点包保、带班制度的落实情况。

c. 督导、检查风险工点工程措施的落实。

d. 及时收集、分析风险工程技术信息,形成风险管理台账。

e. 工程竣工后,参与风险后期评估工作。

② 工程部职责

a. 组织或参与项目安全风险评估工作。

b. 根据风险评估结果,将风险管理方案、风险控制措施等纳入指导性施工组织设计。

c. 对经铁路公司(建设单位)核定的施工过程中揭示的未纳入设计的重大潜在风险,负责协调组织设计和各分部研究,确定风险等级,补充风险控制措施。风险变化时,组织设计和各分部研究,确定风险等级,调整风险控制措施。

d. 组织分部编写首项工程安全施工条件评估报告。

③ 计财部的主要职责

a. 将风险管理责任、风险控制措施费用纳入施工合同。

b. 按规定拨付安全生产措施费,并检查专项资金管理使用情况。

(3) 分部的职责

① 分部是风险控制的实施主体,重点在施工装备、施工技术管理、施工工艺管控等方面研究如何规避施工风险,并根据施工图阶段安全风险评估结果、地质条件、施工条件等,对承担任务范围内的高风险工点逐一进行核对、分析,逐条细化风险控制措施,并编制风险管理实施细则,经监理单位审核后,报项目经理部备案(需经铁路公司(建设单位)许可),纳入实施性施工组织设计。

② 开展工程施工阶段安全风险评估工作,根据评估结果提出相应的处理措施,报项目经理部批准后实施。

③ 按照安全风险管理实施细则,建立安全风险管理体系,明确责任部门,配置专职安全风险管理人员,组建救援队伍,配置专用安全风险监测、救援设备,对工程风险实施有效监测和管理。

④ 识别并制定安全风险要点控制表,实施动态管理,结合项目风险工点管理台账每月更新。

⑤ 编制高风险工点专项施工方案,经技术负责人审定后报项目经理部和总监理工程师审批,报项目经理部备案(需经铁路公司(建设单位)许可)。分部按批准的专项施工方案组织实施,并派专职安全风险管理人员现场监督。

⑥ 按照批准的专项方案编制施工作业指导书和作业标准,组建专业作业班组,配置相应机械设备,严格按专项施工方案组织实施。

⑦ 将有关风险控制措施、工作要求、工作标准,向架子队进行技术交底,并全程监督作业人员严格按作业指导书、作业标准施工。

⑧ 对参与高风险工点施工的作业人员进行针对性的岗位安全生产教育和风险防范培训,未经培训或培训不合格的人员,不得上岗作业。

⑨ 按照铁路总公司和建设单位要求,根据标段工程安全风险评估结果,制定风险工点领导包保和带班制度,并严格落实。

⑩ 制定突发生产安全事故应急救援预案,配备相应的救援人员、救援设备和物资,并按要求组织应急演练工作。

⑪ 与地方有关部门建立协调沟通机制和预案,及时处理施工过程中的工程风险。

⑫ 工程竣工后,编制施工阶段风险管理报告,开展后期评估工作。

5) 风险评估

(1) 风险评估是在认真核查施工图阶段工程风险评估基础上,对施工过程中的大型临时工程、桥梁、路基工程、大型、特种设备使用、爆破工程等进行风险源辨识、估计、评价。工程风险辨识、风险评估、风险评价参照《铁路建设工程风险管理技术规范》(Q/CR 9006—2014)和《关于印发〈危险性较大的分部分项工程安全管理办法〉的通知》(建质〔2009〕87 号)结合安规、规范、施工工艺与有关规定,确定典型风险因素。

(2) 项目经理部对工程风险评估工作实行全面管理,各分项目在项目经理部安质部指导下开展风险评估工作。设计阶段风险评估工作的主体是设计部,施工阶段风险评估的主体是分部。

(3) 工程风险评估的重点是对可能造成人员伤亡、环境破坏、财产损失、工程经济损失、工期延误等风险事件进行评估。

(4) 工程风险等级判定应采取专家评估模式或委托专业评估模式,专家应由设计、施工行业内工程专业人士等组成。

(5) 桥梁工程侧重于大型基坑开挖、大跨及特殊结构桥梁施工、跨线施工、支架法施工、高墩施工、深水桥梁施工、大型(特种)设备作业等风险评估;路基工程侧重于高陡边坡路堑、顺层路基、松软土路基、过渡段、路基爆破作业等风险评估。

(6) 施工阶段标段风险评估报告经项目经理部和总监理工程师签认,可对新增评估为高度风险的工点,应由分项目以专题报告(专函)方式上报项目经理部,经审查后上报铁路公司(建设单位),由铁路公司(建设单位)组织专家评审,并形成评审意见。分部根据意见完善风险评估,制定风险应对措施。

(7) 各阶段风险评估工作均应编制评估报告,记录评估过程、评估方法、评估结果等内容,做到内容全面、数据完整、客观公正,提出的对策措施应具有可操作性。

(8) 对施工过程中揭示的未纳入设计的重大潜在风险,项目经理部负责组织各分部研究,确定风险等级、补充风险控制措施。风险变化时,组织各分部研究,确定风险等级、调整风险控制措施。

6) 风险管理

(1) 工程风险实行全过程分阶段动态管理,按照风险计划、风险评估、风险控制、风险后期评估四个步骤,通过综合应用风险管理技术,制定风险计划,实施风险识别、风险分析、风险评价、风险处理、风险监测和风险后期评估,对风险实施闭环管理。

(2) 开工前,项目经理部组织设计部通过综合或专项技术交底等形式进行风险技术交底。分部应根据对工程影响范围内的环境及地质条件核查结果,提出有关风险(主要是安全和环境风险)质疑,由设计部在风险技术交底时解答或明确解答时间,并形成会议纪要,编制见表 18.2 所示。

表 18.2 危险性较大分部分项工程类别表

序号	专业类别	分部分项工程类别	超过一定规模标准
1	岩土工程	1.1 基坑(槽)的土方开挖、支护、降水工程	开挖深度超过 5 m(含);或者开挖深度虽未超过 5 m,但地质条件、周围环境和地下管线复杂,或影响毗邻建筑(构筑)物安全的基坑(槽)的土方开挖、支护、降水工程
		1.2 人工挖孔桩工程	开挖深度超过 16 m
		1.3 顶管工程	均为超过一定规模的分部分项工程
		1.4 隧道工程	长大隧道;隧道工程中的不良地质隧道、高瓦斯隧道、水底海底隧道;盾构进出洞
		1.5 滑坡和高边坡处理	均为超过一定规模的分部分项工程
		1.5 其他	
2	模板、支撑体系、脚手架等结构工程	2.1 工具式模板工程	包括滑模、爬模、飞模工程
		2.2 混凝土模板支撑工程	支撑高度 8 m 及以上;搭设跨度 18 m 及以上,施工总荷载 15 kN/m² 及以上;集中线荷载 20 kN/m 及以上
		2.3 承重支撑体系	用于钢结构安装等满堂支撑、少支架支撑体系,承受单点集中荷载 700 kg 以上
		2.4 落地式钢管脚手架工程	搭设高度 50 m 及以上
		2.5 附着式整体和分片提升脚手架工程	提升高度 150 m 及以上
		2.6 悬挑脚手架工程	架体高度 20 m 及以上
		2.7 挂篮施工	跨公路、铁路、航道及市区干道施工
		2.8 移动模架施工	跨公路、铁路、航道及市区干道施工
		2.9 栈桥(便桥)工程	
		2.10 自制卸料平台、移动平台工程	
		2.11 新型及异型脚手架工程	
		2.12 其他模板、结构工程	

续表

序号	专业类别	分部分项工程类别	超过一定规模标准
3	吊装及设备设施、拆卸工程（水上吊装作业在第5项中填写）	3.1 吊装工程	采用非常规起重设备、方法，且单件起吊重量在100 kN及以上的起重吊装工程
		3.2 起重设备安装工程	起重量300 kN及以上的起重设备安装工程
		3.3 起重设备拆除转场工程	起重量300 kN及以上的起重设备安装工程；铁路提运架设备拆除转场过程；高度200 m及以上内爬起重设备的拆除工程
		3.4 其他大型特种设备、设施的安装拆除工程	缆索吊、桅杆吊、移动模架、挂篮等设施的安装与拆除
4	拆除、爆破工程	4.1 爆破拆除工程（包括采用静态破碎剂拆除工程）	拆除中容易引起有毒有害气（液）体或粉尘扩散、易燃易爆事故发生的特殊建（构）筑物的拆除工程；可能影响行人、交通、电力设施、通信设施的拆除工程；文物保护建筑、优秀历史建筑或历史文化风貌区控制范围的拆除工程
		4.2 建筑物、构筑物拆除工程（包括栈桥）	
		4.3 其他	
5	水上、水下作业	5.1 打桩船作业	
		5.2 施工船作业	
		5.3 外海孤岛作业	
		5.4 边通航边施工作业	
		5.5 水下焊接	
		5.6 水下混凝土灌注	
		5.7 水下拆除、爆破工程	
		5.8 钢吊箱等大型构件浮运	
		5.9 水上大型吊装作业	
		5.10 深水基础施工	
		5.11 围堰施工	
		5.12 其他水上、水下作业	
6	受限空间作业	6.1 密闭设备内作业	自然通风不良，易造成有毒有害、易燃易爆物质积聚或含氧量不足的空间
		6.2 地下受限空间作业	
		6.3 地上受限空间作业	
7	其他	7.1 采用新技术、新工艺、新材料、新设备及尚无相关技术标准的危险性较大的分部分项工程	
		7.2 施工单位认为的危险性较大的分部分项工程	

(3) 分部应在施工现场公示识别的风险源,其包括风险描述、监测方案、应急措施和责任人等内容。

(4) 分部对已识别的风险进行监测,包括施工监测、工况和环境巡视、作业面状态描述、风险处置过程和发展趋势等内容;派专人负责风险监测项目,实时监控各系统运行情况。

(5) 分部应按照设计要求,依据不同的检测内容,编制施工监测实施方案,主要内容应包括监测内容、监测方法、监测仪器设备、监测频率以及监测数据分析等。

(6) 风险控制工作实施动态管理,当已经评估并有防范措施的工程风险发生变化时,项目经理部应立即组织设计、施工和监理单位研究,确定风险等级,补充风险控制措施。

(7) 分部应制定工程风险管理实施细则,细则应包括相关的安全管理制度、标准、规程等支持性文件,风险管理机构及职责划分,人员安排、培训,现场警示、标识规划,应急救援设备器具及应急救援材料准备,现场设施布置,作业指导书清单,监控、监测及预警方案,应急预案及演练安排,过程及追溯性记录文件格式和要求等。

(8) 极高风险工点由项目分管领导、设计和分部主要领导安全包保,分部领导班子成员现场轮流带班作业;高风险工点实行项目经理部部门负责人、设计、分部班子成员包保;分部或架子队领导和干部要带班作业。

(9) 风险工点实施隐患督办挂牌制度。隐患分为一般隐患、较大隐患、重大隐患和特别重大隐患四个等级。一般安全隐患由分部工区挂牌督办,较大安全隐患治理由分部挂牌督办,项目经理部对督办内容进行检查;重大安全隐患治理由项目经理部挂牌督办,对问题比较突出的重大安全隐患由铁路公司(建设单位)挂牌督办,并将督办内容函告分部上级管理机构,要求其同步挂牌督办。

(10) 为确保施工安全,对高风险工点应建立监控系统,实时监控危险源。

(11) 监测项目如下:

① 特殊结构桥梁:大型设备、线形和应力等。

② 深基坑:对边坡位移和应力、邻近建筑物的沉降与位移、地下水变化、基底隆起等。

(12) 分部对新识别出的风险,提出风险处理措施,风险分级调整经项目经理部和总监理工程师审核后报送铁路公司(建设单位),经组织评审后,对极高、高度风险分级的进行调整。

(13) 风险工程实行分级管理、分级督办。

① 各分部成立风险工程领导小组,风险桥梁和风险路基的管理由各分部成立重大技术方案管理和隐患分级督办小组,建立督办台账,分部按日上报工程水文地质和施工情况等信息,项目经理部直接负责跟踪。分部负责全部风险工点现场管理,按月上报工程水文地质条件和施工情况等信息到风险分级管理部门。

② 重大技术方案管理小组主要任务是加强对风险桥梁、强风地段等重大技术方案的管理,项目经理部督导设计、分部严格贯彻落实。

③ 风险隐患工点督办领导小组,建立本单位的督办制度,负责本单位的督办工作,明确

督办内容、方法和督办责任人,对所有风险隐患工点建立检查计划和督办台账,落实督办责任。分级督办内容主要有方案的落实、跨线桥梁和高陡边坡安全防护、水文观测、安全和质量情况等。

(14) 风险工点监控专项管理的主要内容如下:

① 监控项目:桥梁工程有跨线桥梁、深水高墩桥、深基坑等。路基工程有地基处理、路基本体施工质量。

② 各分部要对风险工点安全、质量、工期、环水保实行每周定期分析、制定措施、及时纠偏、动态管理。

(15) 对地质复杂、技术复杂工程,进行设计和施工预案专项管理:

① 设计部、分部应对可能出现的桥梁和路基的风险源分别制定详细的设计、施工预案,并根据施工进展和所揭示的地质情况适时进行优化调整,实施动态管理。

② 设计预案经铁路公司(建设单位)组织专家论证后,及时向项目经理部、分部和监理单位交底,并在施工过程中不断调整优化。分部按照设计和设计预案经细化、量化后,在人员、设备、物资、技术措施上需能够保证预案及时启动。施工预案制定时需由施工企业组织专家审查确定。

(16) 严格规范施工工艺监控专项管理:

① 设计部在设计文件中应明确对施工工艺的要求和施工注意事项,并负责向分部和监理单位进行技术交底。

② 分部应严格按照审定的施工工艺组织施工,不得随意更改;项目经理部不定期检查各标段施工工艺的控制情况。

(17) 分部应对风险路基、桥梁编制专项施工方案,对施工措施安全检算,经技术负责人签字,项目经理部和总监理工程师审核后实施,并由分部专职安全生产管理人员进行现场监督。

涉及既有公路交通的施工方案,需经产权单位或其上级行政主管部门批准后,方可实施。

(18) 高风险工点需按批准的专项施工方案编制施工作业指导书和作业标准,组建专业架子队,配置相应机械设备,并将有关风险控制措施、工作要求、工作标准向架子队进行技术交底后,严格组织实施。相关作业人员需进行岗前培训。

(19) 跨公路施工管理:

① 应根据道路交通实际需要设置施工标志、路栏、锥形交通路标等安全设施,夜间反光或警示灯光信号,必要时应使用信号或派旗手管制交通。行车方向设置限位门架,禁止超高、超宽车辆通行,支架应设置防撞墩加以保护。

② 对未中断交通的施工作业道路,分部应当协助当地公安、路政部门做好交通管制,维护道路交通安全,维持道路交通秩序。

③ 跨越公路架设桥梁时,应封锁该行车道路交通,落位稳定后恢复交通。

④ 应采取防护棚等防坠落设施,以防止落物伤及行人和车辆。

(20) 跨航道施工管理：

① 应根据航道交通实际需要设置施工标志、警示标志、航道灯等安全设施，夜间反光或警示灯光信号，必要时应使用信号或派巡逻艇管制交通。航道方向设置限高、限宽预告及标志，航道内临时及永久桥墩应设置防撞墩加以保护。

② 对未中断交通的施工航道，分部应当协助当地海事、海巡部门做好交通管制，维护航道交通安全，维持航道交通秩序。

③ 大型结构起吊、临时结构安装拆除影响通航时，应根据预案封锁航道，配合海事、海巡部门做好交通卡控。

④ 应采取防坠落设施，以防止落物伤及船舶及乘员。

(21) 营业线（临近）施工管理：

① 应按铁路管理单位营业线（临近）施工管理规定，编制施工方案并按要求组织评审。跟设备管理单位签订施工安全监管协议，并按施工计划组织施工。

② 在配合单位监管人员的监督下安设防护，对施工区域进行全封闭管理，设置施工限界及工程机械的安全作业范围，挂设标志、标线。

③ 严格落实营业线施工"八不准"制度，所有邻近既有线范围内的工作，必须具备"满足要求、监管许可"的条件，设备管理单位施工配合人员、根据施工等级各级管理人员及"四员一长"到场后方可施工。

④ 大型设备必须遵循"一机一防护，车过机停"的相关规定，不得盲目冒进施工。

⑤ 列车通过前防护人员及时通知施工人员按既定路线撤离至安全区。

⑥ 施工过程按要求对既有设备设施进行保护及防护，遇到特殊情况时在设备管理单位现场配合人员的指导下施工。

⑦ 坚持"工完料清，一日一清"的制度，施工负责人、防护人员互控互管，交叉检查后方可撤离，先撤离施工作业人员再撤离管理、防护人员，确保施工可控。

(22) 风险的预警、响应及信息报送管理：

① 施工中分部应建立风险的预警、响应及信息报送机制。根据实时监测数据、工况、环境巡视和作业面异常状态等，分部确定预警级别，经项目经理部和监理单位审备。出现异常状况 12 h 内报告项目经理部、设计及监理单位，项目经理部接到电话后迅速到达现场。

② 分部在监测到预警异常状况报告后应立即组织分析，并采取应急措施。

③ 项目经理部应根据预警异常状况报告、监测数据及分析成果、巡视信息，及时审核、分析并确认风险预警级别，采取有针对性的风险处理措施。

(23) 分部应根据工程特点和危险源辨识，对重大危险源编制应急预案，成立应急组织，配备应急物资，并按规定组织培训和应急演练。

(24) 当发生突发事件或事故时，分部应按《突发事件应急预案管理办法》和《生产安全事故报告和调查处理条例》的规定及时向有关部门报告，严禁迟报、漏报、瞒报；对工程负有管理责任的分部负责人应及时赶赴现场组织救援,控制事态发展,减小损失。

7) 考核

分部风险评估、风险控制、风险后期评估、项目经理部领导包保和干部带班作业、安全隐患挂牌督办纳入施工企业建设行为和企业信用评价考核内容。

18.9 安全生产考核与奖惩

为在项目参与者中牢固树立安全生产的意识,加强项目安全管理,调动广大干部职工的积极性、主动性和创造性,防止各类安全事故的发生,减少事故隐患和经济损失,把安全生产与责、权、利挂钩,严格落实安全生产责任制,加大责任追究力度,确保不发生较大事故和一般事故,促进本项目安全生产,对本项目的安全管理执行考核奖罚机制。

1) 考核内容和标准

项目经理部安全考核工作由安全生产领导小组负责,安质部具体负责安全考核工作的组织实施。

安全考核主要是对安全保证体系建立、运行情况和各项安全管理制度的落实情况等进行全面考核。

2) 安全生产奖励和处罚

(1) 各分部要与项目经理部签订安全包保责任状,分部内部逐级层层包保责任。在考核期内实现安全目标的按责任状有关条款实施奖励。

(2) 项目经理部每季开展安全生产管理检查评比,对安全管理工作稳定、安全管理绩效突出的单位和个人予以奖励;对不严格落实安全管理规定、不重视安全管理工作的单位和个人将予以处罚。安全管理绩效以评比得分测算。

(3) 奖罚实施。按照项目经理部《综合考评管理办法》规定对分部进行考核;按照项目经理部《员工绩效考核办法》规定对项目经理部内部进行考核。

18.10 生产安全事故报告和处理

1) 编制依据

生产安全事故的报告和处理按《建设工程安全生产管理条例》(国务院令第 393 号)和《生产安全事故报告和调查处理条例》(国务院令第 493 号)及其修正案的要求办理。结合上述国家法律法规要求制定生产安全事故报告和处理管理制度。

2) 事故分级

建设工程安全事故根据造成的人员伤亡、直接经济损失等,分为特别重大事故、重大事故、较大事故、一般事故四级。

特别重大事故,是指造成 30 人以上死亡,或者 100 人以上重伤,或者 1 亿元以上直接经济损失的事故。

重大事故，是指造成 10 人以上 30 人以下死亡，或者 50 人以上 100 人以下重伤，或者 5 000 万元以上 1 亿元以下直接经济损失的事故。

较大事故，是指造成 3 人以上 10 人以下死亡，或者 10 人以上 50 人以下重伤，或者 1 000 万元以上 5 000 万元以下直接经济损失的事故。

一般事故，是指造成 3 人以下死亡，或者 10 人以下重伤，或者 100 万元以上 1 000 万元以下直接经济损失的事故。

3）生产安全事故报告原则

生产安全事故发生后，事故单位应按规定及时逐级上报，事故报告应当及时、准确、完整，任何单位和个人对事故不得迟报、瞒报；事故单位项目经理部负责人接到事故报告后，应当立即启动事故应急预案，采取有效措施，组织抢救，防止事故扩大，减少人员伤亡和财产损失，并按规定妥善保管有关资料。

4）安全事故报告程序

（1）事故发生后，现场负责人或授权指定人员必须在事发 15 min 内向建设指挥部调度、项目经理部调度、单位负责人、监理单位报告事件概况、发生时间、地点（公里数）和设备是否受影响等简要情况；单位负责人接到报告后，应当于 1 h 内向事故发生地县级以上人民政府安全生产监督管理部门和负有安全生产监督管理职责的有关部门、事发单位上级直属机关报告。情况紧急时，事故现场有关人员可以直接向事故发生地县级以上人民政府安全生产监督管理部门和负有安全生产监督管理职责的有关部门报告。

① 特别重大事故、重大事故逐级上报至国务院安全生产监督管理部门和负有安全生产监督管理职责的有关部门。

② 较大事故逐级上报至项目所在地人民政府安全生产监督管理部门和负有安全生产监督管理职责的有关部门。

③ 一般事故上报至设区的市级人民政府安全生产监督管理部门和负有安全生产监督管理职责的有关部门。

④ 项目经理部必须在安全事故发生后 15 min 内向建设指挥部调度上报，于 1 h 内上报至公司工管处和公司安管办。

（2）报告事故信息，应当包括下列内容：

① 事故发生单位的名称、地址、性质等基本情况；

② 事故发生的时间、地点以及事故现场情况；

③ 事故的简要经过（包括应急救援情况）；

④ 事故已经造成或者可能造成的伤亡人数（包括下落不明的人数）和初步估计的直接经济损失；

⑤ 已经采取的措施；

⑥ 其他应当报告的情况。

使用电话快报,应当包括下列内容:

① 事故发生单位的名称、地址、性质;

② 事故发生的时间、地点;

③ 事故已经造成或者可能造成的伤亡人数(包括下落不明、涉险人数)。

(3) 事故具体情况暂时不清楚的,负责事故报告的单位可以先报事故概况,随后补报事故全面情况;事故报告后出现新情况的,应当及时续报。较大涉险事故、一般事故、较大事故每天至少续报 1 次;重大事故、特别重大事故每天至少续报 2 次;自事故发生之日起 30 日内(道路交通事故、火灾事故自发生之日起 7 日内),事故造成的伤亡人数发生变化的,应于当天续报。

(4) 项目经理部、分部负责人接到事故报告后,应立即启动事故应急预案,于 10 min 内出发赶赴现场,进行现场调查,组织抢救,防止事故扩大,减少人员伤亡和财产损失。

发生一般等级生产安全事故时,项目经理部主要负责人应立即赶赴现场组织救援;发生较大及以上等级生产安全事故时,铁路公司(建设单位)现场负责人应立即赶赴现场组织事故救援。

因抢救人员、防止事故扩大及疏通交通等原因,需要移动现场物件时,应当做出标志,绘制现场简图并做出书面记录,妥善保存现场重要痕迹、物证,同时要做好影像记录。

(5) 当地人民政府、安监及有关部门负责人赶赴事故现场后,项目经理部现场负责人应立即主动向地方有关负责人汇报事故概况、人员伤亡、救援及临时处置等情况,并接受人民政府的统一领导,协助并配合做好事故救援工作。

(6) 事发后 10 h 内,分部须上报安质部详细的调查报告,项目经理部安质部须 12 h 内向建设指挥部安质部上报详细调查报告,含事件经过、处理意见、整改措施等。

(7) 项目经理部和铁路公司(建设单位)受理单位或个人均有权对事故报告或举报。项目经理部调度值班电话:_____;铁路公司(建设单位)调度值班电话:_____。

5) 配合生产安全事故调查

(1) 特别重大事故由国务院或者国务院授权有关部门组织事故调查组进行调查。重大事故、较大事故、一般事故分别由事发地省、地(市)、县级人民政府负责调查。事发单位及其监管单位必须做好相关配合工作。

(2) 事故调查由有关人民政府、安监、监察、公安、工会以及检察等机关派员组成调查组,调查组成员与被调查事故需没有直接利害关系;事故调查组组长由人民政府指定。

(3) 为协同救援和配合事故调查工作需要,事故发生单位及其监管单位有关人员应组织调查配合组,设综合协调、警戒保卫、应急救援、医疗救护、后勤保障、物资供应、技术专家、善后处理等小组。

(4) 配合事故调查组职责:

① 配合事故调查组查看事故情况,提供设计文件,施工记录,建设、咨询相关文件等;

② 配合事故相关调查,提出对事故责任者的处理建议;

③ 参与事故处理方案制定,落实整改和预防措施。

(5) 事故调查期间,事故发生单位的负责人和有关人员不得擅离职守,并应随时接受调查组的询问,如实提供有关情况;当调查组要求其提供相关文件、资料时,有关单位和个人不得拒绝。

(6) 项目经理部和分部均应详实记录处理过程,并归档相关资料(包括照片、影像等),做到图表清晰、内容完整、签署齐全。

6) 事故处理

(1) 特别重大、重大事故、较大事故、一般事故的处理,分别由国务院、省、地(市)、县级人民政府,依据事故调查报告做出批复。负有事故责任的人员涉嫌犯罪的,由人民法院依法追究刑事责任。

(2) 铁路管理单位、铁路公司(建设单位)按照《信用评价管理办法》《建设行为管理办法》《铁路建设项目质量安全事故与招标投标挂钩办法》等有关规定,纳入责任单位信用评价和安全质量考核;对事故负有主要责任(安全质量管理)人员纳入不良记录,并网上公示;问题严重的,将责令事故责任单位进行更换。事故责任涉及铁路公司(建设单位)或项目经理部人员的,按照《铁路建设管理人员责任追究办法》(铁总建设〔2017〕286号)给予(建议给予)行政处罚和处分。

(3) 对事故发生负有责任的施工、监理单位,应按照人民政府的批复,认真落实整改和防范工作,吸取事故教训,防止事故再次发生,并按规定时间将事故内部处理和整改报告上报人民政府及安监等部门。

7) 罚则

事故发生单位主要负责人或有关人员,发生下列行为之一的,由安监部门对其进行经济处罚;构成犯罪的,移交司法机关处理。

(1) 不立即组织事故抢救的;
(2) 谎报、瞒报、迟报或者漏报事故的;
(3) 在事故调查处理期间擅离职守的;
(4) 伪造或者故意破坏事故现场的;
(5) 转移、隐匿资金、财产,或者销毁有关证据、资料的;
(6) 拒绝接受调查或者拒绝提供有关情况和资料的;
(7) 在事故调查中作伪证或者指使他人作伪证的;
(8) 事故发生后逃匿的。

18.11 应急救援预案

1) 编制对象

主要针对项目经理部在施工过程中发生各种社会公共安全及安全生产事故预防与应急

管理来编制预案。

按照其性质、严重程度、可控性和影响范围等因素分为四级：Ⅰ级（特别重大）、Ⅱ级（重大）、Ⅲ级（较大）和Ⅳ级（一般）。

2）工作原则

坚持"以人为本，预防为主，统一指挥，逐级负责"的基本原则。

（1）以人为本。预防和救援工作必须以保证人身安全为最高准则，最大限度地预防和减少突发事件，减少事故造成的人员伤亡，规避救援过程中发生次生灾害及由此带来的伤亡，同时减少财产损失和其他危害。

（2）预防为主。社会安全事故以预防为主，及时发现可能产生的突发事故，并采取有效预防措施，提高事故防范水平，确保项目经理部人员财产安全。

（3）统一指挥，逐级负责。项目经理部应急管理实行安全事故应急救援逐级负责制。项目经理部在建设项目经理部领导下开展工作，对项目各项危险因素进行分析，并编制本项目经理部综合应急预案及各项专项应急预案。分包单位项目经理部服从建设项目经理部及项目经理部领导，对承建工程范围内危险因素进行分析，并编制本项目经理部综合应急预案、专项应急预案及现场处置方案，重点针对各类生产安全事故。

3）预案编制计划

结合项目实际情况，组织编制综合应急预案、专项应急预案和现场处置方案。参照表18.3填写。

表 18.3 安全事故应急预案编制计划表

序号	预案名称	预案类别	编制完成时间	责任人	备注
1	隧道施工事故应急预案	综合应急预案			
2	高处坠落事故应急预案	专项应急预案			
3	触电事故现场处置方案	现场处置方案			

4）组织机构和职责

项目经理部和各分包单位项目经理部成立以项目经理为组长、项目副经理为副组长，各部门负责人为组员的安全生产领导小组。

项目经理部应急管理领导小组成员如下：

组长：项目经理部经理

副组长：项目经理部副经理、各分部项目经理

组员：项目经理部各部门主管、各分部分管领导、安质部长

项目经理部安质部为项目突发事件日常管理办公室，安质部负责组织本项目经理部及各分包单位项目经理部突发事件日常监督检查管理工作。各标段根据各项目具体情况成立应急管理领导小组。

5) 职责

(1) 组长

负责项目经理部及分包单位项目经理部各类突发事件的应急决策及指挥。

(2) 副组长

协助组长对各类突发事件预防的监督、检查、管理。协助组长进行各类突发事件的应急处置工作。

(3) 组员

① 在组长统一指挥下,组织相关部门及人员按照应急预案迅速开展抢救工作,防止事故的进一步扩大,力争把事故损失降到最低程度。保护事故现场,并向建设指挥部汇报事故情况。

② 根据事故发生状态,按照应急预案统一布置救援工作,并对应急处理工作中发生的争议采取紧急处理措施。

③ 根据应急演练及事故应急过程中存在的问题,及时对本管理办法进行修改和完善。

④ 协调各分包单位项目经理部提供救援人员及物资,对事发单位进行应急救援。

⑤ 当事故危及周边单位和人员时,组织人员做好疏散工作和物资转移。

⑥ 及时组织进行事故内部调查。根据上级通知要求,配合上级有关部门对事故调查处理工作。

⑦ 做好稳定秩序和伤亡人员的善后及安抚工作。

(4) 应急办公室职责

① 掌握突发事故发生的基本信息,动态掌握应急抢修现场情况。

② 督促有关单位做好防灾料具、备用车辆的调配及抢险队伍的组织。

③ 掌握灾情,及时确认事故升级情况,做好上传下达和编发简报等工作。

④ 负责做好日常监督检查工作,建立相应台账。

6) 预案管理内容

(1) 预防

项目经理部组织各分包单位项目经理部对本项目各项危险因素进行分析,并制定各类事故预防措施如下:

① 安全生产事故

a. 高处坠落及物体打击事故预防监控措施

- 认真贯彻执行有关安全操作规程。
- 吊装作业人员必须持证上岗。
- 高空作业要有有效可靠的防护设施。
- 吊装设备配备齐全有效限位装置。运行前,对超高限位、制动装置、断绳保险等安全设施进行检查,吊钩要有保险装置。

- 吊运工作要保证物料捆绑牢固,不能超吊。
- 禁止操作故障设备。

b. 机械伤害事故预防监控措施
- 按技术性能要求正确使用机械设备,随时检查安全装置是否失效。
- 按操作规程进行机械操作。
- 处在运行和运转中的机械严禁进行维修、保养或调整等作业。
- 按时进行保养,发现有漏保、失修或超载及带病运转等情况时停止其使用。

c. 火灾事故预防监控措施
- 对加工厂、仓库、生活区、食堂等进行经常性的安全防火检查。
- 配置安装短路器和漏电保护装置。必要的场所安装带报警装置的漏电保护器。
- 对加工厂、仓库易燃区域安装火灾报警装置及火灾喷淋装置。
- 定期对高大设备的防雷接地进行检查、检测。
- 存放易燃气体、易燃物仓库内的电气装置采用防爆型装置。

d. 触电事故预防措施
- 用电设备及用电装置按照国家有关规范进行设计、安装及使用。
- 非电工人员严禁安装、接拆电气用电设备及用电装置。
- 严格对不同环境下的安全电压进行检查。
- 带电体之间、带电体与地面之间、带电体与其他设施之间、工作人员与带电体之间必须保持足够的安全距离,进行隔离防护。
- 在有触电危险的处所设置醒目的文字或图形标志。
- 设备的金属外壳采用保护接地措施。
- 供电系统正确采用接地系统,工作零线和保护零线区分开。
- 漏电保护装置必须定期进行检查。

e. 中毒预防措施
- 在有限空间内作业前进行毒气试验和配备通风设施。
- 现场严禁焚烧有害有毒物质。
- 暑伏天要合理安排作息时间,防止中暑脱水现象发生。
- 工人冬季用煤火取暖时必须安装风斗。

f. 火灾、爆炸事故预防监控措施
- 使用挥发性、易燃性等易燃、易爆危险品的现场不得使用明火或吸烟,同时应加强通风,降低作业场所有害气体的浓度。
- 焊、割作业点与氧气瓶、乙炔气瓶等危险品物品的距离不得少于 10 m,与易燃、易爆物品的距离不得少于 30 m。

g. 车辆伤害事故预防措施
- 车辆驾驶人员必须经有资格的培训单位培训并考试合格后方可持证上岗。
- 车辆通过路口时,驾驶人员一定要先望,在确认没有危险时才能通过。
- 车辆各种机构零件,必须符合技术规范和安全要求,严禁从列车下面通过。
- 车辆在出入拌和站及便道与既有道路交叉口时,时速不得超过 5 km。
- 车辆装载不得超载,必须采取防尘措施。
- 严禁驾驶员酒后驾车、疲劳驾车、争道抢行等违章行为。

h. 起重伤害事故预防措施
- 建立健全起重机械安全管理岗位责任制,以及起重机械司机、指挥作业人员、起重司索人员安全操作规程。
- 起重机械司机、指挥作业人员、起重司索人员等,必须进行安全技术培训,并经考核取得特种作业人员操作证,方可持证上岗作业。
- 严格执行班前教育制度,严格执行起重作业"十不吊"的安全规定。
- 定期组织作业人员对安全操作规程的学习,开展反违章纠察和事故反思教育,提高事故预防安全技术素质和判断处理技能。

i. 坍塌事故预防措施
- 坑、沟、槽土方开挖,深度超过 1.5 m 的,必须按规定放坡或支护。
- 挖掘土方应从上而下施工,禁止采用挖空底脚的操作方法,并做好排水措施。
- 挖出的泥土要按规定放置或外运,不得随意沿围墙或临时建筑堆放。
- 基坑、井坑的边坡和支护系统应随时检查,发现边坡有裂痕、疏松等危险征兆,应立即疏散人员并采取加固措施,消除隐患。
- 各种模板支撑,必须按照模板支撑设计方案要求,立杆、横杆间距必须满足要求,不能减少和扩大,特别是采用木支撑施工法,防止模板砼施工时坍塌。
- 施工中必须严格控制建筑材料、模板、施工机械、机具或其他物料在楼层或屋面的堆放数量和重量,以避免产生过大的集中荷载,造成楼板或屋面断裂坍塌。
- 安装和拆除大模板,吊车司机与安装人员应经常检查索具,密切配合,做到稳起、稳落、稳就位,防止大模板大幅度摆动,碰撞其他物体,造成倒塌。
- 脚手架上严禁堆放模板或其他材料,防止坍塌。

j. 跨航道施工预防措施
- 根据航道交通实际需要设置施工标志、警示标志、航道灯等安全设施,夜间反光或警示灯光信号,必要时应使用信号或派巡逻艇管制交通。航道方向设置限高、限宽预告及标示,航道内临时及永久桥墩应设置防撞墩加以保护。
- 对未中断交通的施工航道,应当协助当地海事、海巡部门做好交通管制,维护航道交通安全,维持航道交通秩序。

- 大型结构起吊、临时结构安装拆除影响通航时,应根据预案封锁航道,配合海事、海巡部门做好交通卡控。
- 采取防坠落设施,以防止落物伤及船舶及乘员。

k. 营业线(临近)施工预防措施
- 按施工计划组织施工。
- 在监管人员的监督下安设防护,开始施工,对施工区域进行全封闭管理,设置施工限界及工程机械的安全作业范围,挂设标志、标线。
- 严格落实营业线施工"八不准"制度,所有邻近既有线范围内的工作,必须具备"满足要求、监管许可"的条件,设备管理单位施工配合人员、根据施工等级各级管理人员及"四员一长"到场后方可施工。
- 大型设备必须遵循"一机一防护,车过机停"的相关规定,不得盲目冒进施工。
- 列车通过前防护人员及时通知施工人员按既定路线撤离至安全区。没有施工计划,不能盲目组织施工。
- 施工过程按要对既有设备设施进行保护及防护。
- "工完料清,一日一清",施工负责人、防护人员互控互管,交叉检查后方可撤离,先撤离施工作业人员,再撤离管理、防护人员。

② 社会公共安全事故

a. 自然灾害预防措施
- 开工前对当地地理环境和以往遭受自然灾害的情况进行考虑、咨询,合理确定项目经理部驻地,以及拌和场、预制场、料场、库房和设备停放位置及其标准。
- 与当地气象、水利部门建立联系,在最早时间获取灾害来临信息。
- 在汛期以及台风来临之际,分包单位领导须实行 24 h 值班制,并及时通报信息,使所有员工思想重视,妥善安排施工材料、机械设施和物资材料的放置。
- 在灾害来临前,对工地现场、工程产品、各类设施、机械设备、房屋、物资材料进行检查,及时采取加固、防护、转移等措施,尤其要确保职工人身安全。
- 在汛期内,机械设备夜间不得停放在易受洪水侵袭的地方,低洼处不得大量堆放工程材料,现场夜间警卫人员不得在易受洪水侵袭的地方停留,现场应有照明。
- 成立抢险队,配备抢险设施和工具,一旦受到灾害侵袭,立即实施抢险救援。必要时向其他单位提出求援或向当地人民政府求助。

b. 传染病预防措施
- 加强健康教育。在传染病易发的冬春季节,定期对施工队伍开展呼吸道传染病预防的科普宣传,使工人了解传染病的特征与预防的方法,争取做到早发现、早报告、早隔离治疗病人,改善施工现场的医疗卫生条件,加强医疗物资、药品储备,避免工人有病乱投医、乱服药。

- 对生活区、办公区定期消毒。工作间及办公室经常通风换气,促进空气流通,每天下班后工完场清,强化食堂的卫生管理,对厕所定人定岗负责清扫。注重环境卫生,督促工人勤晒衣服和被褥等。根据气候变化提醒职工增减衣服,增强身体的抵抗力。
- 施工现场成立项目经理直接领导的疾病预防领导小组,建立监控机制,明确专人负责,制定应对突发事件的措施,发现工人有可疑症状,迅速隔离并与有关部门联系,切实杜绝疫情传播等。
- 定期体检,对出现一例或多例病人的外包队伍,除对病人进行治疗以及必要的隔离外,由现场医务室对其所在的外包队伍所有人员进行检查。
- 在疾病流行的危险期间,责令各分包队伍每天上报工人的健康状况,无事也要报平安。现场疾病预防小组派专人负责上报资料的审查工作,发现疑似病例及早进行检查、治疗。
- 强化分包队伍人员询查管理,对分包队伍的人员增减要问清来源去向,进行登记,防止外部带病人员进入现场和内部带病人员离开现场。
- 加强对工人的卫生宣传,保持良好的个人卫生习惯,饭前便后要洗手。现场洗手池旁配备肥皂或洗手液。不要共用毛巾。
- 加强食堂管理,重视对食堂工作人员的卫生监察,工作人员上岗前要进行卫生消毒,并做到经常洗手消毒。注意工人饮食的均衡搭配、保证施工人员的充足休息、施工现场严禁烟酒。
- 食堂餐具专人专用,菜品分餐,对餐具每天进行高温消毒,防止交叉感染,用餐处洗手池旁备有消毒皂液。
- 食堂原料用品要通过合法渠道采购,肉类采购点要有相关部门签发的卫生证明,减少生食和野味品种的供应。

c. 刑事案件预防措施
- 加强对务工人员流动性的监管,最终达到使之便于管理的目的。
- 制定有关施工工地的各类规章制度,并由有关部门严格予以检查,保证制度的执行。
- 对农民工兄弟予以关心,帮助他们充分认识自己的价值,树立正确的人生观、价值观,在必要的时候能够及时解决他们遇到的生活困难。

(2) 预警

应急办公室根据预测分析结果,对可能发生和可以预警的各类突发事件进行预警。预警级别依据突发公共事件可能造成的危害程度、紧急程度和发展势态等情况,从重到轻分别用红色、橙色、黄色和蓝色表示。

预警信息包括突发公共事件的类别、预警级别、起始时间、可能影响范围、警示事项、应采取的措施等,预警信息可通过QQ、微信、电话、短信等方式发布。

（3）应急响应

应急响应流程图见图 18.2 所示。

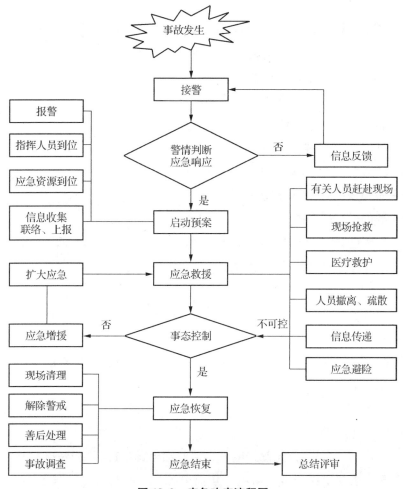

图 18.2　应急响应流程图

① 信息报告

a. 当发生突发事件时，现场有关人员应迅速采取安全防护措施并立即通过电话分别向所属项目经理部应急机构、项目经理部应急办公室报告概要情况，事发项目经理部随后在 2 h 内报送书面材料，并随时报送事件进展情况。报告时简要说明事发时间、地点、态势等情况。

b. 应急办公室根据事故类别报告应急领导小组组长、副组长，告知应急小组成员。

c. 应急领导小组按照现场报告信息进行综合预判，决定启动相应级别的应急响应。如现场情况不明，按照"就高不就低"的原则，启动较高级别的应急响应，通知事发单位启动专项应急预案并作出响应，按照预案规定的职责开展应急处置工作。

d. 项目经理部安全负责人接到报告后，于 1 h 内向事故发生地县级以上人民政府安全生产监督管理部门和负有安全生产监督管理职责的有关部门报告。

e. 情况紧急时,事故现场分包单位项目经理部有关人员可以直接向事故发生地县级以上人民政府安全生产监督管理部门和负有安全生产监督管理职责的有关部门报告。

② 基本应急

发生或即将发生突发事件的信息得到核实后,在尚未确定突发事件级别及实施分级响应之前,事发项目经理部要立即派员赶赴现场,组织有关人员进行先期处置。先期处置可根据实际情况,有针对性地采取应对措施:

a. 实施紧急疏散和救援行动,组织开展自救互救。

b. 紧急调配承建工程范围内的应急资源用于应急处置。

c. 划定警戒区域,采取必要管制措施。

d. 实施动态监测,进一步调查核实。

e. 波及其他单位的,要及时相互通报。

f. 其他必要的先期处置措施。

在采取先期处置措施的同时,事发项目经理部要对突发事件的性质、类别、危害程度、影响范围等因素进行初步预判和评估,及时向应急办公室报告。

③ 扩大应急

应急机构及时掌握突发公共事件的发展状况,对超出应急处置能力的,必须及时报告上一级应急机构启动上一级应急预案。突发公共事件达到特别重大(Ⅰ级)或重大(Ⅱ级)标准时,及时上报建设项目经理部应急办公室,由建设指挥部应急办报请铁路总公司或当地政府启动相应的应急预案。

④ 常见安全生产事故现场处置

a. 触电事故现场处置

一旦发生触电伤害事故,首先使触电者迅速脱离电源(方法是切断电源开关,用绝缘物体将电源线从触电者身上拨离或将触电者拉离电源),其次将触电者移至空气流通好的地方,情况严重者,就地采用人工呼吸法和心脏按压法抢救,同时就近送医院。

b. 高处坠落现场处置

急救员边抢救边就近送医院。

c. 坍塌事故现场处置

一旦发生事故,应尽快解除挤压,在解除压迫的过程中,切勿生拉硬拽,以免造成进一步伤害,现场处理各种伤情,如心肺复苏等。同时,就近送医院抢救。严重的可能全身被埋,引起土埋窒息而死亡,在急救中应先清除头部的土物,并迅速清除口、鼻污物,保持呼吸畅通。

d. 机械伤害事故现场处置

对于一些微小伤,急救员可以进行简单的止血、消炎、包扎,就近送医院。

e. 食物中毒事故现场处置

一旦发生食物中毒事故,刺激病人喉部使其呕吐,并立即送医院抢救,向当地卫生防疫部门报告,保留剩余食品以备检验。

  f. 火灾事故现场处置

  i. 迅速切断电源,以免事态扩大,切断电源时应戴绝缘手套,使用有绝缘柄的工具。当火场离开关较远时需剪断电线时,火线和零线应分开错位剪断,以免在钳口处造成短路,并防止电源线掉在地上造成短路使人员触电。

  ii. 当电源线因其他原因不能及时切断时,一方面派人去供电端拉闸,一方面灭火时,人体的各部位与带电体保持一定充分距离。

  iii. 扑灭电气火灾时要用绝缘性能好的灭火剂,如干粉灭火器、二氧化碳灭火器或干燥砂子等,严禁使用导电灭火剂扑救。

  iv. 气焊中,氧气软管着火时,不得折弯软管断气,应迅速关闭氧气阀门停止供氧。乙炔软管着火时,应先关熄炬火,可用弯折前面一段软管的办法将火熄灭。

  v. 发生火灾,若情况一般工地先用灭火器将火扑灭,若情况严重立即拨打"119"报警、讲清火险发生的地点、情况、报告人及单位等。

18.12 安全生产专项费用使用方案

 1) 明确安全生产专项费用的计提方式和比例

安全生产专项费用按照工程项目施工生产计划或者建筑安装工程造价提取,提取比例如下:

（1）矿山工程提取比例为2.5%。

（2）房屋建筑、水利水电、电力、铁路、城市轨道交通等工程提取比例为2.0%。

（3）市政工程、冶炼、机电安装、化工石油、港口航道、公路和通信工程提取比例为1.5%。

（4）机场项目工程,依据实际项目施工性质借鉴以上工程提取比例。

 2) 使用范围

（1）完善、改造和维护安全防护设备设施支出;

（2）配备必要的应急救援器材、设备及维护保养和进行应急演练支出;

（3）重大风险源、重大事故隐患的评估、整改、监控支出;

（4）安全生产适用的新技术、新标准、新工艺、新设备的研发及推广支出;

（5）安全生产检查及评价(不包括新、改、扩建项目安全评价)支出;

（6）安全生产及职业卫生宣传教育培训支出;

（7）配备现场作业人员安全健康防护用品支出;

（8）职业危害检测评价、监控监测、健康监护支出;

（9）安全设施检验监测支出;

（10）危险性较大工程安全专项方案论证支出;

（11）建设单位、建立单位共同认定的其他安全费用支出。

具体编制见表18.4所示。

表 18.4　铁路工程安全生产费支出明细表

序号	项目	单位	除税金额	进项税金	含税金额	备注
	完善、改造和维护安全防护设备、设施支出小计	元				依据安全施工案、安全人员薪酬等列支安全生产费用
	"四口"(楼梯口、电梯井口、预留洞口、通道口)、"五临边"(未安装栏杆的平台临边、无外架防护的层面临边、升降口临边、基坑临边、上下斜道临边)等防护、防滑设施	元				
	施工场地安全围挡设施	元				
	施工供配电及用电安全防护设施(漏电保护、接地保护、触电保护等装置,变压器、配电盘周边防护设施,电器防爆设施,防水电缆及备用电源等)	元				
	各类机电设备安全装置	元				
	隧道瓦斯检测设备	元				
	地质监控设施	元				
	防风、防腐、防火、防尘、防水、防辐射、防雷电、防危险气体等设备设施及备品	元				
	起重机械、提升设备上的各种保护及保险装置	元				
	锅炉、压力器、压缩机的保险和信号装置	元				
	防治边帮滑坡设备	元				
	作业中防止物体、人员坠落设置的安全网、棚、护栏等	元				
	起重、爆破作业及穿越村镇、公路、河流、地下管线进行施工、运输作业所增设的防护、隔离、栏挡等设施	元				
	各种安全警示、警告标志	元				
	航道临时防护及航标设置等	元				
	安全防护通信设备	元				
	其他安全防护设备、设施	元				
	配备必要的应急救援器材、设备和现场作业人员安全防护物品支出小计	元				
	应急照明、通风、抽水设备及锹镐铲、千斤顶等	元				
	防洪、防坍塌、防山体落石、防自然灾害等物资设备	元				
	急救药箱及器材	元				
	应急救援设备、器械(包括救援车等)	元				

续表

序号	项目	单位	除税金额	进项税金	含税金额	备注
	救生衣、救生圈、救生船等	元				
	各种消防设备和器材	元				
	各种现场工作人员的安全防护用品支出	元				
	其他救援器材、设备	元				
	安全生产检查与评价支出小计	元				
	特种机械设备、压力容器、避雷设施等检查检测费	元				
	聘请专家参与安全检查和评价费用	元				
	各级安全生产检查、督导与评价费	元				
	重大危险源、重大事故隐患的评估、整改、监控支出小计	元				依据安全施工案、安全人员薪酬等列支安全生产费用
	超前地质预报、重大危险源监控费用	元				
	水上及高空作业评估、整改	元				
	危险源辨识与评估（高路堑坚石开挖、瓦斯隧道、既有线隧道评估等）	元				
	重大事故隐患评估	元				
	应急预案措施投入	元				
	自然灾害预警费用	元				
	爆炸物运输、储存、使用时安全监控、防护费用及安全检查与评估费用	元				
	施工便桥安全检测、评估费用	元				
	其他重大危险源、重大事故隐患的评估、整改、监控支出	元				
	安全技能培训及进行应急救援演练支出小计	元				
	购置编印安全生产书籍、刊物、影像资料等	元				
	举办安全生产展览和知识竞赛活动，设立陈列室、教育室等	元				
	召开安全生产专题会议	元				
	专职安检人员、生产管理人员安全生产专业培训	元				
	全员安全及特种（专项）作业安全技能培训	元				
	安全应急救援及预案演练	元				
	各种安全生产宣传支出	元				

续表

序号	项目	单位	除税金额	进项税金	含税金额	备注
	其他安全教育培训费用	元				依据安全施工方案、安全人员薪酬等列支安全生产费用
	其他与安全生产直接相关的支出小计	元				
	特种作业人员(从事高空、井下、尘毒作业的人员及炊管人员等)体检费用	元				
	办理安全施工许可证	元				
	办公、生活区的防腐、防毒、防四害、防触电、防煤气、防火患等支出	元				
	与安全员有关的费用支出	元				
	其他	元				
	总计	元				

第19章　绿色施工科技示范工程管理

19.1　管理目标

绿色施工科技示范工程是指在工程项目建设中,通过科技创新和绿色施工管理最大限度地节约资源与减少对环境的负面影响,实现技术进步、节能降耗和提质增效,取得显著社会、经济与环境效益的工程建设活动,管理目标是做到"四节一环保":一要节约土地,二要节能,三要节水,四要节材与环境保护。

19.2　创建职责

(1)公司主要统筹规划绿色施工科技示范工程项目创建,负责指导、督导项目部落实相关规定,组织评选公司级"绿色施工科技示范工程",并对优秀项目推荐上级公司、协会等绿色施工科技示范工程评选。

(2)项目经理部为绿色施工科技示范工程建设的主体,严格执行国家、行业、各省市、上级公司等有关绿色施工、科技创新的方针政策,项目部在开工两个月内,建立绿色施工管理体系,健全项目部绿色施工管理制度,为建设绿色施工科技示范工程做好根本保障。

① 项目经理部成立以项目经理为组长的绿色施工科技施工工作领导小组,明确小组成员及职责,并配置专/兼职人员负责日常工作和过程实施监督工作。

② 根据项目实施过程管理要求,健全项目部绿色施工管理制度,制度内容涵盖组织、统计监测、考核奖惩、科技创新与应用、评估与改进等。

③ 项目策划管理是落实绿色施工科技建设源点,项目部编制《绿色施工科技示范工程创建实施方案》及《科技创新专项实施方案》,明确建设内容、目标、措施、人员等。

绿色施工总体管理框架见图 19.1 所示:

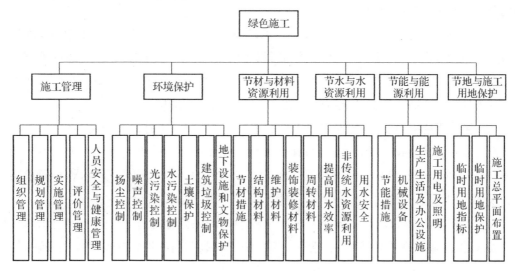

图 19.1　绿色施工总体管理框架

19.3　绿色施工科技示范工程创建基本要求

绿色施工科技示范工程是一项综合性、专业性、管理性较强的系统工程,必须融入项目绿色施工、科技创新、统筹规划、科学组织实施。要高度重视绿色施工科技示范工程创建,积极开展重点、重大节能和低碳技术开发,强力推广"新技术、新工艺、新材料、新设备"和"建筑业 10 项新技术"的应用,淘汰落后工艺和设备,促进施工现场的绿色、科技、创新发展,有效督促项目落实绿色施工要求。

1)创建绿色施工科技工程管理基本规定

项目经理部建立绿色施工科技创新与应用的管理体系和管理制度,实施全面目标考核管理;从施工部署开始就必须体现施工现场绿色施工和科技创新管理,根据绿色施工要求进行设计文件会审和优化;采用符合绿色施工要求的新技术、新工艺、新材料、新设备应用;建立绿色施工培训记录,采集和保存完整过程实施资料、见证资料、自我评价记录。开工后对施工现场排放的废气、废水、废渣、噪声等采取有效控制措施,制定相应的作业现场绿色实施管理制度,综合体现项目绿色环保,具体要求如下:

(1)项目部建立关于住房和城乡建设部、地方住房和城乡建设行政主管部门以及上级公司推广技术文件,明确项目部采用的技术计划,并保障其实施;结合工程特点编制《科技创新专项实施方案》,明确责任体系和科技创新指标。

(2)施工组织设计中建立绿色施工科技创新专章,明确科技创新与应用、节材、节水、节能、节地、环境保护的目标、措施实施、过程监督等内容。

（3）通过施工方案比选、评审等优化措施，形成合理的方案；方案优化的重点是施工平面布置、设备选用、周转材料选型和应用以及材料管理等，并就绿色施工方面进行相应讨论，形成会议纪要并留存归档。

（4）围绕符合技术创新、节能、节地、节水、节材和环境保护，在施工方案优化、过程管理，施工新技术、新工艺、新标准、新材料和新设备的开发应用等方面，实施能源资源节约和循环利用；施工现场以技术应用为基础，针对绿色施工方面新技术、新设备、新材料、新工艺的开发和推广应用研究积极开展科研立项，需有完整科研课题资料。

（5）制定严禁使用设备、技术应用文件并下发至项目部，同时建立项目部推广应用"全国建设行业科技成果推广项目"或地方住房和城乡建设行政主管部门和上级公司发布的推广项目等先进适用技术以及"建筑业10项新技术"，大力推行科研课题研究，将科研成果转化为现场应用，并在实施过程中形成阶段性总结，对其带来的作用和效率进行分析。

（6）工程现场出入口设立"创建×××工程局集团绿色施工科技示范工程公示牌"，公示牌至少含有施工现场负责人、监督员、绿色施工科技目标、主要措施、举报电话等信息内容。

（7）施工现场内主要道路和物料堆放场地应当进行硬化，对其他场地进行覆盖或者临时绿化，对土方集中堆放并采取覆盖或者固化措施；道路挖掘施工过程中，项目部应当及时覆盖破损路面，并采取洒水等措施防治扬尘污染；道路挖掘施工完成后应当及时修复路面。

（8）城市内施工的建筑土方、工程渣土、建筑垃圾应当及时运输到指定场所进行处置；在场地内堆存的，应当有效覆盖；运输垃圾、渣土、砂石、土方、灰浆等散装、流体物料的，应当依法使用符合条件的车辆，密闭运输；气象预报风速达到四级以上时，应当停止土石方作业、拆除作业及其他可能产生扬尘污染的施工作业。

（9）城市内施工的建设工程施工现场出口处应当设置冲洗车辆设施，施工车辆经除泥、冲洗后方能驶出工地，不得带泥上路行驶；车辆清洗处应当配套设置排水、泥浆沉淀设施；建筑垃圾资源化处置场、渣土消纳场、燃煤电厂贮灰场和垃圾填埋场应当实施分区作业，采取措施防治扬尘污染。

（10）建设工程在城区或野外的主要设施应采取围挡，生活区及施工现场内在显著位置设置节约用水、用电的宣传标语。施工用水电管线科学布置，场地公路和临时设施布置合理，审批手续齐全。

（11）城市内施工现场部署环保监测设备，主要监测噪声、扬尘、光污染等，野外项目可在关键过程部署相应环保监测设备，并对检查数据详细记录归档。

（12）项目部积极开展小发明、小革新、小改造、小设计、小建议的"五小"创新创效活动，并对实施"五小"的原因、过程、取得效益进行分析和总结；探索对太阳能光电、太阳能光热、风能、地源热泵等可再生能源的推广应用,淘汰或逐步减少耗能型施工机械设备。

(13) 项目部对项目实施绿色施工要进行阶段性经济效益分析。在阶段性实施完成后,及时从成本、工期、效益等方面进行总结分析,效益报告需要加盖上级单位财务专用章,分析报告主要从科技成果拥有、环境保护成效以及节材、节水、节能、节地方面进行数据化展示。

2) 节材与材料资源措施利用

(1) 项目部建立健全物资管理制度,科学性部署、因地制宜制定节材与材料资源利用措施,实施限额领料管理,施工用材选用绿色、环保材料,明确各类材料节材目标值,详细描述节材措施及技术,做好综合连续性、可追溯性材料台账,并保证填写数据真实、正确,指标要求及控制要点编制见表19.1所示。

(2) 强化现场材料管理,施工现场各类材料堆放管理有序并有明确指示标志牌,建立商品砼、钢材、木材、水泥、砂石料等大宗材料预算计划和进场验收管理制度,确保质量合格和数量准确;其他主辅材使用时,安排好进场时间和堆放位置以及合理有效保管和使用,减少放置、储存和二次搬运等对材料的消耗。

(3) 推广使用预拌混凝土和商品砂浆,准确计算采购数量、供应频率、施工速度等,在施工过程中实行动态控制。优先采用高效钢筋与预应力技术、钢筋直螺纹连接、电渣压力焊技术等节材效果明显的新技术,推广钢筋专业化加工和配送,减少施工现场钢筋断料的浪费。

(4) 强化周转料管理,项目部应选用耐用、维护与拆卸方便的周转材料,积极推广(定型)钢模、钢框竹模和竹胶板等节约自然资源模板,同时专职材料管理人员详细统计周转材料周转次数和定期开展其应用情况的分析。

(5) 强化临建设施用材管理,项目部采用定型化、工具化、标准化可回收材料原则对安全防护设施用材进行使用;项目现场围挡充分利用可重复、可工厂化加工、环保材料进行制作;科学规划项目全局部署,适合于施工平面布置动态调整的活动板房等标准化装配式结构,工地临时房、临时围挡应采用可重复使用材料,材料的可重复使用率达到70%以上;项目应用运输道路充分利用建筑、市政设施和周边道路,减少对环境再次破坏。

(6) 项目部应专设场地和专职人员负责对废弃物进行收集,分类回收或加工利用,力争各类建筑垃圾回收、再利用率达到30%以上,对钢筋头、废铁丝等集中售给废品站回收炼钢;对工程材料包装物应积极进行100%回收,如涂料桶、电池等;强化办公用纸管理,并对废纸进行统一回收和处理。

表 19.1 节材与材料资源利用

序号	指标要求		控制要点
1	节材措施	(1) 根据工程情况,科学合理部署,因地制宜,采用技术手段进行节材与材料资源利用的策划,制定目标 (2) 材料运输工具适宜,装卸方法得当,防止损坏和遗洒;现场材料堆放有序,储存环境适宜,措施得当;保管制度健全,责任落实到位 (3) 落地灰应及时清理、收集和再利用	(1) 对"节材与材料资源利用"进行策划,制定目标;施工过程管理有措施、节材效果明显;实施限额领料 (2) 根据就地取材的原则,进行材料选择实施记录 (3) 材料综合台账齐全;数据真实、正确
2	结构及装饰装修材料	(4) 推广使用商品混凝土和预拌砂浆 (5) 推广使用高强钢筋和高性能混凝土 (6) 优化钢筋配料和钢构件下料方案 (7) 推广钢筋专业化加工和配送 (8) 推广使用工业废料制作砌块 (9) 装修材料选择应符合绿色环保及设计功能和性能要求	(1) 制定材料方案优化措施;进行与会讨论,并实施 (2) 采用商品混凝土、预拌砂浆、高强钢筋及钢构件以及装饰装修材料的优化使用等情况
3	周转材料	(10) 应选用耐用、维护与拆卸方便的周转材料 (11) 模板应以节约自然资源为原则,推广使用工具式模板新型模板材料;采取措施,提高模板、脚手架等的周转次数	(1) 根据结构形式,制定科学合理的模架施工方案;措施明确提出合理选择采用周转频次高的模板、脚手架材料,制定具体周转材料类型 (2) 模板、脚手架等采用的材料及周转次数统计;其他周转材料的周转次数、周转使用情况及使用次数的统计数据。 (3) 施工前制定模板工程方案;进行与会讨论,进行优化
4	临建设施	(12) 安全防护设施,应采用定型化、工具化、标准化、可回收材料 (13) 现场围挡应最大限度地利用已有围墙,或采用装配式可重复使用围挡封闭 (14) 临建设施充分利用既有建筑、市政设施和周边道路 (15) 临建设施应采用周转次数较高的节能材料和经济、美观、占地面积小、对周边地貌环境影响较小,且适合于施工平面布置动态调整的多层轻钢活动板房、钢骨架水泥活动板房等标准化装配式结构	(1) 安全防护、临时设施采用定型化、工具化、标准化、可回收材料,并总结分析 (2) 临建设施充分利用既有建筑、市政设施和周边道路 (3) 现场围挡利用已有围墙,或采用装配式可重复使用围挡封闭

续表

序号	指标要求	控制要点
5	资源再生利用	(16) 工程余料应充分、合理使用 (17) 现场办公用纸的使用情况及废纸的回收情况 (18) 工程材料包装物应及时回收	(1) 工程余料进行收集,工程材料包装物回收率达到80% (2) 办公纸张两面使用

3) 节水与水资源措施利用

(1) 项目部根据工程特点和施工现场情况,制定科学性的节水与水资源利用措施,对施工、办公、生活区域进行独立计量和考核指标值,严格控制施工和生活用水量,并对不同阶段、不同用途的用水计量情况及用水量统计结果、计量记录、定期分析报告;在签订不同标段分包或劳务合同时,应将节水定额指标纳入合同条款,进行计量考核;同时对办公区、生活区的生活用水采用节水系统和节水器具,其指标要求及控制要点编制见表19.2所示。

表19.2 节水与水资源利用

序号	指标要求		控制要点
1	提高用水效率	(1) 应根据工程特点和施工现场情况,分别确定生活用水与工程用水定额指标,并分别进行计量考核管理 (2) 在签订不同标段分包或劳务合同时,应将节水定额指标纳入合同条款,进行计量考核 (3) 施工现场办公区、生活区的生活用水采用节水系统和节水器具 (4) 施工现场供水管网布置应简洁、合理,减少漏水损失 (5) 施工现场应建立可再利用水的收集处理系统,使水资源得到梯级循环利用	(1) 不同阶段、不同用途的用水计量情况及用水量统计结果、计量记录,形成阶段性分析报告 (2) 制定施工阶段目标耗水量,且实际耗水量未超指标;形成定期阶段性同期对比分析报告 (3) 施工现场部署节水器具;节水器具的利用率达到80% (4) 现场机具、设备、车辆冲洗用水设立循环用水装置;循环用水装置为3级以上
2	非传统水源利用	(6) 施工现场应优先采用经检测合格的非传统水 (7) 基坑降水应存储使用 (8) 施工现场应根据地域情况进行非传统用水的收集,建立雨水收集利用系统	(1) 开展非传统水源利用;开展定期应用情况及效果评估分析 (2) 非传统水源和循环水的利用量达到统计值20% (3) 用于施工的非传统水具有水质检测报告

(2) 根据用水量合理布置供水管网,优化管网参数,做到管径合理、管路简洁,采取措施

减少管网和用水器具的漏水损失。施工现场应建立可再利用水的收集处理系统,现场机具、设备、车辆冲洗用水设立循环用水装置。施工现场喷洒路面、绿化浇灌不宜使用市政自来水。

(3)施工现场应设置沉淀池等废水回收设施和循环水的收集处理系统;制定有效的水质检测与保障措施,加大循环水的利用量;施工现场搅拌用水、养护用水应采取有效的节水措施,严禁无措施浇水养护混凝土。

(4)积极推进非传统水源利用,项目对生水、雨水、海水等非传统水源利用时,应优先采用经检测合格水源进行利用,同时根据项目特点建立非传统用水的收集器具,增大其应用。

4)节能与能源措施利用

(1)项目部根据工程特点,制定项目节能与能源利用措施,明确项目总能耗节约目标并梳理出每年项目能耗指标值,同时设定生产、生活、办公和施工设备的用电、用油控制指标,定期进行计量、核算、对比分析,并有预防与纠正措施。项目部将国家、行业、地方政府明令淘汰的施工设备机具和产品不得使用名录进行公布,同时公布国家、行业推荐的节能、高效、环保的施工设备和机具,结合工程选用适合设备应用。结合项目地理位置,适时开展一定自然能源利用措施,如风能照明灯、光能照明灯等,其指标要求及控制要点编制见表 19.3 所示。

(2)临时办公和生活设施的设计、布置与使用,应采取有效的节能降耗措施,宜遵循以下规定:充分利用场地自然条件,合理设计办公及生活等临时设施的体形、朝向、间距等,冬季利用日照并避开主导风向,夏季利用自然通风;临时设施宜选用高效保温隔热材料制成的复合墙体和屋面,以及密封保温隔热性能良好的门窗。

(3)强化机械设备与机具管理,项目部建立健全机械设备管理制度,优先使用国家、行业推荐的节能、高效、环保的施工设备和机具,选择使用额定功率与负载相匹配的施工机械设备,避免大功率施工机械设备低负载长时间运行,减少无用功浪费,禁止使用耗能超标机械设备,做好设备技术档案以及定期进行维护、保养情况记录。合理安排工序,提高各种机械设备的使用率和满载率,避免机械设备不合理的空载运行,降低设备单位产值能耗,使得施工机具资源最大化共享利用。识别能耗重点因素,加强对重点能耗的管理和监控,对重点能耗设备进行一机一表动态监控,如塔吊、龙门吊等。有条件的项目部,应加大节能新技术、新工艺推广应用,对泵类和风机设备进行变频技术改造。

(4)注重项目用电管理,项目部临时设施用电优先选用能效比高的用电设备、节能电线和节能灯具,减少电力浪费,临时用电节能灯具照明设计以满足最低照度为原则,不得超过最低照度的 20%。对办公区和生活区合理限定用电,并部署自动控制用电管理,降低非生产性用电量,规定合理的温度、湿度标准,办公区域夏季室内空调温度设置不低于 26 ℃,冬季室内空调温度设置不高于 20 ℃,同时减少电脑、复印机、打印机、饮水机等耗能设备的待机能耗。对施工现场照明设计应符合国家现行标准《施工现场临时用电安全技术规范》

(JGJ 46—2005)的规定;临时用电设备应采用自动控制装置,办公区、生活区、施工现场采用节能照明灯的数量大于80%。

表19.3 节能与能源利用

序号		指标要求	控制要点
1	节能措施	(1)制定合理能耗指标,提高能源利用率 (2)施工现场分别设定生产、生活、办公和施工设备的用电控制指标,定期进行计量、核算、对比分析,并有预防与纠正措施 (3)优先使用国家、行业推荐的节能、高效、环保的施工设备和机具。国家、行业、地方政府明令淘汰的施工设备机具和产品不得使用 (4)根据当地气候和自然资源条件,充分利用太阳能、地热等可再生能源	(1)项目每年度万元产值能耗目标达到年度考核目标值 (2)对生产、生活、办公和施工设备用电的分类计量及统计;定期进行核算、对比分析形成报告 (3)建立国家、行业推荐的节能、高效、环保的施工设备和机具目录,并进行相应推广应用;对使用的用能设备、生产工艺进行总结分析 (4)利用自然能源
2	机械设备与机具	(5)建立施工机械设备管理制度,开展用电、用油计量,完善设备档案,及时做好维修保养工作,使机械设备保持低耗、高效的状态 (6)机械设备宜使用节能型设备,节约用电,节约油量,回收利用 (7)合理安排工序和施工进度,提高各种机械的使用率和满载率,施工机具资源共享 (8)定期监控重点耗能设备的利用情况	(1)建立完整的设备技术档案;定期进行维护、保养并做记录 (2)开展对施工组织设计优化,具有完整影响资料;现场选择功率与负载相匹配的施工机械设备 (3)机械设备使用节能型设备;节电省能并进行分析 (4)使用的大型机械做到一机一表,合理控制用电
3	施工用电及照明	(9)建立临时用电管理制度并落实到位 (10)临时用电节能灯具照明设计以满足最低照度为原则,不得超过最低照度的20%;临电设备宜采用自动控制装置 (11)现场照明设计应符合国家现行标准《施工现场临时用电安全技术规范》(JGJ 46—2005)的规定	(1)施工用电分别统计和计量情况 (2)开展节能照明灯具使用 (3)建立临时用电管理制度,且制度有效运转

5）节地与施工用地保护措施

项目部建立工程节地与施工用地保护措施,施工总平面布置应做到科学、合理,充分利用原有建筑物、构筑物、道路、管线为施工服务,同时根据不同的施工阶段绘制施工平面图,对工程临时用地办理完整审批手续并留存归档。项目部需对深基坑施工方案进行优化,减少土方开挖和回填量,最大限度地减少对土地的扰动,保护周边自然生态环境,同时对所采取的措施进行阶段性效果评估,并对施工场地内空闲地进行绿化、美化和保护环境。施工现场道路按照永久道路和临时道路相结合的原则布置,施工现场内形成环形通路,减少道路占用土地;施工现场搅拌站、仓库、加工厂、作业棚、材料堆放场等布置应做到因地制宜、经济合理;土方施工应做到移挖作填,挖填平衡,减少取弃土场征用,实现节地;严格执行使用新型建设工程材料的相关规定。加强对生态脆弱的地区施工完成后进行地貌复原。在施工过程中对发现的地下文物资源进行有效保护,处理措施恰当。禁止使用实心黏土砖,限制使用黏土多孔砖,非承重结构全面使用新型墙体材料。推广应用加气混凝土砌块、陶粒混凝土砌块、多排孔混凝土小型空心砌块等非黏土类新型墙体材料,保护和节约不可再生的土地资源,指标要求及控制要点编制见表19.4所示。

表 19.4　节地与施工用地保护

序号	指标要求		控制要点
1	施工用地指标	(1) 施工用地应有审批手续 (2) 平面布置合理、紧凑,满足施工使用	(1) 临时用地审批手续齐全
			(2) 根据不同的施工阶段,绘制施工平面图
2	施工用地保护	(3) 应对深基坑施工方案进行优化,减少土方开挖和回填量,最大限度地减少对土地的扰动,保护周边自然生态环境。场地应预留土方进行回填利用 (4) 利用和保护施工用地范围内原有绿色植被。对于施工周期较长的现场,可按建筑永久绿化的要求,安排场地新建绿化	(1) 施工用地保护措施和效果
			(2) 开展深基坑施工方案进行优化;减少土方开挖和回填量
			(3) 利用施工现场的空闲地进行绿化、美化和保护环境

续表

序号	指标要求	控制要点
3	施工总平面图布置	(1) 施工平面图是否满足施工需要,方便施工;减少二次搬运
	(5) 施工总平面布置应做到科学、合理,充分利用原有建筑物、构筑物、道路、管线为施工服务 (6) 材料应就近堆放,最大限度地减少二次搬运 (7) 生活区与生产区应分开布置,并设置标准的分隔设施	(2) 施工现场原有建筑物、构筑物、道路和管线的利用率达到80%
		(3) 施工现场临时道路布置应与原有及永久道路兼顾考虑,并应充分利用拟建道路为施工服务;现场道路的布置能方便运输同时满足消防要求
		(4) 生活区与生产区设置合理

6) 环境保护措施

(1) 项目部建立健全环境保护措施,涵盖资源保护、扬尘控制、有害气体排放控制、废弃物控制、水土污染控制、光污染控制、噪声控制、设施保护等内容。项目部建立文物保护应急预案,并对施工现场的文物古迹和古树名木、地下文物资源保护措施得当。同时,在挖方过程中,避免地下水被污染和水土流失,指标要求及控制要点编制见表19.5所示。

(2) 项目部安排专人负责扬尘控制落实,在运送土方、垃圾、设备及建筑材料等过程中进行覆盖措施,并在施工现场出入口设置洗车槽对运输工具进行清洗,避免污损场外道路。项目对施工场地、施工便道等易起扬尘场地进行定期洒水,并记录洒水降尘情况。对易产生扬尘的堆放材料应采取覆盖措施,对粉末状材料应封闭存放。项目部定期对扬尘控制措施实施情况进行分析,并对取得效果进行评估,及时调整扬尘控制措施,达到高效实施扬尘控制。

(3) 项目部应按照《大气污染物综合排放标准》(GB 16297—1996)排放项目产生有害气体,如电焊烟气,配置相应监测设备对其进行记录。项目使用各类车辆及机械设备必须履行国家年检要求,并将年检记录进行归档。禁止使用煤作为现场生活的燃料,禁止在施工现场焚烧垃圾。

(4) 项目部配置专(兼)职人员对施工现场、办公区、生活区废弃物进行管理,并在各个区域排放可回收、不可回收、有毒有害垃圾桶进行分类收集废弃物,按阶段进行工程废弃统计分类计算。对于碎石类、土石方类工程垃圾应有效再利用。

(5) 项目部制定水污染控制措施,使得施工现场污水排放应达到国家标准的要求,在生活区设置隔油池、化粪池,并由有相应资质的环卫部门进行隔油池、化粪池的清掏并记录,对生活区的废水进行收集和清理。现场道路和材料堆放场地周边应设排水沟并通畅。

施工结束后,应补偿人为破坏地貌造成的土壤侵蚀及被破坏的植被;禁止将有毒有害废弃物作土方回填。

(6) 项目部对提供照明灯具加设灯罩设施,便于灯光集中及防止光污染,保障项目无光污染投诉,同时对电焊作业采取遮挡措施,避免电焊弧光外泄。施工前应调查清楚地下各种设施,做好保护计划,保证施工场地周边各类管道、管线、建筑物、构筑物的安全运行。改造项目的建筑周边及成品保护应有相应措施。

(7) 合理安排噪声源的放置位置及使用时间,采用有效的噪声防护措施,减少噪声排放,满足《建筑施工场界环境噪声排放标准》(GB 12523—2011)的限制要求,城市内项目部署噪声监测设备,野外工程可在重点工程部位部署该设备,详细记录噪声值。

表 19.5　环境保护

序号	指标要求		控制要点
1	资源保护	(1) 施工现场的文物古迹、古树名木及所发现的地下文物资源应采取有效的保护措施 (2) 施工过程要避免地下水污染和水土流失	(1) 建立施工现场的文物古迹和古树名木、地下文物资源保护措施,避免损坏 (2) 利用科学的方案保护水土资源,避免地下水被污染和水土流失
2	扬尘控制	(3) 运送土方、垃圾、设备及建筑材料等,不污损场外道路 (4) 运输容易散落、飞扬、流漏的物料车辆,必须采取措施封闭严密,保证车辆清洁。施工现场出口应设置洗车槽 (5) 对易产生扬尘的堆放材料应采取覆盖措施;对粉末状材料应封闭存放 (6) 现场应配备洒水设备洒水降尘,并应有专人负责并记录。易产生扬尘的施工作业等要有防尘、抑尘或降尘措施,不扩散到场区外;在禁令施工时间内严格执行有关禁止施工的规定	(1) 对土石方、运输、施工、现场加工等易产生扬尘进行有效控制;开展措施,总结分析处理结果 (2) 具有详细洒水降尘记录 (3) 工程垃圾清运应采用封闭式 (4) 开展扬尘措施落实;定期开展阶段性总结分析
3	有害气体排放控制	(7) 进出场车辆及机械设备有害气体排放应符合国家年检要求 (8) 电焊烟气的排放应符合现行国家标准《大气污染物综合排放标准》(GB 16297—1996)的规定 (9) 施工现场严禁焚烧各类废弃物	(1) 有害气体排放控制措施得当 (2) 有害气体排放控制检查记录 (3) 不应使用煤作为现场生活的燃料;不应在现场燃烧废弃物

续表

序号	指标要求		控制要点
4	工程废弃物控制	(10) 制定合理的工程废弃物减量化计划。采取有效措施,加强工程废弃物的回收再利用	(1) 对工程废弃物按阶段进行统计分类计算
		(11) 工程垃圾应按有关规定分类收集、集中堆放存放。垃圾桶应分为可回收利用与不可回收利用两类,并定期清运	(2) 对有毒、有害废物进行分类
		(12) 碎石类、土石方类工程垃圾应有效再利用	(3) 按季度对工程垃圾的回收与再利用措施及效果进行评估
5	水土污染控制	(13) 施工现场污水排放应达到国家标准的要求	(1) 按季度对水污染控制措施及效果进行评估
		(14) 对于化学品等有毒材料、油料的储存地,应有严格的隔水层设计,做好防渗漏及收集和处理工作	(2) 化学品存放处及污物排放应采取隔离措施
		(15) 现场道路和材料堆放场地周边应设排水沟并保持通畅	(3) 在施工现场应针对不同的污水,设置相应的处理设施,如沉淀池;施工现场要设置隔油池、化粪池等,并由有相应资质的环卫部门进行隔油池、化粪池的清掏,要有记录
		(16) 施工结束后,应补偿人为破坏地貌造成的土壤侵蚀及被破坏的植被;禁止将有毒害废弃物作土方回填	
6	光污染控制	(17) 避免或减少施工过程中的光污染。夜间室外照明灯加设灯罩,透光方向集中在施工范围	(1) 采取有效的光污染控制措施,无光污染投诉
		(18) 电焊作业采取遮挡措施,避免电焊弧光外泄	(2) 现场电焊作业采取遮挡措施
7	噪声与震动控制	(19) 现场噪声排放不得超过国家标准《建筑施工场界环境噪声排放标准》(GB 12523—2011)的规定;在禁令时间内停止产生噪声的施工作业	(1) 采取的噪声与振动控制措施及效果评估,无噪声投诉
		(20) 应采用低噪声、低振动的机具进行施工;机械设备应定期保养维护	(2) 噪声监控点设置合理,噪声监测记录齐全,无噪声投诉
		(21) 施工噪声较大的机械设备应采取隔声与隔振措施。混凝土输送泵、电锯房等应设有吸音降噪屏或其他降噪措施	(3) 混凝土输送泵、电锯房等应设有吸音降噪屏或其他降噪措施
		(22) 在施工场界对噪声进行不定期监测与控制	

续表

序号	指标要求	控制要点
8	设施保护	(23) 施工前应调查清楚地下各种设施,做好保护计划,保证施工场地周边各类管道、管线、建筑物、构筑物的安全运行 (24) 改造项目的建筑周边及成品保护应有相应措施	地下、地上设施保护措施及实施情况

19.4 绿色施工评价指标

1) 管理指标要求

绿色施工指标是根据住房和城乡建设部的《绿色施工科技示范工程管理实施细则》《绿色建筑评价标准》(GB/T 50378—2019)、《建筑工程绿色施工评价标准》和各省市绿色施工科技示范工程评选办法等相关规定制定,具体编制要求见表19.6所示。

表 19.6 管理指标要求

序号	指标要求		控制要点
1	组织管理	(1) 建立绿色施工体系,并制定相应的管理制度,明确各级人员责任	(1) 体系及管理制度健全
			(2) 人员到位,职责明确
2	策划管理	(2) 结合工程特点,编制绿色施工科技示范工程实施策划方案 (3) 绿色施工在施工组织设计中独立成章 (4) 确定切实可行的绿色施工量化控制目标	(1) 绿色施工科技示范工程实施策划方案目标明确,计划合理,措施有效并实施;并按规定进行审批
			(2) 绿色施工独立成章,内容符合工程项目特点;措施针对性强
			(3) 绿色施工具有量化指标;控制目标有计算依据,符合要求

续表

序号	指标要求		控制要点
3	实施管理	(5) 施工现场醒目位置有创建绿色施工科技示范工程公示牌及相关宣传标识	(1) 有创建绿色施工科技示范工程公示牌;宣传标识符合要求
		(6) 施工全过程中,有保证绿色施工的相应技术措施和检测手段与检测记录,并对有关节能环保要求的材料、设备进行相关检验、检测及验收	(2) 施工过程管理文件、见证资料等资料真实完整
		(7) 结合工程特点,建立绿色施工培训制度	(3) 绿色施工培训记录、影像资料真实完整
		(8) 根据绿色施工要求进行图纸会审 (9) 工程技术交底包含绿色施工要求	(4) 与设计进行图纸会审并反映有关绿色施工内容;洽商记录、工程技术交底记录
4	评价管理	(10) 项目根据绿色施工建造目标,结合工程特点,组织对绿色施工的完成情况进行总结评价和对比分析	(1) 各施工阶段自我评价报告
			(2) 季度及年度总结分析报告

2) 科技创新与应用

现代科技创新可以使建筑业从根本上转变为一个高贡献率产业,一个低碳绿色产业,一个自觉履行社会责任、被社会尊重的诚信产业,一个具有较高技术含量和管理创新水平的现代产业。

依靠科技进步,持续推进建筑节能减排,走绿色低碳经济发展之路,是提升项目生产力水平,促进建筑业发展方式转变的强大技术支撑。科技创新要求与控制要点编制见表19.7所示。

表19.7 科技创新与应用

序号	指标要求		控制要点
1	制度	(1) 制定相关制度和管理办法,鼓励适合绿色施工的绿色技术发展,限制或淘汰落后的施工方案 (2) 制定科技创新专项实施方案 (3) 结合工程特点,立项开展有关绿色施工方面新技术、新设备、新材料、新工艺的开发和推广应用的研究	(1) 对于住房和城乡建设部、地方住房和城乡建设行政主管部门以及上级公司推广技术的响应;实施相应技术应用
			(2) 科技创新专项实施方案符合工程特点,合理可行;指标明确并取得相应成果
			(3) 立项开展有关绿色施工方面新技术、新设备、新材料、新工艺的开发和推广应用研究;具备完整科研课题资料

续表

序号	指标要求		控制要点
2	技术方案及施组优化	(4) 开展技术方案优化工作 (5) 开展施工组织优化工作	(1) 召开技术方案优化专题会议,并有过程影响资料;技术方案对绿色施工以及工程成本、工期、效益等的影响分析报告;具备效益证明资料
			(2) 组织开展施工组织优化专题会议,并有过程影响资料;施工组织对绿色施工以及工程成本、工期、效益等的影响;具备效益证明资料
3	科研攻关	(6) 开展科技创新,不断形成具有自主知识产权的新技术、新施工工艺、新工法,并由此替代传统工艺,提高绿色施工的各项指标	(1) 课题属于公司重大科研项目或重点科研项目、科研技术水平在国内先进以上
			(2) 科研攻关对绿色施工以及成本、工期、效益的促进与推动,取得经济效益 20 万元以上并有证明资料
			(3) 对行业的影响力,科研技术水平为国内领先,鉴定机构至少为局级以上
4	推广技术应用	(7) 应通过采用《建设事业"十一五"推广应用和限制禁止使用技术公告》中的推广应用技术、全国建设行业科技成果推广项目或地方住房和城乡建设行政主管部门和上级公司发布的推广项目等先进适用技术以及"建筑业 10 项新技术",实现与提高绿色施工的各项指标	(1) 在工程施工中采用了至少两项以上推广技术;阶段性总结分析,取得的成效证明
			(2) 采用新技术、新工艺、新材料、新设备应用;具有阶段性总结及分析
5	小改小革	(8) 应积极开展小发明、小革新、小改造、小设计、小建议的"五小"创新创效活动	(1) 开展"五小"实施;对取得成果及对绿色施工的影响和作用进行总结分析
6	绿色施工及科技创新成效	(9) 绿色施工及科技创新的经济效益 (10) 绿色施工及科技创新的社会效益	(1) 实施绿色施工和科技创新的成本分析报告;应含环境保护成效以及节材、节水、节能、节地各项节约值
			(2) 绿色施工宣传情况及反响;一线工人对绿色施工的认同情况,周边居民对绿色施工的反响,公司对项目绿色施工的支持情况等

第 20 章 信用评价

20.1 信用评价目标

项目经理部确立××××年上(下)半年信用评价的工作目标,设置如下:
(1) 项目得分达到 292 分以上(A 级);
(2) 某铁路项目××家施工单位中排名确保第二,争取第一名;
(3) 加分目标××分。

20.2 信用评价周期及方式

(1) 信用评价每半年为一个评价期,建设项目初步验收后的下一个评价期不再进行评价。一个评价期内有 3 个月及以上施工期的,对该施工企业进行全面评价;施工期少于 3 个月或工程初验后存在不良行为的,只对该施工企业不良行为进行认定、公布,不进行项目信用评价。
(2) 施工企业信用评价实行打分制,满分为 300 分,其中项目基础分 290 分,施工企业标准化绩效管理考评得分最高为 10 分。建设项目信用评价得分为从基础分中减去项目不良行为扣分,加上标准化绩效管理考评得分后得出的分数。

20.3 信用评价管理组织机构

项目经理部成立施工企业信用评价工作小组。
组长:项目经理
副组长:主管安全质量副经理
成员:其他分管副经理,以及安质部、工程部、计财部、综合部等各部门负责人
领导小组下设办公室,办公室设在安质部。
项目经理部施工企业信用评价工作小组负责铁路建设项目施工企业信用评价具体工作,包括日常检查、不良行为认定、项目结果评价、施工合同激励约束考核等。

20.4 信用评价工作计划

按照国家有关部委的信用评价规则,工程所在地行业主管部门信用评价管理办法,以及公司《信用评价工作管理办法》的规定,制定信用评价工作计划。主要包括如下工作:
1) 宣贯信用评价
项目经理部对信用评价工作进行宣贯,重视和关注信用评价工作,参与到信用评价工作的部门和工作人员要认真学习国家有关部委和地方行政主管部门的信用评价规则。
2) 明确相关责任
认真参与和完成信用评价工作,并将信用评价各项工作目标分解纳入有关责任部门的

职责和责任人的考核目标。

3) 做好评价准备

项目经理部要针对工程实际,以履约和保证安全、质量为目标,严格按照规定组织施工生产,加强与建设单位、政府监督机构及社会舆论的沟通,积极配合各级组织的相关检查,制定迎接考核评价的具体方案,指导、督促各责任部门按照分工落实责任目标。

4) 加强失信行为管理

对失信行为进行风险分析,按严禁发生、避免发生、日常控制管理对失信行为进行分析,并有针对性地制定管理措施。

5) 争取加分项

信用评价加分包括营业线抢险加分、新线抢险加分和特殊建设项目加分。

第 21 章　项目信息化管理策划

21.1　项目信息需求分析

1) 施工准备期间

(1) 施工图设计及预算、施工合同;建设单位、监理单位、地方政府、项目经理部进场人员信息情况。

(2) 工程概况及项目所在地地理、地质、水文、气象、人文、社会环境。

(3) 工程所在地地下地上管线、洞室、既有建筑物、林木、道路等。

(4) 材料、机械、设备、劳务、服务市场供求信息。

(5) 建筑标高、红线、坐标、地勘报告、地形测绘及标桩。

(6) 水、电、网络及引入标志。

(7) 施工图会审、交底、开工报告上报。

(8) 项目整章建制及质量保证体系、施工组织设计、专项施工方案、施工进度计划完成信息。

(9) 进场大型设备、材料、构配件、检验检测试验设备规格型号。

(10) 工程所在地相关法律法规和规范规程,有关质量检验、控制的技术标准及质量验收标准。

(11) 施工场地准备情况。

(12) 与项目有关的社会公共信息:有关的法律法规文件、自然条件信息、市场信息、政府发布的信息等。

2) 项目施工期间所需信息

(1) 施工过程中各种资源(人、材、机、服务)采购及消耗的即时数据。

(2) 施工期间气象的中长期趋势及同期历史数据、气象报告。

(3) 工地安全文明施工管理。

(4) 国家、行业规范、标准在施工过程中执行的情况。

(5) 合同履行情况。

(6) 材料、设备检验检测。

(7) 分包结算及支付信息。

(8) 资金及成本信息。

(9) 项目实际施工进度和计划进度的偏差信息。

21.2 项目信息收集

(1) 工程信息收集,包括按照规范规定范围的施工资料、竣工图、竣工验收资料。

(2) 图纸供应信息收集。

(3) 设备资源信息采集、处理、利用。

(4) 材料资源信息收集。

(5) 人力资源信息收集。

(6) 资金及成本信息收集。

(7) 外部施工条件信息收集。

21.3 信息的加工、整理

信息加工整理内容:

(1) 工程施工进度情况。

(2) 工程安全、质量情况。

(3) 工程资金、成本、费用结算情况。

(4) 施工变更索赔情况。

21.4 信息的输出和反馈

1) 信息的输出

(1) 原始类基础数据。采用屏幕输出,必要时可打印。

(2) 过程数据。屏幕输出为主,打印输出为辅。

(3) 文档报告类。打印输出为主,而且打印格式必须规范。

2) 项目信息的反馈

(1) 信息反馈的原则

① 真实、准确的原则;

② 全面、完整的原则;

③ 及时的原则;

④ 集中和分流相结合的原则;

⑤ 适量的原则;

⑥ PDCA 循环的原则;

⑦ 连续的原则。

(2) 反馈的方式、方法

① 跟踪反馈:对特定主体内容跟踪追溯,有计划有步骤地连续反馈,系统地反映决策实施的全过程,控制工作进度,及时发现问题,实行分类指导。

② 典型反馈:将典型组织、典型事例、代表人物观点言行对决策的反应反馈给决策者。

③ 组合反馈:将某一时期不同阶层、不同行业、不同单位对决策的反应,通过一组信息进行反馈,然后多重组合后,构成完整的面貌。

④ 综合反馈:是将不同地区、不同阶层、不同组织、不同单位对某项决策的反应汇集在一起,通过分析、归纳、找出其内在联系,形成完整、系统的观点材料,集中加以反馈。如表 21.1 所示。

表 21.1 施工照片拍摄位置与要点参照表

类别	拍摄位置	拍摄要点	拍摄数量
工程现场	现场状况	全区域(广角不能取全景时可合成)	视情况
	现场周边状况	主要运输路线状况等	视情况
临时设施	围墙	位置、高度	1~2 张
	临时仓库	与施工现场的关联性	1~2 张
	放样用水准绳	全体照相并依栋分别拍摄	全体 1 张,每栋 1 张
	挡土设施	施工状况、整体挡土设施	2~3 张
	脚手架、工作台	全部脚手架、工作台、防护设备	1~2 张
基础工程	天然基础 承载层	基桩打到基层深度、地基承载状况	视情况
	天然基础 承载力试验	实施试验的状况(含试验机械)	2~3 张
	预制桩 试桩	桩长、结头处焊接、打入深度	每处 1 张
	预制桩 预制桩制品	制品名称、直径、长度及制造时间、根数	1~2 张
	预制桩 打桩时	打桩时全景(含机械)	1~2 张
	预制桩 桩头处理	处理情况、桩芯情况	1~2 张
	灌注桩 试桩	侧壁、持力层、钻孔深度	每处 1 张
	灌注桩 挖掘	状况(含机械)	1~2 张
	灌注桩 配筋	主筋根数、保护层、间距、接头	2~3 张
	灌注桩 浇筑砼	坍落度、含气量试验等状况及结果	每处 1~2 张
	灌注桩 桩头处理	桩头砼处理状况、桩芯检查情况	1~2 张

续表

类别	拍摄位置	拍摄要点	拍摄数量
主体工程	砼浇筑	浇筑作业、施工缝处理、养护状况等	2~3张
	预埋五金	施工状况、焊接面养护状况	视状况
	基础砼浇筑作业	基础、地梁的形状尺寸	视状况
	质量试验	各次浇筑砼的坍落度试验、含气量试验	1~2张
	模板	模板检查状况(照片反映场地背景)	1~2张
预制构件	配筋	钢筋根数、间隔,构件整体配筋	2~3张
	连接用预埋五金	安装状况	2~3张
	浇筑砼	浇筑砼作业及粉刷作业状况	2~3张
	养护	养护状况	1~2张
	质量检查	检查状况	1~2张
	性能试验	试验实施状况及试验结果	1~2张

21.5 信息化平台

信息化平台按四级管理的架构建立,第一级为中国铁路总公司,第二级为×××铁路管理单位公司,第三级为铁路建设公司,第四级为施工单位。施工单位按照相应级别的职责权限和工作分工及时做好基础数据的录入、日常维护和相关信息的处理,确保平台运行良好。

21.6 信息化管理体系

信息化管理体系分为综合办公、进度管控、质量管理、安全管理、物资设备、投资管控等六大管理体系。

综合办公包含办公自动化(OA)、视频会议、即时通信、资料管理等系统。

进度管控包含调度指挥、每日简报、施工组织管理、项目动态、电子施工日志、征地拆迁、隧道形象化、桥梁形象化等系统。

质量管理包含拌和站管理、试验室管理、路基连续压实、梁场管理(含自动张拉和静载试验)、板场管理(轨枕场、轨道板场)、连续梁线形监控、沉降变形观测、隧道三维扫描、盾构质量管理、关键工艺工序、工程影像资料、检验批、信用评价等系统。

安全管理包含隧道超前地质预报、隧道围岩监控量测、基坑监测、视频监控、人员定位等系统。

物资设备包含物资管理、"四电"设备等系统。

投资管控包含验工计价等系统。

21.7　网络信息硬件配置

1）网络设施配置

项目信息化策划可以按照表21.2编制。

表21.2　网络运营商及带宽网络设备配置表

序号	设置位置	设备名称	品牌型号	数量

2）视频会议系统

视频会议设备的品牌、规格型号及技术参数必须报公司信息中心审核和备案。应设立专门的视频会议室,保证会议过程中室内光线适度。要做好视频会议系统应用的培训工作,保证软硬件及网络正常运行。会议主办部门要能熟练操作视频会议系统,做好会议前的联调工作。

3）视频监控系统

按公司相关部门要求建立现场或大型设备视频监控系统,视频监控方案需报公司信息中心审批和备案。

21.8　组织与管理

1）领导小组工作职责

项目成立信息化工作领导小组,全面负责项目信息化建设。领导小组组长由项目经理担任,常务副组长由总工程师担任,副组长由分管副经理担任,组员为公司各部门负责人。信息化工作领导小组的主要职责包括:

(1) 落实中国铁路总公司信息化建设的有关要求,组织制定项目信息化工作总体方案。

(2) 部署项目管辖建设项目平台的实施工作。

(3) 根据工程建设进展及时部署相关应用系统的启动并组织检查和考核。

(4) 组织学习与交流。

(5) 研究决策信息化工作的重大事项,协调解决重大疑难问题。

2）信息化办公室职责

项目信息化领导小组下设信息化办公室,全面负责项目信息化工作的推进和落实。信息化办公室的日常管理由综合部负责,主要职责包括:

(1) 制定项目信息化建设的相关管理办法。

(2) 按照项目信息化工作总体建设方案,推进落实信息化建设的具体工作。

(3) 根据工程建设进展及时开展相应信息化系统的实施工作。

(4) 负责信息化工作日常管理,包括开展培训、定期检查各参建单位信息化工作的落实情况,组织考核等。

(5) 负责公司工程管理平台日常维护。

(6) 收集各部门、各参建单位的应用需求和优化建议,并及时向总公司反馈,积极组织软件升级等工作。

3) 部门信息化职责

项目经理部各部门充分依靠平台开展日常管理工作,加强管理能力,提高工作效率,并按照公司信息化总体工作要求,积极做好各应用系统的推广应用和日常检查、督导,各部门管理范围及工作内容编制见表21.3所示。

综合部职责:负责办公自动化(OA)、视频会议、即时通信、资料管理、用户授权等系统的流程定义和日常管理,组织基本数据的录入和日常维护,牵头制定系统应用管理办法。

计划财务部职责:负责验工计价等系统的流程定义和日常管理,组织基本数据的录入和日常维护,牵头制定系统应用管理办法等。

工程管理部职责:负责项目经理部信息化工作的日常管理与协调组织,负责信息化办公室的日常管理;负责项目经理部平台的日常维护;负责信息化工作的对外协调;负责调度指挥、每日简报、施工组织管理、项目动态、电子施工日志、路基连续压实、连续梁线形监控、隧道超前地质预报、隧道围岩监控量测、基坑监测、工程影像资料、检验批、隧道形象化、桥梁形象化、沉降变形观测、关键工艺工序及BIM试点应用的流程定义和日常管理,组织相关系统基本数据的录入,牵头制定系统应用管理办法等。

安全质量部职责:负责组织拌和站管理、试验室管理、梁场管理(含自动张拉和静载试验)、板场管理(轨枕场、轨道板场)、隧道三维激光扫描、盾构质量管理、信用评价、视频监控、人员定位等系统的基本数据的录入和日常管理,牵头制定系统应用管理办法;负责督促相关单位对安全、质量报警信息的闭合整改。

征拆协调部职责:负责征地拆迁系统的日常管理,包括组织相关基本数据的录入,牵头制定管理办法等。

物资设备部职责:负责物资管理、"四电"设备系统及站后"四电"BIM试点工作的日常管理,包括组织相关基本数据的录入,牵头制定管理办法等。

表 21.3 各部门管理范围及工作内容

信息化管理体系	系统名称	主管部门	主管部门工作内容	配合部门及其工作范围
综合办公	办公自动化(OA)	综合部	负责办公自动化(OA)系统正常运转,收文、发文管理	各部门做好公文及时处理等工作
	即时通信	综合部	负责建立组织机构、公司人员变更及授权工作	各部门及时上报人员变更情况
	视频会议	综合部	负责视频会议系统建设和维护,做好各类视频会议准备工作	各部门做好会前调试准备工作
	资料管理	综合部	每周登录资料管理系统,根据工程进展,督促施工单位进行资料归档工作	各部门专业工程师协助资料管理人员进行本专业的资料归档工作
进度管控	调度指挥	工程管理部	每天定时登录调度指挥系统,查看、接收上级单位调度指令及上报各类调度报表	
	每日简报	工程管理部	负责上传简报内容,各专业工程师利用简报盯控现场施工状态	
	施工组织(含桥梁、隧道形象化)	工程管理部	负责施工组织设计计划编制、进度管理、资源管理和风险管理,督促施工单位实施性施组、各专业重难点及控制工程施组和专项施组录入工作	
	施工日志	工程管理部	信息办负责周一至周五每天登录电子施工日志系统,负责查看电子施工日志填报、审核情况。部门专业工程师对本专业的电子施工日志填报质量进行检查	
	项目动态	工程管理部	负责查看桥、梁、隧道、路基各专业进度数据,并跟实际进度进行核对	各部门查看安全、质量相关的工程进展数据
	征地拆迁	征拆协调部	负责征地拆迁相关数据录入工作	

续表

信息化管理体系	系统名称	主管部门	主管部门工作内容	配合部门及其工作范围
质量管理	拌和站	安全质量部	负责查看拌和站生产情况,出现拌和站报警信息推送,及时登录拌和站系统督促施工单位进行闭环处理	
	试验室	安全质量部	负责查看试验室试验数据;出现试验室报警信息推送,及时登录拌和站系统督促施工、监理单位进行闭环处理	
	路基连续压实	安全质量部	负责查看路基压实数据上传的真实性、及时性,对有问题单位督促其整改	
	梁场管理（含自动张拉和静载试验）	安全质量部	负责查看制、架梁数据更新情况,出现制梁生产过程记录表、检验批、张拉等数据更新不及时的督促施工单位处置	
	板场管理（轨枕场、轨道板场）	安全质量部	负责查看板场生产情况、生产进度、材料信息维护统计等,督促施工单位及时更新数据	
	连续梁线形监控	安全质量部	负责查看是否及时上传监测数据,出现偏差报警时督促施工单位处置	
	沉降变形观测	工程管理部	负责查看路基专业沉降观测数据,出现逾期未测、沉降量超限等情况,及时通知相关单位整改	

续表

信息化管理体系	系统名称	主管部门	主管部门工作内容	配合部门及其工作范围
质量管理	隧道三维激光扫描	安全质量部	负责查看观测数据是否及时,超欠挖数据是否符合设计方案	
	盾构质量管理	安全质量部	负责查看管片生产质量及拼装等情况	
	关键工艺工序	工程管理部	负责查看上传工艺、工法数据是否与实际数据一致	
	工程影像资料	安全质量部	负责对上传的图片资料、视频资料进行抽查,确保上传的影像资料符合公司文件要求	
	检验批	安全质量部	负责抽查各专业检验批填写情况,督促施工单位及时上传检验批资料	
	信用评价	安全质量部	负责不良行为考核结果及扣分情况上传工作	
安全管理	隧道超前地质预报	安全质量部	负责查看测量数据频次、质量等情况	
	隧道围岩监控量测	安全质量部	负责查看测量数据频次、质量等情况。出现围岩报警信息推送,及时登录围岩量测系统督促施工单位进行闭环处理	
	基坑监测	安全质量部	负责查看测量数据频次、质量等情况。出现报警信息,及时督促施工单位进行闭环处理	
	视频监控	安全质量部	负责查看拌和站、连续梁、隧道等施工作业点安全施工情况	
	人员定位	安全质量部	负责查看隧道等施工作业点安全施工情况	
投资管控	验工计价	计划财务部	负责验工计价数据的录入、审批和管理	各部门、项目经理部负责验证数据真实性

续表

信息化管理体系	系统名称	主管部门	主管部门工作内容	配合部门及其工作范围
物资设备	物资管理	物资设备部	负责甲供物资计划、采购、送货、验收等过程管理	
	"四电"设备	物资设备部	负责站后"四电"设备采购、送货、验收、安装等过程管理	

4）各部门专业工程师信息化职责

各部门专业工程师要加深信息化使用程度，发掘信息化管理平台潜力，及时掌握现场信息化系统使用情况及数据上传质量，杜绝数据出现差、错、漏、缺等情况，确保各系统数据上传的真实性、及时性，实现对工程进度、投资、安全质量等多个建设目标的即时把控，使信息化成为标准化管理、进度管理、投资管理、安全质量管理的重要卡控手段。各部门专业工程师岗位职责如下：

（1）坚守工作岗位，保证信息渠道的畅通，确保信息化系统数据上传的准确性、及时性，并对获取的数据信息进行分析处理，提高分析能力，加强远期预测。

（2）周一至周五按时登录铁路工程管理平台，查看信息系统使用情况，发现问题后及时通知信息化主管负责人整改，并及时跟进信息化系统问题的处理结果。

（3）根据工程建设进展，及时组织相应信息化系统的实施。

（4）对已启用的系统进行日常管理、定期检查考核、收集汇总各系统应用的具体情况。

5）各分部信息化职责

（1）负责平台在内的应用，配足配齐软硬件设备，按照项目经理部统一部署及时启用相关信息化系统。

（2）制定并落实本单位信息化工作管理制度和各应用系统管理办法，并上报总包项目经理部信息化办公室。

（3）指定专人（信息化管理员）负责平台的日常维护，确保平台正常运行。

（4）及时录入或上传数据，按照有关要求处理超标或报警信息。

（5）积极试用总公司组织开发的应用系统，积极为信息化技术推广应用提出优化建议。

（6）积极开展 BIM 技术应用研究。

6）日常维护

项目经理部应指定专人（信息化管理员）负责本单位基本信息的日常维护，包括项目基本信息、组织机构、用户管理等；需变更基本信息、组织机构或增减用户、变更授权的，特别是信息化管理员更变，应按相关规定及时报公司信息化办公室。

7) 日常使用

项目经理是本单位信息化工作的第一责任人,全面负责本单位信息化建设工作。

各单位除信息化管理员外,还应针对各应用系统分别指定专人负责管理,包括启用前的准备工作、启动实施后的内部检查和考核工作等,确保实效。

平台和各应用系统的启用时间由公司统一发布。启用后,各单位应按照相应系统的应用要求,及时组织相关信息的填报和上传,及时完成超标或报警信息的处理。

各单位应加强职工教育,严禁弄虚作假。

8) 其他要求

各单位信息化工作应严格执行中国铁路总公司关于网络安全管理的相关规定,做好保密工作。

所有终端均须安装杀毒软件并及时更新,各级管理员用户应每三个月、普通用户应每半年更换一次密码,确保信息安全。

第 22 章　项目风险管理

22.1　项目风险管理组织机构

项目经理部成立以项目经理为组长的全面风险控制管理小组,项目经理部各部门负责人为成员,各职能部门负责本部门的风险识别、评价和风险控制。

全面风险控制管理小组职责:负责本项目全面风险控制管理的总体策划,建立风控管理体系,完善风控管理机制,督促各分部和人员履职;制定全面风控管理办法;分析施工阶段的风险,编制应对措施和相关方案、预案、与风控管理有关的规章制度、工作流程、管理计划;对各分部的风控管理工作进行督导检查,并实施考核;协调风控管理过程中项目经理部部门之间、项目经理部与各分部之间、分部与分部之间的沟通和联系;负责本项目风险应急处理等。

22.2　全面风险控制管理工作流程

项目施工开始前,应结合前期可行性研究、初步设计和施工图阶段的风险评估资料,对每个要素的内容进行全面梳理,特别是对质量控制和安全控制要素,即路基、桥涵、无砟轨道、站场、测量、试验检测、"四电"接口管理、声屏障等内容,按工序为单元进行梳理,并对梳理结果进行风险识别,根据识别的结果,分析风险发生的可能性大小和危害程度,并采取一定的形式评定风险等级,建立风险等级台账,根据不同的风险等级采取相应的应对措施。在应对过程中,分事前、事中、事后三个阶段控制。事前控制主要是指做好各项准备工作,包括设立风险控制组织机构、明确相关人员职责、编制方案预案等。事中控制主要包括加强对制度落实、方案执行、各级管理行为和作业行为等的检查,引入风险控制管理升降级及预警机制,建立问题库台账,实行闭环销号管理。事后控制主要包括阶段性和项目总体性评价考核,总结提高,回馈完善。

22.3 风险识别

施工前,各分部组织专业人员对各自管段要素进行全面的梳理,并对风险进行全面的辨识。

根据已有的(高速)铁路施工技术规程、(高速)铁路工程施工质量验收标准和建设管理经验,分专业、分工作、分工序进行要素内容梳理,列出风险源,要素主要内容如下:

(1) 工期进度:按照工期、进度、保障工作三方面进行梳理。

(2) 投资控制:按内部成本控制、工程成本控制等方面进行梳理。

(3) 质量控制:按照正式工程分专业工序、临时工程分工作、原材料质量、检测试验、测量、首件制、成品保护以及"过程"验收等方面进行梳理。

(4) 安全生产:按照正式工程分专业工序、临时工程分工作、消防安全、驻地安全、环境安全、交通通车、食品安全、临时用电等方面进行梳理。

(5) 社会稳定:按照征地拆迁补偿、农民工工资支付、物资款支付、机械设备租赁价款支付、媒体网站舆情、突发事件处置等方面进行梳理。

(6) 环境保护:按照泥浆排放、取(弃)土场设置及防护、建筑垃圾、工地噪声粉尘、水源保护、污水排放、复垦等方面进行梳理。

(7) 廉政建设:按照工程招投标、征地拆迁、物资采购、激励约束考核、工作检查,以及公务接待等方面进行梳理。

(8) 技术管理:按照技术力量配备、施工组织设计、设计供图、专项方案、作业指导书、技术交底、精策网、施工图审核、技术创新等方面进行梳理。

(9) 资源配置:按照人员配备、机械设备工器具配备、管理机构架构设置等方面进行梳理。

(10) 文明工地:按照驻地建设、临建工程、作业现场、工地宣传、人员着装等方面进行梳理。

22.4 风险评价

初始状态将项目建设风险根据其影响力及重要性,通过一定形式将上述要素识别内容中的风险源按照三级进行评定并按照四级进行管理。评定分级为:一般风险、较大风险、重大风险,建立风险台账。四级管理分为:

一般风险(级别代号 D):易管理,发现风险后易整改且对项目影响小。

较大风险(级别代号 C):较难管理,发现风险后对项目影响较大。

重大风险(级别代号 B):需重点管理,发生风险后对项目影响重大。

特别重大风险(级别代号 A):过程管理中重大风险得不到有效管控,升级恶化,影响项目成败。

22.5 风险应对

(1)根据要素内容梳理和风险分级评定结果,各相关部门制定管理制度。

(2)为督促各项管理制度的落实,强化过程中动态监控,确保各项要素风险在施工中始终处于受控状态,按照横向到边,纵向到底的要求,制定相应工作检查制度,建立问题库台账,实行闭环销号管理。

(3)根据过程中检查控制情况,对风险实行升降级制度。

风险降级:管理较好,风险得到有效的控制且趋势向好的方向发展,逐级降低风险等级。

风险升级:管理较差,整改不及时,风险具有逐步加大的趋势,逐级升高风险等级。

(4)建立风险预警机制。根据风险控制实际情况,适时进行风险预警。风险预警分为黄色预警和红色预警。

较大风险升级为重大风险且得不到有效控制,有进一步恶化的可能或者重大风险得不到有效控制,有进一步升级恶化的趋势,但尚未升级为特别重大风险,可启动黄色预警。

重大风险升级为特别重大风险后开始影响到项目建设的成败,可启动红色预警。

(5)预警响应

黄色预警后:项目经理部立即召集各分部举行风险控制管理会议,各分部提报后续工作安排及整改方案、措施,项目经理部跟踪预警后工作开展情况,纳入周报。

红色预警后:项目经理部立即召集各分部举行风险控制管理会议,各分部提报后续工作安排及整改方案、措施,项目经理部跟踪预警后工作开展情况,纳入日报。

预警取消:预警后管理较好,风险开始得到有效控制,根据实际情况,可取消预警,按红色—黄色—取消的程序进行。

22.6 全面风险管理的考核

1)考核措施

项目经理部风险控制管理小组进行月度和不定期专项检查,重难点工程、重大风险每周覆盖检查,每月对各分部进行全覆盖检查。

项目经理部风险控制管理小组每季度根据月检查情况、不定期检查情况进行一次综合评定考核,并形成综合考评表。

2)考核奖罚

(1)根据季度综合评定结果设立流动红旗进行表彰,对获得流动红旗的分部在下一季度考核中加_____分,并奖励_____万元。

(2)预警及响应。项目经理部根据《××铁路××经理部项目建设施工阶段全面风险控

制管理办法》对触发黄色预警和红色预警的分别发黄色和红色预警通知书,并按以下要求处罚:

黄色预警:提报后续工作安排及整改方案、措施,直至预警消除,各分部按要求彻底整改,并将整改结果上报项目经理部复查。每出现一次,在下一季度考评中扣_____分,并罚款_____万元,费用在验工计价中扣除。

红色预警:提报后续工作安排及整改方案、措施,直至预警消除,各分部按要求彻底整改,并将整改结果上报项目经理部复查。每出现一次,在下一季度考评中扣_____分,并罚款_____万元,费用在验工计价中扣除。

表 22.1　各专业全面风控管理检查表例表(投资控制专业)

序号	风险类别	风险识别	可能产生的后果和影响	风险等级	应对措施
1					
2					
3					
4					
5					
⋮					

表 22.2　全面风控风险源分级评定动态表例表(工期进度专业)

序号	要素	风险源识别	上期风险等级	本期风险等级	责任人	风险工点	备注
1	进度风险	月进度计划及产值	D	C			
2		季度进度计划及产值	C	C^+			
3		年度进度计划及产值	B	B			
4	关键线路节点工期	开工时间	B	B^-			
5							
6							
7							
8							
⋮							

注意:各等级分三个级别,例如 C 级粉尘 C^+、C、C^-,相对于 C 级,C^- 为风险降低,C^+ 为风险升高。风险升高并跨级时用紫色标记,升高未跨级用黄色标记。未变色时不标记颜色,风险降低时用绿色标记。

时间:　　　　　　　制表:　　　　　　　复核:

表 22.3　全面风险分级管理台账

序号	要素	风险识别	上期风险等级	本期风险等级	预警等级	风险状态	标段	备注
1								
2								
3								
4								
5								
6								
7								
8								
9								
⋮								

注：该表格分部统计全部级别风险源。

表 22.4　月份风控管理问题库台账

序号	存在问题	整改措施及要求	检查人员	检查日期	问题类别	整改期限	整改责任人	监理复查情况	公司验证情况	问题状态
1										
2										
3										
4										
5										
6										
7										
8										
9										
10										
11										
12										
⋮										

表 22.5 全面风险管理综合评分表

序号	检查内容	分值	检查情况	得分	备注
1	工期进度	20			
2	投资控制	5			
3	工程质量	15			
4	安全生产	15			
5	社会稳定	10			
6	环境保护	5			
7	廉政建设	5			
8	技术管理	10			
9	资源配置	5			
10	文明工地	10			

检查人：　　　　　　　　　　　　　　　检查日期：

黄色预警通知书

　　　　　　　　　　　　　　　　　　　　　　　　　　　　　编号：

　　_____：

　　你单位在施工中风险管控不力,导致_____风险升高,触发《中铁航空港合安铁路 HAZQ －4 标经理部项目建设施工阶段全面风险控制管理办法》风险预警条件,现予以黄色预警。

　　　　　　　　　　　　　　　　　　　　　　　　　×××集团有限公司
　　　　　　　　　　　　　　　　　　　　　　　　　××铁路××标项目经理部

签发人：　　　　　　　　　　　　　年　　　月　　　日
接受人：　　　　　　　　　　　　　年　　　月　　　日

图 22.1 黄色预警通知书示例

黄色预警取消通知书

　　_____：

　　你单位在施工中风险得到控制,从　　　月　　　日起现取消通知书黄色预警。

　　　　　　　　　　　　　　　　　　　　　　　　　×××集团有限公司
　　　　　　　　　　　　　　　　　　　　　　　　　××铁路××标项目经理部

签发人：　　　　　　　　　　　　　年　　　月　　　日

图 22.2 黄色预警取消通知书示例

第 23 章　项目沟通的管理

23.1　制定沟通与协调计划

（1）根据项目的实际需要，遇见可能出现的矛盾和问题，制定沟通与协调计划，明确原则、内容、对象、方式、途径、手段和所要表达的目标。

（2）针对不同阶段的矛盾和问题，调整沟通计划。

（3）运用计算机信息处理技术，进行信息沟通和协调，形成档案资料。

23.2　沟通的内容

（1）施工图纸、技术规范、验收标准、投资计划及统计资料、生产及进度计划、事故报告、材料供应商及价格信息、设备供应商及价格信息、劳务分包方信息、新技术及自然条件。

（2）政府部门对项目的批复文件、管线及建筑物迁改、地勘资料及施工许可证、施工用地及施工用地许可证、施工区域内道路通行及临时用地许可证。

（3）项目内部信息如工程概况、施工记录、施工技术资料、工程协调、工程进度及资源计划、成本信息、资源需求计划、商务信息、安全文明及行政管理、竣工验收。

（4）相关方信息包括社区居民、媒体、政府部门等提出的重要信息或观点。

23.3　沟通方式

（1）项目内部沟通采用委派、授权、会议、文件、培训、检查、报告、考核与激励、思想工作及电子媒体等方式。

（2）外部沟通采用电话、传真、召开会议、联合检查、宣传媒体、进展报告等形式。

第 24 章　创新创优策划

24.1　组织机构建立

针对本工程特点和创优要求，对各管理部门的工作进行分解，建立工程质量创优领导小组及保证体系。

组长：项目经理

副组长：总工程师、副经理、安全总监

组员：各部门负责人、各分部经理、各分部总工

组织专业施工队伍进场施工，合理配置资源，科学组织、文明施工。按照 ISO19001 标准

质量管理模式,实施施工过程控制,定期分析质量、工期、安全状况,及时发现问题,制定对策和措施,以保证工程创优。

创优规划框图见图24.1所示。

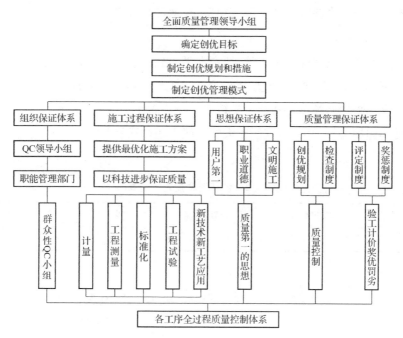

图 24.1　创优规划

24.2　亮点打造策划

依据工程项目特点,积极打造质量、安全、工装、工艺、工法、创新运用、智慧工地建设等特色施工亮点,编制见表24.1、表24.2所示。

表 24.1　施工亮点一览表

序号	亮点做法	社会效益	经济效益	安全、质量效益

表 24.2　迎检点规划一览表

序号	迎检点设置里程	迎检内容	设置要求	费用	责任人

24.3　项目创新资金投入策划

1) 创新项目的选择

(1) 符合企业产业技术政策,对技术含量高、创新性较强、知识产权清晰、技术处于国内领先的项目,可以产生较好的社会效益和经济效益。

(2) 自主研发,具有自主知识产权。

(3) 注重解决当前项目安全、质量的关键技术和关键创新工艺、工法、工装。

(4) 具有显著节能降耗效果的资源节约型、环境友好型项目。

2) 创新资金策划

(1) 项目应符合国家产业技术政策,技术水平达到行业内领先水平及以上,具有良好的市场前景,对关键技术突破、产业转型升级、企业自主创新能力提升具有积极推动作用。

(2) 资金全部采用后补助形式给予支持。

(3) 项目实施期一般为两年,难度较大的一般不超过三年。

创新资金投入可按照表24.3编制。

表24.3 创新资金投入一览表

序号	创新项目	创新内容	投入费用	经济效益

第25章 项目收尾管理策划

25.1 收尾组织机构

公司负责直管项目经理部的收尾管理,并对公司收尾项目管理进行监督管理。公司成立收尾项目管理领导小组,领导小组负责统一管理全集团工程项目收尾工作。

负责公司收尾项目管理办法的贯彻及落实,制定本公司的收尾项目管理实施细则,对所属收尾项目的各项工作进行监控、检查、指导。

组长:总经理

副组长:分管施工生产、成本副总经理,总工程师,总会计师

成员:成本合同部、人力资源部、工程管理中心、安全质量监督部、财务与金融管理部、技术中心、办公室等各部门负责人

领导小组下设办公室,办公室设在成本合同部,办公室主任由成本合同部部长兼任。

25.2 公司职能部门主要职责

(1) 成本合同部:负责收尾项目验工计价、变更索赔、竣工结算、成本管理、分包管理及物资设备管理。

(2) 人力资源部:负责收尾项目人员管理、绩效考核管理。

(3) 工程管理中心:负责收尾项目剩余工程进度管理、工程竣工交验、工程缺陷修复、工

程总结管理。

(4) 安全质量监督部:负责收尾项目安全、质量管理、创优管理。

(5) 财务与金融管理部:负责收尾项目资金管理、项目清欠管理及项目销号管理。

(6) 技术中心:负责收尾项目技术方案管理、技术资料、竣工资料和工程技术总结管理。

(7) 办公室:负责收尾项目档案管理、印章管理。

25.3 收尾项目的确认

(1) 公司工程管理部门对具备收尾条件的项目,报公司生产管理分管领导审批后下达收尾项目通知书,并由人力资源部下达项目收尾小组名单,小组人员应由项目经理、书记、总工程师、总经济师、工程部长、财务部长、商务部长、物设部长组成,包括已分流到其他单位的关键岗位人员。

(2) 在接到收尾项目通知书后,项目经理部应在一个月内制定项目收尾管理策划,明确剩余工程施工计划、变更索赔、竣工验收、竣工结算、各类合同封账协议签订、工程资料归档及移交、工程总结、资金计划等各项收尾工作完成时间、责任人和工作措施,报公司收尾项目管理办公室,经公司工程、技术、安质、成本、物设、财务、人力、办公室等管理部门审核,分管领导审批后执行。

(3) 根据项目收尾管理策划,公司与项目签订收尾项目管理目标责任书。公司各部门定期对收尾项目的工作对口进行指导和检查。

25.4 收尾项目人员管理

进入收尾阶段的项目,由公司人力资源部根据收尾项目通知书和项目收尾管理策划,按照人事任免权限和组织程序,下发收尾项目小组名单并及时做好人员分流工作。收尾项目工作事项未完成之前,收尾人员原则上不得调离。原项目经理应始终负责项目收尾工作,是项目收尾工作管理及债权债务清理的第一责任人。调出收尾项目的相关人员,当收尾项目需要时,由公司人力资源部协调回原项目协助处理相关业务。

25.5 收尾项目工程管理

(1) 项目收尾小组应按照项目收尾管理策划、工程承包合同和建设单位、接管使用单位的要求,尽快完成剩余工程,尽早满足项目竣工交验条件。

(2) 项目竣工自检。

(3) 项目竣工验收:发送《竣工验收通知书》—正式验收—进行工程质量评定—进行工程档案移交—办理工程移交手续。

(4) 收尾项目应定期组织人员对安全生产和工程质量进行检查,制止违章作业和不良行为发生,对排查过程中发现的各类隐患和问题,应及时制定措施予以全面消除。

（5）对于收尾阶段已完工程验收过程中发现的质量问题,应分类并编制缺陷整治方案和计划,经项目收尾小组负责人审核批准后执行。

（6）对于收尾阶段已交付使用的工程,建设单位提出的质量问题,项目收尾小组应安排专人负责,按合同保修条款及时整修,自检合格后方可报建设单位验收。

（7）对纳入优质工程创建计划的项目,应提前做好申报优质工程相关资料的收集、汇总、归档和工程细部整修工作。公司安全质量监督部负责组织与项目经理部共同完成工程创优工作的各项事宜。

25.6 收尾项目成本、费用（资金）管理

1）成本管理

收尾项目成本管理模式分自管模式和监管模式两种。

（1）自管模式:进入收尾阶段时处于盈利状态的项目划入自管模式,其成本的列支仍由原项目自行审批,每月及时将项目经理签批的项目月度成本列支明细表报公司收尾项目管理办公室备案。

（2）监管模式:进入收尾阶段时处于亏损状态的项目划入监管模式,其发生的工程收尾或返工整修发生的劳务结算、材料采购、机械租赁等工程直接费用,报上级公司收尾项目管理办公室,经公司成本、工程、安质、物设、财务等管理部门审核,公司成本管理分管领导审批后方可列支;现场经费经财务部审核,总会计师审批后列支成本。

2）费用（资金）管理

（1）项目经理部在项目收尾管理策划编制过程中,要开展项目内外债务清查工作,全面掌握本项目外欠债务情况,结合实际编制收尾资金计划,经公司相关部门和分管领导审批后,据以安排收尾开支。同时,在项目收尾管理策划中要制定剩余工程款（包括变更、调价、索赔）清收计划,落实责任人并制定奖罚措施。

（2）项目经理部要及时收回各类押金、保证金、保函等应收款项,确保资金的及时回流,避免风险和损失。

（3）收尾项目债权、债务确认完毕后财务账目方可移交公司,交账后的项目不再发生工程直接费（不含质量保修、缺陷整治费用）。

25.7 收尾项目竣工结算管理

项目经理是收尾项目竣工结算第一责任人,要做好跟踪落实概算清理、竣工清算、外部审价、审计等工作,原项目经理部人员的竣工结算职责不因工作岗位的调整而改变。项目竣工结算分为对建设单位竣工结算和分包方结算两部分。

1）对建设单位竣工结算

（1）在项目经理部办理工程移交的同时,应按合同规定办理工程竣工结算。项目经理

要组织开展收入核查工作,全面梳理合同内已完工未计价项目,落实变更、洽商、索赔、材料调差等合同外重点项目的审批和计量进程,及时组织办理验工计价,与已计价未支付项目合并后及时与建设单位确认债权;加大与建设单位的沟通联系力度,关注建设单位的资金到位情况和拖欠款清还政策,确保已完工程债权全部得到清收。

(2) 项目竣工结算书的编制与报送

① 收集基础资料

收集合同(含补充合同)、会议纪要、国家或地方政府有关调价文件、法律法规、变更索赔签证资料等,为竣工结算书编制做好准备工作。

② 编制竣工结算书

项目经理部根据竣工图纸和合同文件规定,结合所收集的竣工结算基础资料和建设单位要求,及时编制竣工结算书。对采用施工总价承包合同的项目,竣工结算要确保合同金额不减少,增加合同外变更索赔费用;对采用单价合同的项目,竣工结算的数量应为全部实施经审核的施工图数量加批复的变更设计数量,合同内暂列金要通过变更索赔等手段力争全额甚至超额计取。

③ 审批与报送

竣工结算书经项目经理部审核后,报上级公司成本管理部门进行审核,经公司成本管理分管领导审批同意后,由项目经理部报送至建设单位或合同指定的结算办理单位。

④ 跟踪审批与审计

在建设单位审批或审价、审计过程中,项目经理部应全程跟踪,密切关注审批与审计动态,随时做好解释说明工作,并补充完善资料,一旦发现不利情况要及时向上级公司汇报;项目经理部要定期向上级公司书面上报决算工作进展情况,直至最终批复。

2) 对分包方结算

项目经理要定期组织对分包方的结算封账情况进行核查,要尽快为分包方办理计量结算手续,与全部分包方签订封账协议,及时明确应付款额度,规避分包队伍结算纠纷。

25.8 物资管理

(1) 工程竣工后,对已报销出账的剩余物资,必须组织回收,并经材质鉴定,按质论价,办理退料手续或工号转移手续,剩余物资分品种列详细清单报公司物设管理部门联系调转。

(2) 废旧周转材料及其他废旧物资报废处置按公司废旧物资管理办法执行。

25.9 工程竣工验收管理

项目收尾小组根据初验等情况研究制定整修方案,整修、清理完成后及时申请工程竣工验收,验收通过后向公司上报竣工验收报告并完善签字确认手续。竣工验收完成后,向建设方提出移交申请,办理移交手续。

25.10 工程资料归档及移交管理

(1) 项目经理部归档资料包括工程技术资料及管理资料两部分。工程技术资料归档按国家及地方建设行政管理部门有关工程档案管理规定办理,管理资料按公司规定办理。

(2) 项目总工程师为移交资料第一责任人,在规定时间内组织完成移交资料的编制工作,及时向建设单位及建设档案管理部门移交项目的技术资料,以便办理工程备案手续。

(3) 工程移交时,项目收尾小组应将项目实施过程中的项目管理策划书及成本管理、技术管理、分包管理、材料管理、进度管理、安全质量环保管理等资料整理归档,按照撤销项目应上报资料清单填写项目管理资料归档移交表,移交给公司相应部门。

25.11 工程总结管理

项目收尾小组根据项目收尾管理策划及时做好项目的工程总结工作。

(1) 工程技术总结:工程项目竣工后,项目总工程师必须及时组织有关人员编写工程技术总结。工程技术总结必须真实、客观地反映工程建设的实际。内容包括工程概况,施工中取得的成绩和经验、失误和教训,采用新技术、新材料、新工艺、新设备情况。工程技术总结要求做到:抓住重点、深入分析、文字简练、内容详实、层次分明、数据准确、附图完整。

(2) 项目管理总结:项目管理结束后,项目经理组织相关部门对照项目管理策划书全面回顾项目管理过程,查找项目管理行为的得与失,对出现的问题提出预防性措施,总结经验与教训,认真评价和总结,形成项目管理总结报告上报公司工程管理部门。项目中标总额5亿元以上的工程应报公司工程管理中心和成本合同部备案。项目管理总结主要内容包括:项目概况;组织机构、管理体系、管理控制程序;各项经济技术指标完成情况及考核评价;项目管理策划书执行情况分析(①项目管理策划书执行情况;②项目经理部对一般员工绩效考核的效果和改进措施;③施工组织设计方面:施工方案的先进性、合理性、经济性、资源配置合理性、进度组织;④安全质量管理方面:好的做法和存在的不足;⑤责任成本目标实现情况,成本措施提升的空间;⑥变更索赔实施情况;⑦分包队伍管理情况和改进措施;⑧物资设备管理情况和改进措施;⑨财务管理情况和改进措施)。

25.12 项目经理部撤销管理

(1) 按合同约定缺陷责任期满,收取尾款及质保金后,且债权债务全部处理完毕,方可撤销项目经理部。

(2) 项目经理部撤销前应按公司项目资料管理相关办法将各项资料按要求上报上级公司。

(3) 项目经理部撤销。项目收尾小组完成工程总结工作和档案移交、缺陷责任期满、收取尾款及质保金后,书面报告公司人力资源部,经公司工程、成本、财务、审计、法律等管理部门审核后,由公司人力资源部发文撤销项目经理部。

25.13 项目回访维修

项目经理部撤销后项目保修的主责部门是公司工程管理部门。

(1) 工程质量保修的确定

通过工程质量回访发现需要实施工程保修,或接到使用单位的工程质量修理通知书后,公司工程管理部门通知原项目经理和总工程师到达现场分析判断是否属于保修的范围,或确定保修的范围及内容。

(2) 工程质量保修的实施

保修的范围及内容确定后,由原项目总工程师编制施工方案报公司工程管理部门,并由公司工程管理部门组织相关部门审核并报分管领导审批后由项目经理或总工程师负责实施保修工作。

(3) 工程质量保修的验收

保修的范围及内容完成后,报建设单位进行验收,验收通过后形成书面报告,报公司工程管理部备案。

(4) 工程质量保修费用

① 由于原分包单位未按照国家标准、规范和设计要求施工造成的质量缺陷,由原分包单位实施保修并承担相应的经济责任。也可由公司另行指定分包单位负责,费用从原分包单位的保修金中支付,不足部分由原分包单位拨付。

② 由于设计单位、使用单位或不可抗力等原因造成的缺陷,其维修费用由原项目经理组织与设计、建设单位协商按有关规定办理,并支付给分包单位、供应商。

③ 上述未包含的费用由公司相关部门审核后报领导审批,在工程项目的末次清算时列销。

25.14 项目收尾考核考评

(1) 在收尾项目基本职责未完之际,按照机构不撤、人员不散、责任不交、考核不断和力度不减的"五不"原则,确保收尾工作不降标准,应着力避免二次经营有始无终。原项目经理以及工程、商务和财务等有关人员,在其基本职责没有完成之前,不安排新单位任职。对不报送项目收尾管理策划、管理资料,不配合开展项目收尾工作等不服从管理的项目经理部及相关人员,停止项目绩效的返还兑现,公司将提前进行监督管理并追究有关人员的责任。

(2) 对项目清收、竣工结算未能按项目收尾管理策划时间节点及时完成或未达到清收目标的收尾项目经理部及相关人员,按公司《清收清欠管理办法》进行处罚。

(3) 对竣工资料、交工证书、印章、工程总结等资料未能及时、完整移交的收尾项目,停止项目绩效的返还兑现,情节严重的停止原相关人员在新任项目的绩效考核兑现奖励发放并追究项目经理和相关人员的责任。

第六部分 项目商务策划

第 26 章 合同管理策划

26.1 合同管理组织机构

项目经理部及分部分别设立合同管理领导(评审)小组,项目经理部经理(分部经理)任组长,班子其他成员任副组长,各部门负责人及经办人员任组员。

1) 项目经理部合同管理领导小组

组长:项目经理

副组长:项目副经理

组员:各部门负责人

2) 各分部合同管理领导小组

组长:分部经理

副组长:分部书记、总工程师、总经济师、副经理

组员:各部门负责人及经办人员

项目合同领导小组的职责:贯彻公司,子、分公司合同管理制度,规范合同文本及授权书使用,组织合同谈判、评审、交底、履行及其他合同管理组织性工作。

26.2 合同管理分工

项目经理部及各分部实行合同综合管理和专项管理相结合的合同管理制度,合同综合管理部门设在工程经济部,物机部、工程部、办公室、安质部等为专项合同管理部门。

(1) 工程部:技术服务合同、委托合同类。

(2) 物机部:物资、机械设备类。

(3) 安全质量部:咨询服务。

(4) 商务部:劳务及分包合同。

(5) 综合办公室:是其他类合同管理及合同用章的主责部门,其他类合同包括(但不限于)日常办公用品采购合同、临时用地合同、租车合同、租房合同、临时用工合同、服务招待协议等。

(6)试验室:与施工相关的试验、检测、计量类。

1)合同综合管理部门的职责

(1)宣传、贯彻、执行国家有关合同管理的法律、法规,以及公司和子、分公司有关合同管理的规章制度,负责组织对合同管理人员进行业务培训,交流合同管理经验。

(2)建立和完善合同管理各项规章制度并组织实施,对贯彻执行情况进行检查监督。

(3)参与本部门职责范围内合同诉讼与非诉讼纠纷的处理,负责合同纠纷证据材料的收集。

(4)负责合同基础资料的管理并建立各类合同管理台账。

(5)督促项目经理部(分部)合同专项管理部门的合同管理工作。

(6)负责项目各类合同信息的汇总、统计、分析、上报。

(7)参与其他项目合同的评审。

2)合同主办部门的职责

(1)牵头组织本部门职能范围内合同相对人的选择和合同评审。

(2)负责起草本部门职能范围内的合同文本,负责合同洽谈、审查、签订、交底、履行过程风险控制等工作,并负责合同的上报、审批、备案管理。

(3)参与本部门职责范围内合同诉讼与非诉讼纠纷的处理,负责相关合同纠纷证据材料的收集。

(4)负责本部门职责范围内合同基础资料的管理并建立合同管理台账,实时更新台账,抄送合同综合管理部门。

(5)参与其他项目合同的评审。

26.3 合同的审查与签订

1)合同的审查

(1)合同评审采用会议评审和会签评审两种方式进行。一般采用会签方式,会签审查意见应明确,不得使用模糊性语言,一旦使用,则视为对合同草案的否定;大型或复杂工程项目,采用会议评审方式。不论何种方式均应做评审记录并妥善保存。

(2)合同的起草由主办部门承担,包括合同示范文本的使用,涉及实质性内容合同条款的确定,对合同文本进行内容补充,合同语言应准确、严谨、简练。

① 合同中所有文字应具有排他性解释,对可能引起歧义的文字术语设专款解释。

② 涉及数字日期应注明是否包含本数。

③ 合同必须要有封面,要有第几页、共几页。

④ 所有对外签订的合同实行统一合同号,合同号规则为项目经理部代码 YTZQ4-01(分部,梁场为 LC)-××××(年份)-GJ(部门缩写)-001(合同编码)

⑤ 合同评审稿以营改增后合同示范文本为基础,需要修改或增补的条款用红色字体标

示，修改完应报上级法务部门审核。

(3) 合同审查的要点是：

① 合同的合法性。包括当事人有无签订、履行该合同的权利能力和行为能力；合同内容是否符合国家法律、政策和公司相关规定；当事人的意思表示是否真实、一致，权利、义务是否平等；订约程序是否符合法律规定。

② 合同的严密性。包括合同应具备的条款是否齐全；当事人双方的权利、义务是否具体明确；文字表述是否确切无误；是否有不利于某一方的条款。

③ 合同的可行性。包括当事人双方特别是对方是否具备履行合同的能力、条件；预计取得的经济效益和可能承担的风险；合同非正常履行时可能受到的经济损失。

2) 合同的审批

(1) 合同的审批程序

分管领导牵头、归口业务部门具体承办，组织相关部门进行合同评审，集体审查，研究通过，评审人员在合同评审记录表上签署评审意见，归口业务部门及时将评审结果向主管领导汇报。合同评审、审批按照公司文件项目合同签订管理流程及说明进行。

(2) 根据法律规定或实际需要，合同还应当或可以呈报上级公司批准，或报工商行政管理部门鉴证，或请公证处公证。

(3) 各分部签订的劳务合同，由各分部组织评审，报上级公司审批后签订，签订后连同审批意见报项目经理部商务部备案。

(4) 合同期内调整合同单价及合同外补偿的需有相应的会议纪要及补充合同，一次性调整 20 万元及以上的，需报上级公司审批后方可签订。调整合同签订后连同上级公司审批意见报项目经理部商务部备案。

(5) 任何单位不得将一个完整合同拆分为两个及以上合同，以规避合同审查。

3) 合同的签订

(1) 签订合同，必须遵守国家的法律、法规、政策及有关规定。

(2) 对外签订经济合同，除法定代表人外，必须是持有法人委托书的法人委托人。法人委托人必须对本项目负责，对本职工作负责，在授权范围内行使签约权。超越代理权限和非法委托人均无权对外签约。

(3) 签约人在签订经济合同之前，必须认真了解对方当事人的情况。包括对方单位是否具有法人资格、是否有经营权、是否有履约能力及其资信情况，对方签约人是否为法定代表人或法人委托人及其代理权限。做到既要考虑本方的经济效益，又要考虑对方的条件和实际能力，防止上当受骗，防止签订无效经济合同。以上检查内容作为合同附件备存。

(4) 任何非法人单位都无权签订担保合同、借款合同以及其他应由法人单位签订的合同。

(5) 合同的末页应当载有包含相关权利和义务的合同条款，或者"此页无正文"的说明。

严禁将仅有一方已签字、盖章却无合同条款具体内容的合同末页,交、寄给对方签字盖章。严禁向对方出具盖有印章的空白合同书。

(6) 要有合同评审记录,合同评审必须由主办部门组织,相关部门参与,各部门应在评审记录上签字。

(7) 合同文本一般采用书面格式,且必须采用中国中铁股份有限公司或下属公司制定的营改增后合同示范文本。

(8) 合同对方当事人权利、义务的规定必须明确、具体,文字表达要清楚、准确。

(9) 合同文本需甲乙双方代表逐页签字,合同涉及单价或工程量清单需乙方代表人按手印。

(10) 劳务合同文本一般为一式 8 份,其中乙方只给 1 份,正本保留在各分部商务部,正本必须扫描以 PDF 格式存档。涉及备案的应适当增加。

26.4 合同管理

(1) 合同管理工作应当遵循下列原则:
① 依法签订合同,保证合同的合法性;
② 切实履行合同,提高合同的履约率;
③ 有效监控合同,保证资料的完整性;
④ 及时处理合同纠纷,维护公司的合法权益。

(2) 各分部指定专人管理合同,并上报上级公司合同综合管理部门备案。合同管理员负责项目合同信息的归类统计、合同台账建立、基础资料管理、合同信息上传下达等具体工作。

(3) 依据公司文件,各分部根据劳务队伍的施工段落及施工内容,由商务部下达施工任务通知单至各部门,施工任务通知单与施工合同保存在一起,一个合同对应一个施工任务通知单和一个劳务单价信息卡片。

(4) 合同用章实行统一管理制度。印章使用必须符合公司和子、分公司的印章管理规定,建立合同用章管理台账,将合同基本信息进行登记,记录合同用章情况。

26.5 合同交底

1) 总包合同交底

总包合同交底是指接受市场开发部门合同交底情况,应包括如下信息(策划书应包含本项目总体盈亏情况等基本数据,但交底时的敏感信息、机密信息应另行小范围单独进行,不得在策划书中反映):

(1) 经营过程及合同背景,建设单位要求及投标承诺,公司对项目的定位及管理要求等。

（2）中标时间，签订合同时间及地点，合同工期及节点工期，中标价格及组成情况（专业工程暂估价、预留金等），合同预付款比率及扣回方式，工程进度款比例及支付方式，保留金比例及扣回方式，工程结算方式及结算要求，材料调差的品种、调整方式、结算方式、投标时材料价格等，其他合同主要条款，特别是违约条款。

（3）本项目投标报价的成本测算与盈亏分析，包括本项目预计盈利（亏损）数额，主要的盈利点是哪些方面，主要的亏损点是哪些方面，上报亏损标的原因分析（如有）。

（4）本项目投标报价编制情况说明，是否存在明显的不平衡报价及其具体情况，其他需对报价说明的情况。

（5）本项目对外经营合作情况说明（如有），包括合作单位名称、合作范围、合作模式、风险与利益分担约定等。

（6）合同执行要点及特殊情况处理。

2）分包合同交底

（1）合同签订后，项目（分部）合同专项管理部门要组织相关部门在合同履行前进行合同交底，形成交底纪要。

（2）合同交底职责及参与人员：

① 劳务、分包合同的交底由商务部具体负责，经理、书记、总工程师、分管副经理，以及项目其他部门及工点负责人、领工员参与。

② 物资设备租赁、买卖合同的交底由物机部具体负责，经理、书记、分管副经理、项目其他部门及物资设备管理员参与。

③ 其他合同的交底由合同专项管理部门具体负责，相关部门及人员参与。

④ 多个部门为执行部门的，应就多个部门各自部门职责范围的内容分别交底，并移交合同原件或复印件。

（3）《合同交底纪要》应当包括以下内容：交底各方、交底的时间；合同的名称、当事人、主要内容的解释与说明、主要经济指标；签约过程中双方争议的焦点、合同存在的风险；履约中应注意的问题；违约应承担的责任；其他应说明的事项。

《合同交底纪要》应当由交底参加人员签字，《合同交底纪要》与其他合同资料一并由合同执行部门保存，合同向上级公司备案时应就《合同交底纪要》一并备案。

26.6 合同备案

合同签订并完成交底后7日内，合同专项管理部门负责将一份合同原件及交底资料报上级公司合同专项管理部门和项目商务部存档备案。应当报当地建设行政管理和税务部门备案的，及时按照相关规定进行备案，特别是涉及营改增抵扣的合同。

26.7 合同履行

（1）合同一旦成立，即具有法律约束力。一切与合同有关的部门、人员都必须本着"重合同、守信誉"的原则,严格执行合同所规定的义务,确保合同的实际履行或全面履行。

(2) 合同履行过程中,合同专项管理部门应全面收集并分析合同实施的信息,定期诊断合同履行情况,提出有关意见和建议,并采取相应措施。

各分部要全面收集合同履行信息,将实际施工进度、安全质量、计量结算及纠纷等情况与合同实施计划进行对比分析,找出其中的偏差,上报上级公司和项目经理部。

(3) 合同履行完毕的标准,应以合同条款或法律规定为准。没有合同条款或法律规定的,一般应以物资交清、工程竣工并验收合格、价款结清、无遗留交涉手续为准。

26.8　合同的变更、中止、解除

1) 合同变更

(1) 合同生效后,就质量、价款或者报酬、履行地点等内容没有约定或者约定不明确的,应当及时同对方协商,签订补充或变更协议予以明确。

(2) 经当事人协商一致,可以变更合同。

(3) 合同实施中发生实质性条款变更的,应当按照《合同管理实施细则》关于合同签订程序及时履行评审、审批程序。合同实质性条款包括合同标的、数量、质量、价款或者报酬、履行期限、履行地点和方式、违约责任和解决争议方法等合同主要权利、义务条款。

严禁未经评审、审批随意签订变更或补充协议。

(4) 单方变更合同应当按以下要求进行:

① 一方需要变更合同时,应告知对方变更的理由、具体内容、变更生效的具体方式,答复的形式与期限,并让对方在文件上签收。

② 当一方接到对方要求变更合同的通知时,应当立即审查对方的理由是否合法、合约、正当。

发现对方变更的内容有两种以上解释的,应当要求对方及时作出书面解释,进行澄清。

③ 单方变更合同应当以书面形式通知对方。对方拒绝签收的,可采用公证送达、特快专递送达的方式。

④ 各分部在与合同相对方的往来信函中,应注意往来函件是否构成对合同标的、数量、质量、价款或者报酬、履行期限、履行地点和方式、违约责任和解决争议方法等实质性条款的变更。

(5) 合同各方同意变更的,应当签订书面变更协议。不同意变更的或在变更协议未达成前,仍执行原合同。因变更造成经济损失的,应当向对方提出索赔。

严禁未经评审擅自变更合同实质性条款,严禁不签订书面协议而变更合同实质性条款。

2) 合同终止

合同已经按约定完全履行、合同解除、法律规定或者当事人约定终止的,合同权利、义务终止。

3）合同解除

（1）当事人协商一致，可以解除合同。解除合同应当以书面形式通知。合同中可以约定单方解除合同的条件。

（2）合同实际履行或适当履行确有不可克服的困难而需要变更、解除合同时，应在法律规定或合理期限内与对方当事人进行协商。

（3）对方当事人提出变更、解除合同的，应从维护项目合法权益出发，从严控制。

（4）变更、解除合同，一律采用书面形式（包括当事人双方的信件、函电、电传等），口头形式一律无效。

（5）因变更、解除合同而使当事人的利益遭受损失的，除法律允许免责任的以外，均应承担相应的责任，并在变更、解除合同的协议书中明确规定。

（6）以变更、解除合同为名，行以权谋私、假公济私之实，一经发现，从严惩处。

26.9 合同纠纷的处理及基础资料

1）合同纠纷处理

（1）项目经理部及分部处理经济纠纷应按以下要求进行：

① 当出现合同纠纷或合同双方违反约定不能履行合同或不能全面履行合同时，应当立即将不能履行的原因、事由书面报告项目经理，并将上述情况及时上报上级公司对口业务部门。需要采取法律救济的，同时报送上级公司法律事务机构。

② 法院直接将诉讼文书等案件材料送达项目经理部时，项目经理部应当及时向上级法律事务机构报告，并将相关诉讼文书等材料报送上级法律事务机构。

③ 发生或有可能发生诉讼时，各分部应及时做好资料的收集保存，指定专人负责，做好纠纷处理的各项准备工作。

（2）项目经济纠纷诉诸法院或仲裁时，未经上级公司法律事务部门批准，项目经理部及分部无权擅自处理与案件有关的一切事务，包括但不限于聘请律师、签收法律文书、与相对方和解等。如无法律事务部门则必须经上级公司总经理审批。

（3）对于合同纠纷经双方协商达成一致意见的，应签订书面协议书，由双方代表签字并加盖双方法人公章或合同专用章。协议书签字盖章后方生效。

（4）合同纠纷处理或执行完毕的，应及时通知有关部门，并将有关资料汇总、归档，以备查考。

2）合同基础资料管理

（1）合同基础资料包括合同签订前基础资料和合同签订后基础资料。

① 合同签订前基础资料包括但不限于：合同相对人的营业执照、资质证书、组织机构代码证、安全生产许可证、税务登记证、特种经营许可证、法定代表人证书等加盖单位印章复印件、授权委托书、合同评审会签审批表、报价单原件等，以及根据合同特点需要取得的

其他资料。

②合同签订后基础资料包括但不限于：合同、招投标文件、合同交底纪要、合同履行过程中的客观记录，以及反映合同履行、变更情况的书面文件、来往函件及签收记录、影像录音资料，其中书面文件应有单位印章或者经有权人员签字。

(2) 相关职能部门负责收集、保管合同基础资料并建立台账。具体承办人和部门负责人是责任人。

① 物机部负责物资、机械设备类合同基础资料的管理；

② 商务部负责分包合同基础资料和建设工程施工合同履行过程中合同基础资料的管理，结算单的制作等；

③ 财务部门负责结算单、结算依据、扣款凭证、付款凭证、付款委托书、农民工工资发放等资料的管理；

④ 办公室负责日常办公用品采购、临时用地、房屋租赁等其他临时性合同基础资料的管理。

(3) 合同基础资料个人不得自行保存、遗弃或者销毁。当职能部门人员调动，或者工程完工，部门的职能实际已经终结时，责任人将本部门履行合同的基础资料和台账列清单后移交给下一任责任人或者上级公司档案管理部门。

(4) 合同专项管理部门应当建立合同管理台账。对谈判、洽商过程中往来的电报、电传、信函、图表、电子数据交换和电子邮件等电文数据资料要妥善保存。如有不同意见，应当及时回复对方，以免因拖延造成损失。

26.10　合同的奖惩

1) 奖励

对以下四条除给予行政表彰外，还可给予经办单位或个人奖励。

(1) 及时发现对方有欺诈行为，签订合同时，识破对方有隐瞒事实的条款，使本单位免遭损失的。

(2) 对方违约，及时追究，给单位挽回损失的。

(3) 本单位违约或不具备履行能力，能及时采取措施减少或避免损失的。

(4) 合同管理有效规范，工作成绩突出者。

2) 处罚

以下七条，根据情节给予行政处分外，按经济损失金额对当事人及相关单位处以罚款，直至追究刑事责任。

(1) 签订有重大缺陷、虚假合同、可撤销合同或无效合同。

(2) 合同条款不完备，意思不清楚，使单位遭受损失的。

(3) 明知本单位难以履约或不具备履约能力而盲目签约，被对方索取违约金和赔偿金，使企业遭受损失的。

(4) 对方违约给本单位造成损失，经办部门和人员未及时提出冻结合同款项和索赔的。

(5) 由于管理混乱，丢失合同文本、法人委托书等具有法律效力资料，致使合同不能履行或履行合同受损，承担违约责任的。

(6) 订立和履行合同中，接受贿赂、内外勾结，损害本单位利益的。

(7) 承办人超越代理权限和授权范围，签订合同给企业造成损失的。

第 27 章　项目索赔管理

27.1　索赔管理组织机构

项目经理部、分部分级建立变更索赔实施小组。由项目经理部经理（分部经理）任组长，分管领导（总经济师和项目总工程师）任副组长，相关部门负责人任组员，办公室设在商务部。

项目经理部变更索赔实施小组组成如下（编制见表 27.1 所示）：

组长：项目经理

副组长：副经理、商务经理

组员：项目经理及各部门负责人

各分部变更索赔实施小组组成如下：

组长：分部经理

副组长：分部书记、总工程师、总经济师、副经理

组员：工程部、商务部、安质部、财务部、物机部、试验室、办公室部门负责人

表 27.1　项目工作小组组成表

工作小组名称	主责人	主责部门	配合部门
施工图设计优化小组	项目总工程师	工程部	商务部、分部工程部
施工图量差清理小组	项目总工程师	工程部、分部工程部	商务部
变更设计小组（铁路Ⅰ类或路外重大）	项目经理	工程部	商务部
变更设计小组（铁路Ⅱ类或路外一般）	项目总工程师、分部总工程师	工程部、分部工程部	商务部
新增工程小组	总经济师	商务部	工程部、分部工程部
价差调整小组	总经济师	商务部	物机部、分部各部门
索赔管理小组	总经济师	商务部	各部门、分部各部门
施工图检算小组	总经济师	商务部	工程部、分部工程部、商务部

27.2 索赔管理各部门工作职责

1) 项目经理部索赔工作职责

(1) 项目经理部应在开工伊始成立项目变更索赔实施小组,明确分工,责任到人。

(2) 项目经理部经理为变更索赔第一责任人,对项目变更索赔负全责;项目经理部总工程师和总经济师是变更索赔管理的第二责任人,负责变更索赔工作策划和组织;项目经理部商务部长和工程部长是变更索赔的落实者,负责变更方案的经济比选和基础资料的收集、整理。

(3) 项目经理部作为变更索赔工作的责任主体,负责与建设、设计、监理单位联系沟通,保持稳定、和谐的公共关系;制定总体策划方案,确立项目变更索赔主攻方向并组织实施;负责按时编制上报××××项目变更索赔动态信息说明(月报)、变更索赔动态信息统计汇总表(月报、季报)、铁路工程项目Ⅰ类变更设计跟踪表(月报)、工程项目变更设计跟踪表(月报)、变更索赔策划书(季报),负责变更索赔资料的及时签证和审批信息的跟踪;落实项目变更索赔目标各节点计划;主动、及时地办理变更索赔各种现场签认手续;收集、整理、完善变更索赔资料,并建立台账,妥善保管;编制、上报变更索赔各项报表。

在变更索赔的每个阶段任务完成之后(施工阶段为每季),项目经理部应进行总结,并按规定及时上报集团成本管理部。

负责上报变更索赔奖励建议方案,并按程序报批;负责项目竣工后的收尾清收工作,保证变更索赔工作的连续性。

2) 项目分部变更索赔主要职责

项目分部作为项目变更索赔计划方案的具体实施者,负责配合上级单位开展变更索赔工作,负责与甲方(建设单位)现场机构和代表、设计方现场设计组、现场监理人员进行沟通并保持良好的公共关系,为变更索赔提供基础资料、资金和人力支持。

落实项目变更索赔目标各节点计划;主动、及时地办理变更索赔各种现场签认手续;收集、整理、完善变更索赔资料,并建立台账,妥善保管;编制、上报变更索赔各项报表。

在变更索赔的每个阶段任务完成之后(施工阶段为每季),项目分部应进行总结,并按规定及时上报上级单位。

负责上报变更索赔奖励建议方案,并按程序报批;负责项目竣工后的收尾清收工作,保证变更索赔工作的连续性。

3) 项目经理部及分部主要管理人员职责

(1) 项目经理必须熟悉合同,并具体负责变更索赔策划及实施工作,负责施工图设计及概预算编制的信息跟踪工作,及时检查督促,制定并兑现奖罚措施,重要问题应及时向上级单位报告。

(2) 总工程师、总经理负责优化设计和变更设计工作,要与建设单位施工部门和设计院相关负责人以及驻现场工作人员保持良好的工作关系,要积极组织做好相关工作。

(3) 工程部、商务部是变更、索赔的主办部门,相关负责人应做好策划工作,须熟悉合同,并与建设单位、设计院、现场监理等相关人员保持良好的工作关系,要围绕合同做好变更索赔工作,要有礼有节,有根有据。

(4) 其他相关部门负责人要积极协助变更索赔工作,要及时收集和提供相关完整资料。

27.3　变更索赔实施管理

1) 变更索赔工作思路

(1) 从减少亏损细目、减少亏损细目工程量、降低施工成本、降低资源投入、充分利用既有设备机料具资源角度,搜集变更、索赔事项。

(2) 从增加丰厚收益细目、增加丰厚收益细目工程量、增加合同总体工程量角度,搜集变更、索赔事项。

(3) 从降低项目的风险的角度搜集相关事项(重点分析可能对项目造成巨大的工期、安全、质量、成本的风险,并提出切实可行的对策)。

(4) 从缩短工期的角度,搜集变更、索赔事项。

(5) 结合企业发展战略,搜集变更、索赔事项。

2) 变更索赔管理实施

变更索赔管理实施分为五个阶段:投标报价阶段、施工策划阶段、施工阶段、概算清理(竣工决算)阶段、决算后审计阶段。

3) 施工策划阶段

项目进场后,项目工程部牵头组织项目策划工作。项目经理部成立变更索赔实施小组。根据招标文件、招标概算、合同条件、投标报价、管理交底情况、到位施工图及现场地质情况等编制变更索赔规划,明确变更索赔目标、总体思路、切入点及实施方案。

4) 施工阶段

施工阶段主要工作内容包括:施工图设计优化、施工图量差清理、变更设计、新增工程、索赔管理、价差调整、施工图检算等,主要由项目经理部及分部组织实施。

(1) 施工图设计优化

项目经理部及分部工程技术人员、商务人员组成施工图优化工作小组,主要工作内容为施工图优化和施工图查核。在施工图出图阶段,加强与设计人员沟通,使设计方案有利于创收增效,施工图到位后要加强图纸检查和现场核对。在设计出工程数量诸表前,要引导设计人员采用有利于计量的土石方调配方案,以及数量归类和分类方法出工程数量诸表。

(2) 施工图量差清理

项目经理部工程部负责工程项目量差的清理工作(含数量差、错、漏、碰的清理),在施工图到位后1个月内完成施工图数量汇总、两阶段量差统计计算工作,并根据不同情况(正量差还是负量差)制定不同的应对方案,方案报项目经理部商务部备案。工程部在建设单位要求的期限内将差、错、漏、碰情况按时上报。

(3) 变更设计

铁路变更设计工作包括Ⅰ类变更设计和Ⅱ类变更设计。

Ⅰ类变更设计:施工过程中满足Ⅰ类变更条件的变更项目必须按Ⅰ类变更程序办理,有条件的Ⅱ类变更也可策划成Ⅰ类变更。项目经理部负责对建设单位、设计院专业工程师、设计总体进行变更设计的签认工作。公司成本管理部、经营开发中心等部门和项目经理部配合集团相关部门与设计单位及建设单位主管部门进行沟通。

Ⅱ类变更设计:项目经理部要根据项目实际制定Ⅱ类变更设计管理办法,对Ⅱ类变更的总额进行规划,对正变更、负变更要有原则性的指导意见。要尽量将Ⅱ类变更设计策划成Ⅰ类变更或限额以上Ⅱ类变更(本项目限额为 200 万元),争取在合同外解决。项目经理部要对Ⅱ类变更形成原因进行清理,按更正修改补充、涉地涉农、环保水保、确保安全、岩溶整治、其他原因等进行分类,对不同类别有针对性的加强管理,按指导原则完善变更设计手续;项目经理部商务部指导Ⅱ类变更价值计算,建立台账,见工程项目二次经营创效统计表(表27.2)。

表 27.2　工程项目变更索赔动态创效统计表

序号	项目或费用名称	立项原因	策划切入点	推进计划	基本目标/万元	争取目标/万元	主要责任人(或部门)	配合人员(或部门)	备注	清单单价	成本价	利润率	利润

路外项目变更依照重大、一般分类分别由分部项目经理、分部总工程师负责具体实施,项目相关部门依据本办法规定给予指导、帮助。

(4) 新增工程

要加大对新增工程的清理,新增工程的清理由项目经理部商务部负责,工程部协助,在施工过程中及时向建设单位报告,尽早批复计价。

(5) 索赔管理

索赔包括工程索赔和保险索赔。当索赔事件发生时,项目经理部及分部要及时收集资料,记录工程实施情况,抓住主要的索赔事由,找出索赔证据,及时、合理整理资料上报,办理报批手续。

(6) 价差调整

价差调整分人工价差、材料价差(含地材差)、台班价差、运价差、水价差、电价差以及高原、风沙、原始森林地区补贴等,无论建设单位是否进行价差调整,项目经理部及分部都应在施工过程中按照现行政策进行价差资料收集、整理、计算和上报。

(7) 施工图检算

项目经理部应高度关注施工图检算工作,施工图检算过程中,要全程参与,确保数量不漏量、费用不漏项。

针对施工阶段变更、索赔管理,项目经理部及各分部应分别组成相应工作小组。

5) 概算清理(竣工决算)阶段

项目经理部牵头,公司成本管理部和参建子、分公司参加,与项目经理部一起组成概算清理小组,完成概算清理(含概算分劈)、竣工决算阶段的全部工作。

6) 决算后审计阶段

项目经理部牵头,参建子、分公司公司参加,与项目经理部一起组成审计配合小组,做好审计解释工作。

27.4 变更索赔日常管理

1) 变更索赔规划

项目成立3个月内,由项目经理部牵头,相关部门及各分部参与,建立项目变更索赔工作规划,修订变更索赔目标及总体思路。根据项目变化情况,每年动态调整变更索赔思路及方案规划。变更索赔规划需按时上报集团成本管理部。

2) 重大变更索赔题材策划书

重大变更索赔题材包括铁路Ⅰ类变更设计、限额以上Ⅱ类变更设计、单项费用索赔、其他数额较大(200万元以上)项目等。策划书根据项目进展情况实行动态管理,每季度更新一次,项目经理部留存、备查,于每季度次月10日前上报集团成本管理部。

3) 变更索赔年度总结及年度计划

项目经理部每年1月15日前上报项目上一年度变更索赔年度总结,并上报下年变更索赔年度计划。

4) 变更索赔证据管理

项目经理部必须掌握国家有关的政策、法规,研究合同条款,及时收集、整理相关支撑资料,并建立台账。项目经理部要高度重视变更索赔基础资料收集,认真梳理与建设单位、设计单位、监理单位等的往来函件、文件收发、口头指令、会议纪要(记录)、影像资料、相关票据、气象记录、政策法规文件等资料,切实做到概(预)算清理、施工图检算、变更设计、新增工程、资源价差、水保环保、道路使用、征地拆迁、自然灾害、政策性调整等变更索赔项目上报资料,充分体现"有理有据、图文并茂、签证齐全、说服有力"的工作要求,进而得到建设单位、设计、监理等单位的理解与支持。

5) 内业资料管理

各分部部门之间要互相沟通,加强指导,积极主动配合,完善变更索赔项目施工完成后的相关施工内业资料签认、收集,特别是特殊题材的技术、物资、财务、试验等内业资料要相互闭合。

项目经理部及各分部要及时填报变更索赔报表,建立健全变更索赔管理台账。

6) 动态信息管理

为便于项目经理部对各分部变更索赔动态信息的全面掌握及统计分析,项目经理部将采取统一形式,即以文字表述与表格数据相互兼顾的形式按时填报《××××项目变更索赔动态信息说明》,内容主要包括:项目变更索赔与概算清理总体情况;重点项目变更索赔工作的进展情况、存在问题及措施(包括项目概况、合同签订状况、变更、价差调整、增补项目、洽商及签证、索赔等情况)、责任人、完成时间等。项目经理部将变更索赔动态信息说明及报表于每月5号前上报集团成本管理部备案。

7) 责任追究管理

变更索赔管理工作实行责任追究制度,在项目变更索赔策划书中明确相关责任人、明确具体工作事项,责任人对整个工程项目施工过程变更索赔和收尾阶段清收工作负责。对在变更索赔和清收工作中,因责任心不强、失职、渎职造成企业效益流失的相关责任人员将进行责任追究、严厉处罚。

27.5 反索赔

1) 反索赔定义

由于劳务分包商、材料供应商、设备供应商及其他服务供应方不履行或者不完全履行约定的业务,或者劳务分包商、材料供应商、设备供应商及其他服务供应方的行为使发包方受到损失时,发包方可以向对方提出索赔。

2) 反索赔工作的特点

(1) 业主对承包商的反索赔工作,基本已经列入工程施工合同的条款中去了,如投标保函、履约保函、保留金、误期损害赔偿费、第三方责任、缺陷责任等,在合同实施过程中,许多反索赔措施顺理成章地已一一体现。

(2) 业主对承包商的索赔,不需要提什么报告之类的索赔文件,只需要通知承包商即可。

(3) 业主的反索赔款额,由业主自己根据法律条款和合同条款约定,直接从承包商的工程款或者其担保物中扣除。

3) 反索赔的目的

反索赔有两方面的目的,一方面是它可以对索赔者的要求进行评议和批评,提出其不符合合同条款的地方或者指出其计算错误的地方,使其索赔要求被全部否定或者去除索赔计价中不合理部分,压低索赔款额;另一方面利用工程条款赋予自己的权利,对索赔者违约的地方提出反索赔,维护自己的合法权益。

4) 反索赔分类

(1) 工期延误的反索赔。发生这一索赔的,前提是承包商承担责任。一般考虑如下因素:因本工程不能按时完工而延期使用,造成租赁其他建筑物的租赁费;继续使用预案建筑物或者租用其他建筑物的维修费;因工期延误增加的投资(或贷款)利息;因工期延期增加的管理费用;原计划收入款项落空部分,如高速公路通行费、发电站电费、过桥费等等。

(2) 施工缺陷反索赔:指承包商的施工质量不符合施工技术规范要求或者使用的材料、设备不符合合同规定,或者在缺陷责任期未满之前未完成应该完成的修补工作,业主有权向其索赔。

(3) 承包商的违约索赔:主要包括如承包商运送自己的材料及设备时,损坏了沿途的公路和桥梁,公路交通部门要求修复;承包商承办的施工保险如工程一切险、人身事故险、第三者责任险等由于过期或者失效时业主重新办理这些保险的一切费用;由于工伤事故,给业主和第三方人员造成的人身或财产损失;承包商的材料或设备不符合要求,需要重新检验发生的费用;由于不可原谅的工期延误,造成的业主管理费的开支增加;承包商对业主指定的分包商,长期拒绝支付款项,指定分包商提出了索赔的。

(4) 对超额利润的索赔:在实行单价合同的情况下,如果实际工程量比估计工程量增加很多,使承包商预期的收入增大,则合同价应由双方讨论调整,业主收回部分超额利润。

(5) 业主终止合同或承包商不正当地放弃工程的索赔。如果业主合理地终止承包商的承包,或承包商不合理地放弃工程,则业主有权从承包商手中扣回由新承包商完成全部工程所需的工程款与原合同未支付部分的差额。

5) 反索赔工作措施

(1) 严肃合同管理。要求在合同签订过程中,合同内容必须严密,向劳务承包方、材料设备供应商提供的技术交底、材料设备交底资料应当准确。

(2) 加强过程监控。对各劳务、材料、设备、服务供应方在合同实施过程中,在工程进度、工期、质量和安全等方面都要进行监控,一旦出现偏差要重点关注。如果出现因自身原因可能引起索赔时,如材料供应不及时引起的停工、窝工等,业主方也应当主动收集证据,防止在索赔数额计算时处于被动地位。

(3) 对往来信函、会谈纪要、会议记录要进行归档管理,特别是对待施工方的报告要非常慎重,该回的要及时回,不该答应的决不能答应,重要的通话应当做好记录,并且及时将电话记录交与对方签字确认。

(4) 主动收集证据。证据包括:① 招标文件、合同文本及附件;② 来往文件、签证及更改通知等;③ 各种会谈纪要;④ 施工进度计划和实际施工进度表;⑤ 施工现场工程文件;⑥ 工程照片;⑦ 气象报告;⑧ 工地交接班记录;⑨ 建筑材料和设备采购、订货运输使用记录等;⑩ 市场行情记录;⑪ 各种会计核算资料;⑫ 国家法律、法规、政策文件等。

(5) 对引起索赔事件的原因进行分析,包括判断是否属于施工方的风险范畴;因天气、自然原因、国家政策法令、突发事件等原因引起的索赔事件发生时,施工方的处置措施是否得当,是否有因施工方原因造成了扩大的损失。

(6) 注意索赔严格的时效性。建筑工程施工合同中规定了索赔的四个二十八天的期限,要防止因未及时驳回而产生的推定成立的法律后果。

6) 分析索赔报告

(1) 分析此项索赔是否具有合同依据、索赔理由是否充分、索赔论证是否符合逻辑。

(2) 判断索赔事件的发生是否为承包方责任或者是否为承包方应该承担的风险。

(3) 确定索赔事件初发时,承包商是否采取了适当措施。按照国际惯例,凡因偶然事故发生影响施工时,承包商有责任采取力所能及的一切措施,阻止事态的扩大,尽力挽回损失。如有事实证明承包商未采取任何措施,业主可拒绝索赔。

(4) 承包商是否在规定的时限内提出索赔请求,提交索赔意向申请。

(5) 认真核定索赔款项,肯定其合理索赔要求,反驳修正其不合理的诉求,使之更加准确。

27.6 奖罚

1) 奖励范围

铁路工程重点奖励Ⅰ类变更设计和包干外Ⅱ类变更设计;路外项目重点奖励变更设计和索赔,注重奖励施工过程中变更索赔策划执行实效。

2) 奖励费用的提取

计算基数为经铁路总公司或建设单位正式批复并完成计价的变更索赔金额。

3) 奖励分配

(1) 变更索赔奖励是单项专业奖励,按"谁有贡献,谁参与分配"的原则进行。重点奖励有突出贡献的项目经理部及分部负责人、商务及工程技术人员。

(2) 分配中要避免平均主义,不得按职别分配奖励。具体分配方案按照以下标准:

① 项目经理部按批复奖励金额不超过奖励总额的 40%奖励(其中商务、技术人员不低于项目经理部奖励金额的 50%);参建项目分部有功人员不低于批复奖励金额总额的 40%(根据项目分部的份额确定分配比例)。

② 子、分公司有功人员按批复奖励金额不低于奖励总额的 10%奖励。

③ 公司本部及有特殊贡献人员按批复奖励总额的 10%奖励。

4) 不予奖励或给予处罚

(1) 完成变更索赔额度不足年初下达目标计划的 60%的项目将予以处罚。对项目经理罚款 1 万元,对项目商务部长和工程部长各罚款 0.5 万元。

(2) 对于过程中各种签证资料不完善、收集、整理、上报不及时，领导对变更索赔重视程度不够的项目，给予处罚。对项目经理罚款0.5万~2万元，对项目商务部长和工程部长各罚款0.2万~1万元。

(3) 各项目经理部有责任和义务对施工图负量差采取有效措施及时消化或核减，项目合同总价因施工图负量差没有及时消化而被核减（时间节点是站前施工图全部到齐、施工图投资检算或开通运行）的给予处罚。对项目经理、项目经理部分管领导、项目工程部长、商务部长各罚款0.2万~0.5万元。

(4) 风险包干费根据合同约定和建设单位相关管理办法必须及时足额计价，对于风险包干费没有及时计价的，对项目经理、项目经理部分管领导、项目工程部长、商务部长各罚款0.3万~0.5万元。

(5) 对于收尾清算阶段的项目，项目经理部及各分部主要人员必须参加，对不组织、不参加清算的项目经理、项目经理部分管领导、项目工程部长、商务部长各罚款0.3万~0.5万元。

5) 奖罚时段设置

变更索赔奖励要讲究时效性，为达到激励效果，每半年进行一次，并可按变更索赔进展情况分阶段实施，变更索赔项目不得重复提奖。对于变更索赔可根据进展情况分以下四个阶段进行奖励：

(1) 对发现变更索赔点，且具有可行性的相关责任人根据变更额度大小给予100~1 000元的奖励。

(2) 对变更索赔相关资料已签认完备且手续齐全，但未能及时验工计价的变更索赔项目按奖励金额的20%进行奖励。

(3) 对变更索赔已验工计价但资金尚未拨付到位的变更索赔项目按奖励金额不超过该项变更奖励金额的70%进行奖励。

(4) 对已完成验工计价且资金到位的项目奖励剩余奖励金额。

6) 奖罚程序

(1) 项目经理部根据变更索赔计价情况按规定填报请奖表。

(2) 项目经理部根据批准的奖励金额，按规定提出奖励分配方案表。

(3) 报公司成本部核备。

(4) 由公司实行绩效考核的项目经理部领导年收入兑现时不扣除变更索赔奖励。

第 28 章　成本管理策划

28.1　成本编制原则

(1) 合理测算计划成本（即项目实施过程中可支出的最大控制额度）和确定项目经理的

责任成本目标,坚持"标价分离"的原则,避免"合同价减去若干点"作为项目承包基数的做法。

(2) 劳务费:成本单价编制依据为建筑劳务市场价格及分公司其他项目已采用的价格;辅助用工人数及工期以进度计划为依据;零星用工按建筑面积_____元/m² 计取。

(3) 材料费:需要说明材料损耗和材料价格的计取原则。

① 主体结构砼按自行建立搅拌站考虑,实际砼用量按照图算量(不含定额损耗)下浮_____%,其原材料水泥、砂、石用量按实际施工配合比计取_____%的损耗计算,原材料价格按市场价计取。

② 钢筋按图算量(不含定额损耗)下浮_____%;钢材价格按照市场供应价下浮_____元/t。

③ 机械费用:需要说明设备的投入数量与进出场时间,以及机上人员的配置。

④ 分包工程:需要说明询价情况与成本暂列情况。

⑤ 外架系统及支模系统:说明外架的搭设方式、模板系统的配置方式与层数。

⑥ 临设费用:说明临设的配置方式,是搭设还是租赁;针对可周转的部分需要说明总投入、残值计取的原则及策划中本项目摊入的成本;原则上临设费用要求控制在土建造价的1%以内,否则,须报总经理特批,超过1.5%还须报董事长特批。

⑦ 间接费用:需要说明管理人员的配置情况。

⑧ 其他费用:包括除上述费用外的费用。

(4) 认真做好投标预算、中标预算与计划成本的对比分析工作,重点分析投标清单的盈利子目、亏损子目、量差子目、索赔点、风险点。

(5) 内部成本控制的策划,从组织措施、技术措施、经济措施等多方面以及人工费、材料费、机械使用费、措施费等直接费的控制,专业分包费用的控制,间接费用的控制等方面,寻找并制定全员、全方位、全过程成本控制的新思路和新方法。

(6) 成本策划分三个层次:成本预算控制、责任成本、二次责任成本(即责任成本分解)。

28.2 预控成本策划

1) 组织机构

责任成本领导管理小组:

组长:项目经理

副组长:总经济师

项目成本管理办公室设在商务部,商务部长任主任。

2) 主要职责

(1) 项目经理

项目经理为项目经理部责任成本管理的第一责任人,对本项目责任成本管理工作负全

面责任,其主要职责是:

① 负责建立项目责任成本管理体系,明确各责任层负责人,确定责任人的责任范围及奖惩办法。保证项目责任成本管理体系的正常运转,对运转过程中出现的问题及时处理汇报。

② 组织制定并负责审批本项目责任成本管理实施方案。

③ 负责组织起草本项目的成本预控方案,并报上级单位审批。

④ 负责审批各中心责任预算,与各责任中心签订责任成本承包合同。

⑤ 组织相关人员每月进行成本分析,认真查找成本节超的原因,形成分析报告制度,使成本始终处于受控状态。

⑥ 负责按季对各责任中心进行考核兑现。

⑦ 负责领导和组织本项目的变更设计和索赔补差工作。

⑧ 交纳项目风险抵押金。

(2) 技术部门

技术部门的主要职责为:

① 负责优化施工方案,改进技术措施,积极开展技术革新和工艺创新,为有效实施成本控制提供技术支持。

② 负责编制本项目的实施性施工组织设计(方案),达到优化设计降低成本的目的。

③ 负责本项目工程数量的计算、审核,工程量的二次分解,台账的建立和及时登记,对本项目工程数量节超负直接责任。

④ 负责变更索赔的立项、相关资料的收集、整理与上报。

⑤ 负责计算项目物资总需要量,即根据工期计划安排计算月度材料供应计划,并负责制定限额物资总数量、月报数量和各责任中心的分配数量。

⑥ 负责按月及时提供对建设单位计价数量、对下计价数量及完善签批手续。

⑦ 负责设计和审批周转材料的使用方案(使用量及周转次数),对周转材料使用的经济性负主要责任。

⑧ 负责设计和审批机械设备的配置方案,对设备配置方案的经济性负主要责任。

⑨ 负责临时工程的设计和审批工作,对临时工程数量的节超负主要责任。在定期召开的责任成本分析会上,负责分析施工方案、技术控制及工程量等对本项目成本的影响。

⑩ 负责本项目责任成本管理实施方案中技术相关方面的制定和落实。项目试验室负责严格按照合同文件规定及技术规范、试验专利号进行各类原材料试验、过程试验及各种混合料配合比组成设计试验及审批工作,对配合比的经济性负直接责任。对项目外委试验及试验费用负责任对测量工作的准确性负责。

(3) 商务部门

商务部门的主要职责为:

① 负责整理汇总各部门编制本项目责任成本管理实施方案,汇总后报项目经理审批。

②负责组织各部门进行责任预算的二次分解,负责监督各中心责任预算的执行情况,负责组织拟定项目经理与各中心的责任合同。

③配合财务部门进行基本工资和效益工资的计算与分配。配合项目总工程师做好变更设计和索赔补差工作。

④负责本项目的劳务队管理和合同管理,负责组织劳务招标工作,协助公司及项目经理选择劳务队及合同谈判,对现场管理人员进行合同交底,对本项目劳务单价的节超负责任,对本项目的合同纠纷负主要责任。

⑤负责审核技术部门提供的劳务计价工程量,对工程数量的节超负连带责任,负责按月组织对劳务队验工计价。

⑥负责每月核算工作,定期组织本项目的责任成本分析,并负责上报经济管理部,编写责任管理业绩报告。

⑦负责劳务队录用手续的完善,并建立劳务队使用档案。

⑧负责按月根据劳务队计价数量计算物资标准使用量,配合物资部门核对物资数量的节超。

⑨负责及时准确地对建设单位计量。

⑩负责建立变更索赔台账,与监理、建设单位等沟通做好变更索赔的批复工作。

⑪负责对劳务队伍的对下结算工作。

(4) 财务部门

财务部门的主要职责为:

①负责本项目的责任成本会计核算,正确归集各项成本费用。

②对计划部门出具的责任成本报表签字确认,确保财务成果的真实性、及时性、准确性。

③负责建立并及时登记责任成本总账,检查指导各责任中心成本台账。

④负责制定本项目考核兑现办法,按月组织考核兑现。

⑤负责协助间接费用的二次分解及控制。

⑥监督项目的材料招标采购,按规定对周转材料和低值易耗品进行摊销。

⑦负责按季度及时上报责任成本报表。

⑧落实执行税务筹划方案,及时收取进项税发票,完善税务抵扣链条。

⑨负责本项目责任成本管理实施方案中资金相关部分的制定和落实。

(5) 物资设备部门

物资设备部门的主要职责为:

①负责跟踪记录材料价格波动、材料的招标采购,通过降低采购单价以达到压缩成本的目的。

②负责根据技术部门提供的限额供料量及每月施工计划按月提供主要材料并建立限额供料台账,及时登记。

③ 负责材料的日常管理,及时将采购发票交财务入账,并使用统一格式的表格进行逐日消耗登记,按月及时向财务上报材料消耗报表。

④ 按月定期对库存材料进行盘点,并将盘点结果与计划部门提供的标准消耗对比,核算当月材料的节超情况,同时提出解决措施。

⑤ 负责周转材料、低值易耗品的购买、管理,及时清退,并负责及时将发票交财务入账摊销。

⑥ 负责根据项目设备配置表,做好设备进场的安排,并建立机械设备管理台账。

⑦ 负责现场自有设备的管理使用,按月登记统计设备的维修费、燃油费及设备的完好率、利用率,按月及时上报财务设备折旧表,定期对机械设备进行单机核算。

⑧ 负责外租设备的审批及签订租赁合同,制定燃料费的消耗标准,控制燃料费。

⑨ 负责对乙方办理最终结算时,出具施工队材料消耗明细单据。

⑩ 负责落实执行税务筹划方案,合理控制采购租赁成本,完善税务抵扣链条。

(6) 安质部门

安质部门的主要职责为:

① 负责建立安全生产费用管理制度和安全生产费用核算制度,明确安全生产费用使用、管理的程序、职责及权限。

② 负责编制资金来源、投入数额、使用范围及完成期限的安全生产费用投入计划。

③ 负责建立安全费用使用台账。

④ 负责配合财务部门对安全生产费用投入计划的落实情况进行考核。考核按季度、年度分阶段进行,分项考核,各职能部门根据职责分工对本职责范围内安全生产费用投入计划的落实情况进行考核,并对其负责。

(7) 办公室

办公室的主要职责为:

① 负责根据项目责任成本预算费用组成中的办公费和开办费等,进行办公用品及职工食堂炊具购买,做好发放、登记。每月进行各部门办公用品及费用核算,对各部门进行评价。

② 负责对招待费的登记及烟酒发放工作做好记录,对烟酒等招待用品费用负责。每月公示招待及烟酒费用,要核算到每个人。

③ 负责本部门职能范围内的标准化工地建设、做好企业文化宣传。

④ 负责小车的指派、用车人记录、小车油耗及维修费的核算工作,对超标部分要处罚。

⑤ 负责做好农民工的合同签订工作,做好动态管理,及时掌握各队农民工人数,做好工资发放工作。

3) 项目成本预算控制工作原则及内容

(1) 项目组织机构设置

项目组织机构设置必须贯彻精干高效原则,严格定编、定岗、定员制度。

(2) 项目作业层管理模式选择

按照"经济高效、科学制衡、合同规范、管控有力"的原则,构建以劳务分包和工序分包为主体、以自有作业队和"架子队"与合法专业分包相结合、积极组建模拟股份作业队、严禁"大包"(工程转包、违法分包)的作业层管理模式。合理选择与确定施工队伍承包模式、专业类型、队伍数量、劳动力配置要求、组织管理方式、劳务价格、计量结算规则等,有效防范施工队伍管理风险。无论采取何种作业层管理模式,项目施工生产核心资源如混凝土拌和站、主材加工、大型专业设备和模具、检验测量设备、大型周转材料等必须由项目经理部掌控。

(3) 施工组织设计确定

施工组织设计主要包括合理规划现场布置,划分项目施工单元,确定总体施工组织安排和各分部(工区)施工组织安排。坚持"实事求是、科学经济"的原则,通过各类施工技术方案的经济比选,优化生产要素资源配置,科学制定安全、质量、工期、环水保等控制目标,合理确定现场作业组织管理方式,落实重难点工程、关键工序施工方案,积极推广新技术、新工艺、新材料,有效提高施工生产效率。

(4) 工程数量预控

建立由项目相关业务部门分别控制的合同清单数量、施工图设计数量、责任预算数量、二次分解数量及实际施工数量台账的"五量"控制体系,在日常管理中努力做到对上足额计量、对下限额计量,确保对下结算数量不突破对上计量数量的"红线"。

(5) 劳务分包队伍选择

从公司工程分包(劳务)施工队伍及设备物资供应商信息库中选择劳务队伍。倡导"工序分离、工费承包、限额供料、价税分离"的劳务承包模式,劳务队伍可带部分施工机具。所有构成工程实体的主要材料必须由项目经理部统一采购、调配、检验,关键环节的设备原则上由公司统一配置。项目重难点工程、关键工序劳务队伍要由公司牵头组织考核、议标和引入,长大隧道、技术复杂桥梁等劳务队伍还应报公司审批。

(6) 专业化分包队伍选择

需要专业化施工的重点工程和关键工序如隧道机械化作业、混凝土制品生产、钢构件加工、地铁盾构施工、路面摊铺、轨道铺设、桥梁架设等首先从企业内部专业化公司(队伍)中选择,采取签订内部经济承包合同的方式。特殊情况下确需从企业外部引入专业分包商的,由公司选择或确定,专业分包合同必须报公司审批。

(7) 物资材料预控

在充分开展市场调查和经济比选的基础上,依法合规地确定物资供应方案,明确材料价格、数量控制目标。通过市场询价、经济技术比选确定地材、混凝土等材料自加工或外购供应方式。科学选择主要周转材料类型、数量、配置模式(调配、新加工、新购和租赁)及管理模式。坚持"限额发料、定期盘点、节超管控、责任分解"的原则,做好物资领用与节超分析的管控工作,合理管控经营风险。

(8) 机械设备预控

根据施工组织设计及专项技术方案、结合公司自有设备资源及市场调查情况,经过技术论证和经济比选,确定机械设备配置方案,包括设备类型、数量、配置模式、管理模式以及进出场时间等,强化设备日常管理。

(9) 临时工程预控

按照"经济实用、满足需求"的原则确定临时设施建设规模,处理好"标准化"与"高标准"之间的关系,按照"有方案、有设计、有预算、有合同、有验收、有结算"的临建管控流程做好临建设施的成本管控。在确定施工便道、便桥、搅拌站、梁场、预制构件场、钢材加工场等临时工程规模时,均要认真验算技术参数,避免临时工程过度建设和重复建设。

(10) 征地拆迁预控

严格控制临时用地数量,尽量利用红线内永久用地布置临时设施,及时复耕还地。代建设单位办理征地拆迁的,原则上不得垫付费用,并及时完善相关手续。项目经理部应积极配合建设单位进行征拆,避免因征拆影响工程施工,造成停窝工等损失。

(11) 现场经费预控

项目经理部应按照"定岗定编、总额核定、分期控制、节俭实用"的原则,合理确定现场管理费预控方案,控制方式可采取预算审批、指标包干、限额开支等方法。

(12) 税务筹划

依据国家及地方税收政策,制定税务筹划方案,建立和完善进项税额抵扣链条,分解落实进项税额抵扣任务目标,梳理选择合格供应商,争取最大进项税额抵扣。按照税务筹划方案积极与地方税务部门沟通,争取政策支持,努力降低税点,强化票据管理,合理规划税务成本。

(13) 安全文明施工预控

做好安全生产计划,建立安全费用台账,记录安全生产费用的费率、数额、支付计划、使用要求、调整方式等,并做到专款专用。

(14) 责任预算管理

依据审批后的施工组织设计编制项目责任预算,责任预算经公司主管领导审批后,以合同或文件形式明确项目收入预算目标和成本支出预算目标。

28.3 责任成本

1) 编制依据

(1) 招标文件及投标报价基础资料。

(2) 施工合同文件、标价的工程量清单、计量支付规定。

(3) 项目预控方案、经公司审批的实施性施工组织设计、施工方案、施工图数量。

(4) 按规定程序确定的工、料、机调查(招标)价格。

(5) 现行的责任成本预算编制办法、公司颁布的施工定额、指导单价等文件。

(6) 公司有关文件、办法。

(7) 现场调查的有关情况。

2) 编制基础

(1) 项目组织机构。

(2) 项目的平面布置方案和大小临时工程及过渡工程的工程量。

(3) 项目的主要施工方案,总体和分阶段的工作目标。

(4) 项目主要生产要素的配置(包括机械设备、材料的大致数量、来源地、运距及劳务队伍的配置、分包模式及进场时间)。

(5) 项目优化设计菜单和向建设单位要回暂定金的目标值。

(6) 项目各分项工程的实物工作量。

(7) 项目的责任成本预算,对外分包各单项的最高限额(包括工费、各类材料、器材、各类设备、运输车辆)。

3) 编制内容

(1) 编制说明和评估结论。

(2) 责任预算汇总表。

(3) 人工(分包)、材料、机械费计算表。

(4) 施工措施费明细表。

(5) 项目管理费明细表。

(6) 临时工程费计算表。

(7) 其他间接费明细表。

(8) 工、料、机单价分析表。

(9) 主要材料、周转材料数量及机械设备进场数量。

(10) 主要材料价格表。

28.4 二次责任预算

二次责任预算即责任成本分解。项目经理部根据预控方案、评估报告和已签订的经济责任承包合同,在完成进一步的方案优化后确定的单价,按照成本费用优先、数量价格分控、岗位职责补充的原则,进行责任中心(工区、部门、作业队、现场负责人)的预算分解(表28.1),明确各责任中心控制目标,逐项明确成本费用的控制责任。该工作由项目计划部门牵头组织,项目所有部门参与分别完成相关内容的编制工作。经项目经理部责任成本管理领导小组会议研究报公司经济管理部审批后,根据责任的划分确定各责任中心的责任成本。

项目经理部对责任中心的责任预算编制分为成本中心(工程队、班组)、责任预算和费用中心(工程数量控制、材料数量控制、材料价格控制、固定资产购置控制、技术控制、质量控制、现场管理费控制、计价控制等)责任预算。

表 28.1 项目岗位责任成本目标分解及奖罚表

序号	项目名称			内容				责任人签字
	责任岗位	责任人	责任比例	责任内容	责任考核办法	奖罚规则	责任内容备注说明	
1	总工程师、工程部			① 技术创效在____万元以上	以实现技术创效额为准	奖励超创额的____%；处罚少创额的____%		
				② 钢筋损耗率控制在____%以内	钢筋废材/钢筋进场量	奖励节约额的____%；处罚超额的____%		
				③ 检验试验费控制在____万元以内	以最终试验费为准	奖励节约额的____%；处罚超额的____%		
2	生产副经理、现场工程师			零星用工控制在____万元以内	以最终结算为准	奖励节约额的____%；处罚超额的____%	零星用工具体指发生在工程实体的合同外零星用工，不包括甲方签证用工	
3	商务经理、商务部			① 劳务单价控制在商务策划劳务费单价内 ② 劳务结算工程量控制在主合同结算量以内	以最终结算为准	奖励节约额的____%；处罚超额的____%		
4	物机部			① 模板总进场量控制在____m² 以内 ② 木枋总进场量控制在____m³ 以内 ③ 模板、木枋总费用控制在____万元以内	以最终进场量为准	奖励节约额的____%；处罚超额的____%		
				④ 砼损耗率控制在____%以内	以图纸预算量扣除钢筋为准	奖励节约额的____%；处罚超额的____%		
				⑤ 砌体损耗率控制在____%以内	以图纸净用量为准	奖励节约额的____%；处罚超额的____%		

续表

序号	责任岗位	责任人	责任比例	责任内容	责任考核办法	奖罚规则	责任内容备注说明	责任人签字
	项目名称：			内　　容				
5	安全质量部			安全文明施工费用控制在____万元以内	以最终发生费用为准	奖励节约额的____%；处罚超额的____%		
6	综合办公室			①业务招待费用控制在____万元以内	以最终发生费用为准	奖励节约额的____%；处罚超额的____%		
				②现场管理人员工资控制在____万元以内	以最终发生费用为准	奖励节约额的____%；处罚超额的____%		
				③办公费用控制在____万元以内	以最终发生费用为准	奖励节约额的____%；处罚超额的____%		
				④水电费控制在____万元以内	以最终发生费用为准	奖励节约额的____%；处罚超额的____%		
7	财务部			财务费用控制在____万元内,税务成本控制在____万元内	以最终发生费用为准	奖励节约额的____%；处罚超额的____%		

项目经理：　　　　　　　　　　　　　公司总经济师：
公司总经理：

1) 成本中心责任预算编制

项目经理部根据公司核定的分项分部工程责任预算,在对施工方案进行优化和核实二次分解数量的前提下,考虑现场实际和节约指标,参考公司施工定额和公司内部承包单价的标准,编制成本中心责任预算。

责任预算内容包括工程直接成本和间接成本两部分,但单位工程量指标一般不高于工程公司核定的责任预算指标数。

2) 费用中心责任预算编制

项目经理部根据工程数量控制、材料数量控制、材料价格控制、固定资产购置控制、技术控制、质量控制、现场管理费控制、计价控制等的可控范围,编制费用中心的责任预算。

技术部门:责任预算总额以零为基数。由该中心提出的变更设计、优化施工方案、控制对下计量以及由于技术指导失误造成返工损失形成的收支净额,以及提供的材料计划用量与设计用量按材料的责任预算单价形成的收支净额为该中心工作成果。

商务部门:责任预算总额以零为基数。由对劳务队计价的单价与责任预算单价差额形成的收支净额,以及对建设单位变更设计批复的单价与原合同单价的差额为该中心工作成果。

物资部门:责任预算总额以零为基数。材料的实际购价与材料责任预算价格(确认的市场调查价)以及材料的实际消耗与计划用量所形成的材料成本差异为该中心的工作成果。

设备部门:由项目经理部直接使用的机械设备费用(含施工机械的大修、折旧费),加上承租和出租机械设备的租赁费净支出之和为该中心的责任预算总额。机械费收支净额为该中心的工作成果。

财务部门:项目经理部管理费和制造费用开支标准构成本级管理费预算。该中心须将本级管理费预算分解到各责任中心分别进行核算和控制,分解后该中心管理费收支净额为该中心的工作成果。

28.5 责任成本控制

1) 工程数量的清查与控制

工程数量控制遵循"逐级控制、据实计量、序时登记、节超考核"的原则。工程数量实行中标清单工程数量、施工图工程数量、责任预算工程数量、责任中心工程数量和实际完成工程数量"五量"控制。

中标清单工程数量:指项目中标时,建设单位招标文件中规定的工程量,该工程量仅适于投标时使用,非实际图纸工程量。

施工图设计数量:指对施工图会审并经过建设单位认可的工程数量,也是向建设单位计量的数量。

责任预算数量:依据施工图及现场复测后确定的实物工程数量,包含了主体工程数量和临建工程数量,用以编制公司责任预算。

责任中心工程数量(即二次分解数量):根据图纸及项目进行方案优化等处理后,预计实际完成的工程量。责任中心工程数量包括主体工程数量和临建工程数量,是编制二次责任预算和各责任中心预算的基础。

实际完成工程数量:又称技术交底数量,现场实际施工的数量,是对下劳务计价及材料使用的最高限额。

公司工程部及经济管理部依据审核无误的施工图数量设立工程量总账,项目经理部要对责任预算数量进行实测审核,技术中心、计划中心分别设立工程数量台账。责任预算数量和各责任中心实测数量的差品项目经理调节基金的来源,最终结余的项目经理调节基金构成项目超额利润的组成部分。

施工方案的优化等引起各责任中心工程数量的增减,要及时调整,项目竣工后各中心的计价总量不得突破总台账数量。

工程数量要实行逐级控制制度,分别由公司工程部、项目经理部控制,并分别建立工程数量台账,项目经理部的总工程师控制项目的工程总量,各分管单位工程的技术人员控制单位工程数量。各级量差形成的利润实行分级管控的原则。

施工图量差:是指施工图数量与责任预算中主体工程数量差额,由设计量差和总体方案优化形成的量差组成,该部分形成企业利润,公司负责管控。由量差产生的项目收益经公司责任成本领导小组决定奖励分成。

责任预算量差:是指责任预算数量与二次分解数量之间的差额,该部分构成项目经理调控基金,最终的节余构成超额利润。

2)分包成本控制

分包成本控制遵循"依法用工、择优录用、量价双控、提高工效、审批上移"的原则。按承包内容和承包主体划分为专业分包、劳务分包和内部承包(内部专业化公司、专业队或架子队)。

3)劳务分包方式选择

倡导"工序分离、工费承包、限额供料、价税分离"的劳务承包模式,必要时可以带部分通用设备分包,严禁提点大包、工程转包和违法分包,严禁以包代管、包而不管。所有构成工程实体的主要材料必须由项目经理部统一采购、调配、检验,关键环节的设备原则上由公司统一配置。

4)劳务分包成本控制

劳务分包抓好劳务队伍录用、劳务合同签订、劳务计价、结算与拨款以及劳务分包服务与评价等重点。劳务队伍录用按照"先准入、后录用"的原则,拟选用队伍应从公司或公司工程分包(劳务)施工队伍及设备物资供应商信息库中选择劳务队伍,采取招(议)标方式确定。

劳务合同签订:坚持"先签合同、后上场"的原则,杜绝未签订书面合同,劳务人员、设备提前进入现场。采用公司或公司的示范合同文本,执行劳务合同评审和报批制度。劳务合同签订后,项目要组织相关业务部门人员进行合同交底。在合同执行过程中,如遇特殊情况或合同内容发生较大变化时,应及时签订补充合同,并履行审批程序。

劳务计价、拨款与结算:依据《项目验工计价管理办法》和《劳务结算管理办法》等相关规定执行,按照"先计量、后计价"和"联审联签"的原则按月对劳务队伍办理计价。坚持"先计价、后付款"制度,按月清算民工工资、甲供材料费用、租(使)用项目设备费、水电费等。重点控制合同外工程计价、机械台班费用,尽可能减少零星用工。工程完工验收合格后及时办理竣工结算(末次验工计价)并签署末次结算协议。劳务竣工结算由公司进行审批。

劳务分包服务与评价:坚持严管与善待相结合,增强和树立服务意识,努力改善劳务队伍施工环境和条件。保障劳务队伍均衡生产,确保工程进度、安全和质量,定期对劳务队伍进行评价,构建合作共赢的良好环境。

5)材料的价格和消耗数量控制

材料采购与验收:科学编制物资采购及供应计划,确保材料成本控制。按照"采、管分离"的原则,切实加强材料计划的及时性和准确性。做到"三比一算",即比质、比价、比运距和采购成本核算,降低物资采购成本。钢材、水泥、地材等必须进行过磅验收,旁站监控,进场后执行双人以上物资点验制度,坚持验品种、验规格、验数量、验质量的"四验"制度,及时办理入库手续。

材料仓储与发料:建立工地集中料库,合理储备,做到"两齐三清四对口",即库容整齐、堆放整齐,材质清、规格清、数量清,账、卡、物、资金四对口。坚持限额供料制度,多批次、少批量、限量配送,及时登记供料台账。

材料消耗与盘点:坚持物资消耗与工程进度同步、与分包计价同步、与财务核算同步的原则,材料必须每月盘点一次,项目经理部应组织相关部门按月对库存材料及现场物资进行实地盘点,汇总各工点当月发料数量,计算实际消耗数量。

周转材料控制:加强周转材料的筹划、调剂、采购、租赁管理,明确新购、市场租赁、内部调剂等供应方式,履行报批程序,明确审批权限,实施招标或询价采购(租赁)。加强周转材料使用、维修、摊销、处置管理,提高使用效率和维修完好率,避免闲置浪费。每月对在用周转材料清查盘点,监控现场使用保管情况。报废处置应按审批权限履行报批程序,处置收入及时入账,对发生损坏丢失的应明确经济责任。

半成品控制:加强混凝土集中拌和站、钢筋加工厂、混凝土预制件厂等半成品的成本控制,严格控制半成品的生产数量、发出数量和损耗数量,对半成品生产的工、料、机等消耗进行节超分析,堵塞管理漏洞,降低生产成本。

6)机械成本控制

充分发挥设备效能,控制台班用量和台班资源消耗,促进设备使用效益最大化。

自有设备成本控制:围绕主要设备和关键设备安排部署施工,确保施工连续性和施工任务饱满度,维持机械设备连续、满负荷运转,保证台班产量达到定额产量。项目在合同中应明确规定劳务队伍使用项目机械设备台班的单价,劳务队伍使用时项目应按照台班的使用数量和时间做好签认计量。

租赁设备成本控制:租赁设备原则上要采用工作量计租的方式,避免按月或台班计租。必须按月或台班租赁设备时,要安排专人负责,建立单机单车核算台账,控制台班数量和台班资源消耗,确保完成定额产量。租赁期满后应及时办理退场手续。

劳务队自带设备成本控制:劳务队自带设备应纳入项目管理范畴进行统一管理。项目要监督劳务队对其自带设备及时进行维护和保养,协助其合理使用设备,均衡连续生产,提高工作效率。劳务队自带设备由项目供应的油料、配件等每月及时扣款。

7) 临时设施成本控制

临时设施管理应做到"六有",即有方案、有设计、有预算、有合同、有验收、有结算。严格控制工程数量和结算单价。

原则上同类别的临时工程单价不得高于主体工程单价。

8) 现场管理费控制

在公司批复的责任预算基础上,按照"增人不增费用,减人不减费用"的总量包干原则,加强现场管理费用支出控制,严控管理人员数量,根据工程实际进度动态调整管理资源,严格执行公司统一薪酬规定,严格执行办公费、差旅费、会议费、车辆费、招待费等各项费用支出标准。预算指标尽量包干到责任部门或责任人,定期进行节超分析,实施奖罚考核。

9) 特殊情况

遇特殊情况如图纸不到位、施工方案未确定等影响责任预算编制的,公司相关业务部门要依据公司确定的施工组织设计,调查当地工费、材料费、运输及机械设备租赁的市场价格,确定项目责任预算单价,以此作为项目经理部签订劳务合同、供料合同、设备租赁合同的最高限价,避免先干后算可能带来的经济纠纷。

10) 安全成本

安全成本是指为了预防施工生产过程中发生人身伤害、设备损毁等事故,保证职工在施工中的安全与健康而发生的费用,以及没有达到上述目标所造成的损失。贯彻安全成本观念,关键在于投入必要的安全成本,必须全额计取安全生产费用的同时最大限度地降低故障成本,提高经济效益。

11) 质量成本

质量成本是指保证和提高工程质量而发生的一切必要费用,以及因未达到质量标准而蒙受的经济损失。要从质量成本管理中要效益,一是要坚决避免片面追求经济效益而忽视质量的现象出现,这既增加了成本支出,又对企业信誉造成不良影响;二是在确保施工质量达到设计要求水平的前提下,尽可能降低工程成本。

12) 工期成本

工期成本是为实现工期目标或合同工期而采取相应措施所发生的一切费用。工期成本管理的目标是正确处理工期与成本的关系,使工期成本的总和达到最低值。综合工期成本的各种因素,找到一个工期成本为最低的理想点。在确保工期达到合同条件的前提下,要不断降低工期成本,不能只顾提高企业信誉和市场竞争力,盲目抢工期赶进度,增大项目成本,导致项目亏损。

13) 税务成本

税务成本是在满足国家税务政策的前提下,合理规划劳务分包、物资采购、设备采购与租赁等构成税金计算基础以及对缴税人科学选择的基础上,合理降低的税务成本。

14）工程项目竣工阶段成本控制

（1）技术资料的准备与竣工决算的管理

在工程施工过程中，要做好工程技术资料的收集、整理、汇总、归档，在工程竣工决算阶段，项目经理部将有关决算资料提交计划部门（经管部门），对中标预算、材料实耗、人工费等进行分析、查漏补缺，使工程竣工决算准确与完整。

（2）做好收尾工作，要精心安排组织有关人员，将竣工收尾时间缩减到最短。

（3）在工程保修期间，项目经理应指定保修工作的责任者，并责成保修责任者根据实际情况提出保修计划（包括费用计划），以此作为控制保修费用的依据。

（4）做好工程结算工作，加大对工程尾款的催收力度。

工程竣工决算阶段，项目财务人员计算出各分部分项工程的直接成本并与预算成本对比，发现是否存在中标额外需要建设单位签认的费用，在向建设单位提出最终结算额前，计划人员要与财务人员进行认真全面的核对，互相补正以免漏项，以取得足额结算收入。

（5）要认真对待清欠收款工作，采取各种措施积极回收工程拖欠款和各种保证金，加快资金周转，提高资金使用效率，增加企业收益。

（6）做好"销号"工作。与建设单位理清合同责任，竣工决算工作完成后，工程项目要进行"销号"工作，即撤销项目所在地银行账户，资金和账务归集到上级公司实行集中管理。

28.6 责任成本的核算与分析

责任成本核算的主要内容包括9项：收入核算、工程数量核算、材料成本核算、劳务成本核算、机械成本核算、临时设施成本核算、其他直接费核算、现场管理费核算和税务成本核算。

1）收入核算

收入核算由商务部门牵头。收入包括初始合同收入、变更索赔收入和其他收入三部分，主要是对建设单位已计价、应计未计和超前计价进行核算，尽可能地争取应计未计和变更索赔的及时有效计价，降低进项税额抵扣失效的经营风险。

2）工程数量核算

工程数量核算由工程技术部门牵头，主要是进行中标清单工程数量、施工图工程数量、责任预算工程数量、责任中心工程数量和实际完成工程数量"五量"的核算。各项目经理部都要制定计量和验收工作量的办法，特别是对劳务队伍工程数量的计量要严格控制。要力求实际完成工作量、甲方计价工作量和纳入财务决算的工作量相对应，如果甲方因特殊原因不能按时计价，项目经理部计划部门也要按照实际完成工作量对各责任中心进行责任预算计价，同时以内部计价的方式，按照实际完成工作量确定财务收入。要杜绝由于计价原因导致成本不实，考核不实的现象发生。

3）成本费用核算

成本费用核算由相关业务部门牵头,主要是对项目责任成本的总体核算,涵盖材料成本核算、劳务成本核算、机械成本核算、临时设施成本核算、其他直接费核算、现场管理费核算以及税务成本核算等,细化至责任中心和结构物。

4）账外收入、成本分析

对各类账外收入和账外成本进行分析,主要包括账外项目收入、变更索赔确认、劳务队已完未计价、应列未列材料、应列未列设备费、应列未列其他费用、临时设施征地拆迁费用摊销情况等。

5）安全质量激励约束成本分析

(1) 基金提取

项目经理部按照验工计价的 0.2% 提取考核基金。

(2) 基金支出

考核基金支出内容:劳动竞赛奖、节点奖、首件奖、明星员工、先进集体、先进个人、季度或者年度评先评优奖,以及由考核基金使用管理领导小组确定的其他奖励。

第七部分
财税管理策划

第 29 章 资金流策划

29.1 账户管理

了解建设单位对开户的要求,与所属资金管理中心沟通,并按照公司管理要求及流程决定是否办理开立外部账户、开通外部账户网银、银企直联系统等业务。建设单位对开户的银行有要求的,在具体办理时应收集提供相关书面要求。

29.2 资金集中

分析建设单位对项目资金监管的详细要求,研究资金集中的方式、渠道等,根据项目规模、结算特点,商定外部账户余额限额。

29.3 招标资信策划

根据项目现金流测算、公司资信管理要求、现金流管理目标、资金上交任务等,结合招标采购业务特点、交易惯例、市场地位、资源配置要求等,测算各项采购、分包、租赁等业务的招标资信条款,做资金成本与交易成本比选,提出各主要分包采购业务资信管理最低要求。

29.4 供应链融资业务策划

根据项目现金流策划结果和项目现金流管理目标,了解各金融机构对供应链融资业务的具体要求,结合公司资金管理制度,分析开展供应链融资业务的必要性、可行性,收集分包、采购管理部门的意向性交易单位信息,拟定项目供应链融资业务管理预案。

29.5 现金流测算

根据投标报价、标后预算、施工组织方案、合同条款等,分析计算项目实施期间各年度、季度、月份的收款、成本费用付现等,测算各月现金流余缺情况。

根据现金流测算结果,拟定项目资金结算、票据管理、信贷业务等应对预案。

1）项目主合同付款条款及资金策划节点的确定

（1）项目合同付款条款

本部分描述项目工程概况、项目合同总价款及项目主合同中关于工程款（含预付款及保修金）支付的主要条款。

（2）项目商务策划情况

① 项目机构设置及预计现场经费金额。

② 临时设施预计支出及残值回收情况。

③ 支付给建设单位的履约保证金、交纳政府部门规费以及支付工程保险费、保函手续费的情况。

④ 项目预计总收入、预计总成本情况。

⑤ 其他需要说明的情况。

（3）项目资金策划节点的确定

资金策划时应依据项目合同工期、计划工期、工期过程控制目标以及施工策划、商务策划确定资金策划节点。资金策划节点确定按以下几种原则进行：

① 形象节点原则：以工程形象节点作为资金策划的过程节点，这样有利于减少计算量。

② 收款节点原则：建设单位如果以工程形象节点进行工程进度款的支付，则应以达到支付条件的形象节点作为资金策划的节点。

③ 大额支付节点原则：根据与各供方签订的合同安排结合春节、端午、中秋节安排。

（4）供方市场行情及资源组织策划

对项目所在地劳动力市场、材料市场等进行分析并确定各项资源的组织方式，要明确以下内容：

① 项目临时设施施工组织方式（自行施工还是外包方式）以及与分包方的结算方式。

② 本项目劳务拟采用分包方式（部分班组包辅材、加工机械），收取一定的保证金作为履约保证，付款方式按收取的工程款同节点同比例支付。

③ 机械设备资源组织：项目大型机械设备采用何种方式解决（自行购置、外租或者分包给劳务方）以及拟采用的付款模式：按月支付_____%租金。

④ 专业分包资源组织：专业分包工程（安装、土方、幕墙、防水等）组织形式，进度款采取何种付款方式（按月支付、按节点支付或者验收后一次性支付）以及收取履约保证金数额、扣留保修金数额、过程付款比例。

⑤ 材料采购资源组织：

水泥拟由×××公司供应，次月_____日前支付上月货款的_____%，主体完工后_____个月内支付完所有货款；钢材拟由××××公司供应，次月_____日前支付上月货款的_____%，主体完工后_____个月内支付完所有货款。商票、信用证、保理等合同具体约定。

(5) 项目资金策划的编制方法和步骤

① 根据项目特点划定资金策划节点。

② 分别计算各节点预计资金收入并填制项目资金策划节点收入底稿,见表29.1所示。

表 29.1 项目资金策划节点收入底稿

节点序号:　　　节点时间:　年　月　日至　年　月　日　　　　单位:万元

序号	形象进度	完成工程量	当前完成百分比	累计完成百分比	支付比例	应收工程款	建设单位累计欠款
1							
2							
3							
	合计						
会签栏	项目经理部	项目会计			商务部长		
	集团(子、分公司)	财务部			成本部		
		总会计师			总经济师		

本底稿主要计算各节点可收回的工程款数额。

填写方法:合同约定按节点支付并有明确付款金额的就按具体数据填写;规定按时间付款的就按当期审定工程量乘以付款比例填写。

"当期完成百分比"等于当期产值除以总合同额。

③ 分别计算各节点预计资金支出并填制项目资金策划节点支出底稿,见表29.2、表29.3所示。

表 29.2 项目资金策划节点支出底稿

年　月　日　　　　　　　　　　　　　　　　单位：万元

序号	开支内容	支付约定	结算金额	合同付款比例	本期应付款	期末欠款	合计
1							
2							
3							
	合计						
会签栏	项目经理部	项目会计			商务部长		
	集团(子、分公司)	财务部			成本部		
		总会计师			总经济师		

本部分主要计算各节点预计支付资金金额,其中,"开支内容"按照项目商务策划相关内容分析填列,要求填列至二级科目;"支付约定"简单描述合同约定;"结算金额"指资源组织中要求签订合同部分的和未要求签订合同的成本之和,要求等于总成本;"合同付款比例"按照资源组织合同要求填列;"本期应付款"等于"结算金额"乘以"合同付款比例"。"期末欠款"等于"结算金额"减去"本期应付款"。

"开支内容"按照项目商务策划相关内容分析填列。

表 29.3 项目成本情况汇总表

序号	费用名称	支付比例	总计划成本金额/元	本节点成本/元			累计成本/元		
				目标	实际	降低额(目标－实际)	目标	实际	降低额(目标－实际)
一	项目实体费用(1＋2＋3＋4)								
1	劳务费(a＋b＋c)								
a	分项工程劳务费	100%合同约定							
b	辅助用工	100%							
c	零星用工	100%							
2	实体材料费(a＋b＋c)								

续表

序号	费用名称	支付比例	总计划成本金额/元	本节点成本/元			累计成本/元		
				目标	实际	降低额(目标－实际)	目标	实际	降低额(目标－实际)
a	工程用材料费								
b	辅助材料费								
c	水电费(Ⅰ+Ⅱ)	100%							
Ⅰ	施工用水电费								
Ⅱ	生活用水电费								
3	机械费(a+b+c+d)								
a	机械设备租赁费	合同约定							
b	操作人员人工费	100%							
c	小型机具设备配置费	100%							
d	大型机械设备进出场费、安拆费(含设备基础)	合同约定							
4	分包工程费(a+b+c)								
a	分部分项分包	合同约定							
b	单位工程分包	合同约定							
c	甲方分包	合同约定							
二	措施项目费(1+2)								
1	施工措施项目费(a+b)								
a	模板支撑系统费用								
	其中:租赁周转材料	合同约定							
	摊销周转材料	合同约定							
b	外架系统费用	合同约定							
2	安全防护与文明施工措施项目费(a+b+c)								
a	临时设施费	合同约定							
b	安全文明施工费	100%							
c	环保职业健康费用	100%							
三	间接费(1+2+3)								

续表

序号	费用名称	支付比例	总计划成本金额/元	本节点成本/元			累计成本/元		
				目标	实际	降低额(目标一实际)	目标	实际	降低额(目标一实际)
1	现场管理费(a+b+c+d+e+f+g+h)								
a	现场管理人员工资	100%							
b	办公费	100%							
c	差旅交通费	100%							
d	业务招待费	100%							
e	财务费	100%							
f	财产保险费	100%							
g	科技研发、诉讼费等其他	100%							
h	税金	100%							
2	规费(a+b)	100%							
a	社会保险费	100%							
b	住房公积金	100%							
3	工程税金	100%							
四	其他(1+2+3+4)								
1	维修费	100%							
2	营销、质量、安全、进度、结算等奖励费用	100%							
3	前期营销费用	100%							
4	钢筋垫资费用	100%							
五	合计土建成本(一+二+三+四)								
六	土建合同收入(含税)								
七	土建利润(六一五)								
八	土建利润率								
九	机电安装收入(含税)								
十	机电安装成本								
十一	机电安装利润								
十二	机电安装利润率								
十三	总合同收入								
十四	总利润额								
十五	总利润率								

④ 根据各节点资金收支情况填制项目现金流量表初表,编制见表29.4所示。

表 29.4 项目现金流量表初表

序号	时间	主进度计划或工程节点内容	预计产值	收入计划		支出计划		现金净流量		备注
				当期	累计	当期	累计	当期	累计	
1										
2										
3										
	合计									
会签栏	项目经理部	项目会计		商务部长			项目经理			
	子公司	财务部		成本部						
		总会计师		总经济师						
	公司	财务资金部		成本部						
		总会计师		总经济师						

表 29.4 反映资金策划各节点资金收入、资金支出以及现金净流量情况,其中"收入计划"按照项目资金策划节点收入表中的"应收工程款合计数"填列,"支出计划"按照项目资金策划节点支出表中的"本期支付"合计数填列,"现金净流量"为"收入计划"与"支出计划"的差额。

⑤ 针对各节点资金缺口制定相应的应对措施。

⑥ 根据所制定的应对措施编制调整后预期项目现金流量表,编制见表 29.5 所示。

表 29.5 预期项目现金流量表

序号	时间	主进度计划或工程节点内容	预计产值	收入计划		支出计划		现金净流量		本节点应对措施
				当期	累计	当期	累计	当期	累计	
1										
2										
3										
	合计									
会签栏	项目经理部	项目会计		商务部长			项目经理			
	子公司	财务部		成本部						
		总会计师		总经济师						
	公司	财务资金部		成本部						
		总会计师		总经济师						

2) 项目资金缺口的应对措施及风险识别控制

(1) 主要针对项目现金流量表中各节点预计可能出现的资金缺口拟采取的应对措施,具体要求是:

① 应对措施要求具体针对某一节点,不能泛泛而谈;

② 应对措施要有具体的操作过程和执行人员;

③ 应对措施要切实可行,比较复杂的措施要进行可行性分析;

④ 对于风险比较大的应对措施要进行风险分析;

⑤ 必须注明应对措施对现金净流量的影响数。

(2) 项目资金风险识别与控制主要提出在项目实际资金管理过程中存在的主要风险,以及对风险采取的相应控制措施,以期充分发挥项目资金策划的作用,达到预期的效果。

(3) 具体职责分工如下:

① 总会计师负总责。

② 项目经理带领项目相关人员制定措施。

③ 项目总经济师提供商务策划和节点收支工程量(细化到成本二级科目)。

④ 项目会计前期编制好现场经费费用预算,后期编制资金策划底稿。

第 30 章　税务策划

30.1　税务策划内容

策划内容可以按照下列条款填写编制:

(1) 合同涉税条款审查情况说明,是否有不含税价款的条款,如果有则该条款无效。

(2) 项目经理部各税种所在地税务管理情况。

(3) 根据实际情况,提出税务策划方案(包括取得税收优惠、合理纳税等方案)。

(4) 存在的问题。

30.2　各税种管理参考

1) 企业所得税预缴和建筑业营业税

集团管理架构决定项目部均为二级以下分支机构,根据企业所得税相关规定,不在施工地预缴企业所得税。营业税在施工地正常缴纳。

集团下属子公司(独立法人单位),承担以集团名义承接的项目施工,应与集团签订分包协议,并开具建筑业发票,缴纳营业税。此时,需要以子公司名义在施工地预缴企业所得税(0.2%),在子公司汇算清缴时抵扣。

项目经理部应按《中华人民共和国营业税暂行条例实施细则》规定,自行缴纳营业税及附加。按规定进行差额纳税,避免建设单位或总包单位代扣代缴营业税。

项目经理部对其分包单位结算付款时,应要求分包单位开具建筑业发票,按规定缴纳各项目税费。

2) 个人所得税

个人所得税扣缴资料齐全,应在施工地主管税务机关按规定实行个人所得税全员全额明细扣缴申报纳税。

施工地税务部门代征分包单位个税可抵扣。

3) 印花税

项目应按施工地主管税务机关要求,按合同总价一次缴纳印花税,或者按开票(营业)收入分次缴纳印花税;项目经理部签订的合同,按规定申报缴纳印花税。

4) 城建税及教育费附加

项目经理部根据所处地区区域等级按规定缴纳城建税及教育费附加。

5) 地方附加税费

各地方政府根据实际情况和相关规定设置了各种地方附加税费,如地方教育费附加、堤防费、平抑物价基金等,项目经理部应与当地政府及税务部门沟通,在不占用当地教育等资源的情况下,减免相应地方附加税费。

6) 建筑业混合销售

项目经理部销售自己生产的产品(如预制钢箱梁)并负责安装,就产品生产收入和安装收入分别作明细核算,分别缴纳增值税和营业税,并在合同中明确产品生产和安装收入的营业额,否则可能出现重复纳税的情况。

7) 营改增后增值税的管理

建筑业营改增后,施工企业取得合同收入将纳入增值税征收范围,各类采购业务、成本费用支出应及时取得增值税专用发票,在规定期限内完成发票认证,充分抵扣进项税额,合理企业税负。

税率表详见表30.1所示。

表 30.1　税率表

项目	核算内容	成本费用项目明细	取得发票类型	是否可以抵扣	抵扣率/%	备注（假设供应商为一般纳税人，供应商为小规模或其他个人的，抵扣率为3%）
原材料	原材料是指企业在生产过程中经加工改变其形态或性质并构成产品主要实体的各种原料、主要材料、辅助材料、燃料、修理备用件、包装材料、外购半成品等	1. 桥梁、支座、锚杆、锚具	增值税专用发票	是	11	
		2. 机制砖、井盖、污水管、螺旋管、铸铁管、彩砖、栏杆、洞渣、路缘石	增值税专用发票	是	11	
		3. 伸缩缝、钢板、钢绞线、波纹管、钢纤维、挤压套	增值税专用发票	是	11	
		4. 铸铁管道、钢管、阀门	增值税专用发票	是	11	
		5. 给排水设备、消防设施	增值税专用发票	是	11	
		6. 小型机具、电料、五金材料	增值税专用发票	是	11	
		7. 空调、电梯、电气设备	增值税专用发票	是	11	
		8. 电气开关、电线电缆、照明设备	增值税专用发票	是	11	
		9. 木材及竹木制品				
		9.1　原木和原竹（农业生产者自产的）	农产品收购发票或者销售发票	是	11	允许抵扣进项税额＝购买价×11%
		9.2　原木和原竹（供应商外购的）	增值税专用发票	是	11	
		9.3　板材及竹木制品（方木、木板、竹胶板、木胶板等）	增值税专用发票	是	11	

续表

项目	核算内容	成本费用项目明细	取得发票类型	是否可以抵扣	抵扣率/%	备注(假设供应商为一般纳税人,供应商为小规模或其他个人的,抵扣率为3%)
原材料	原材料是指企业在生产过程中经加工改变其形态或性质并构成产品主要实体的各种原料、主要材料、辅助材料、燃料、修理备用件、包装材料、外购半成品等	10. 商品混凝土				
		10.1 一般商品混凝土	增值税专用发票	是	11	
		10.2 自产的以水泥为原料生产的水泥混凝土(供应商采用简易征收)	增值税专用发票	是	3	
		10.3 以水泥为原料生产的水泥混凝土(供应商为一般纳税人)	增值税专用发票	是	11	
		11. 水泥	增值税专用发票	是	11	
		12. 沥青	增值税专用发票	是	11	
		13. 砂、土、石料				
		13.1 砂、土、石料(供应商采用简易征收)	增值税专用发票	是	3	
		13.2 砂、土、石料(供应商为一般纳税人)	增值税专用发票	是	11	
		14. 砖、瓦、石灰				
		14.1 砖、瓦、石灰(供应商以其采掘的砂、土、石料或其他矿物连续生产的砖、瓦、石灰(不含黏土实心砖、瓦),且供应商采用简易征收)	增值税专用发票	是	3	
		14.2 砖、瓦、石灰(除14.1规定外的情况)	增值税专用发票	是	11	
		15. 瓷砖、大理石、火烧石、水泥预制件	增值税专用发票	是	11	
		16. 火工产品	增值税专用发票	是	11	

续表

项目	核算内容	成本费用项目明细	取得发票类型	是否可以抵扣	抵扣率/%	备注（假设供应商为一般纳税人，供应商为小规模或其他个人的，抵扣率为3%）
原材料	原材料是指企业在生产过程中经加工改变其形态或性质并构成产品主要实体的各种原料、主要材料、辅助材料、燃料、修理备用件、包装材料、外购半成品等	17. 玻璃幕墙、铝塑板、外墙装饰材料	增值税专用发票	是	11	
		18. 木门、防盗门、防火门、防盗网、塑钢窗等	增值税专用发票	是	11	
		19. 食堂设施、设备	增值税专用发票	是	11	
		20. PVC管材、塑料管材、塑料板材	增值税专用发票	是	11	
		21. 压浆剂、灌浆料、粉煤灰、减水剂、速凝剂、石粉	增值税专用发票	是	11	
		22. 材料运费	增值税专用发票	是	11	
		23. 材料加工费	增值税专用发票	是	11	
		24. 煤炭	增值税专用发票	是	11	
		25. 金属矿采选产品、非金属矿采选产品	增值税专用发票	是	11	
周转材料	周转材料是指企业能够多次使用、逐渐转移其价值但仍保持原有形态不确认为固定资产的材料，如：钢模板、木模板、脚手架和其他周转材料等	1. 自购周转材料	增值税专用发票	是	11	
		1.1 木模板、钢模板、配合使用的支撑材料、滑膜材料、扣件	增值税专用发票	是	11	
		1.2 土方工程用挡板、挡板支撑材料	增值税专用发票	是	11	
		1.3 搭脚手架用竹竿、木杆、竹木跳板、钢管及其扣件	增值税专用发票	是	11	
		1.4 其他周转材料	增值税专用发票	是	11	
		1.5 一般工具、专用工具、替换设备、包装容器、劳动保护用品、管理用具、其他低值易耗品	增值税专用发票	是	11	
		2. 自购周转材料摊销		否		
		3. 周转材租赁费（钢管、扣件、模版、钢模等）	增值税专用发票	是	11	

续表

项目	核算内容	成本费用项目明细	取得发票类型	是否可以抵扣	抵扣率/%	备注(假设供应商为一般纳税人,供应商为小规模或其他个人的,抵扣率为3%)
固定资产	企业为生产产品、提供劳务、出租或者经营管理而持有的、使用时间超过12个月的非货币性资产,包括房屋、建筑物、机器、机械、运输工具以及其他与生产经营活动有关的设备、器具、工具等	1. 有形动产(施工机械、运输设备、生产设备、测量及试验设备、其他固定资产)				计算方法:应税销售额＝含税销售额/(1+3%)应纳税额＝销售额×2%
		1.1 2009年1月1日以后(含1月1日)实际发生,并取得2009年1月1日以后开具的增值税扣税凭证上注明的或者依据增值税扣税凭证计算的增值税税额	增值税专用发票	是	11	
		1.2 营改增一般纳税人,销售自己使用过的在本地区扩大增值税抵扣范围试点以后购进或者自制的固定资产	增值税专用发票	是	11	
		1.3 增值税纳税人2011年12月1日(含)以后初次购买增值税税控系统专用设备(包括开票机)	增值税专用发票	是	全额抵扣	
		1.4 原增值税一般纳税人,销售自己使用过的2009年1月1日以前购进或者自制的固定资产	增值税专用发票	是	3%征收率减按2%,可以放弃减税按照简易办法3%	
		1.5 营改增一般纳税人,销售自己使用过的本地区试点之日以前购进或者自制的固定资产	增值税专用发票	是	3%征收率减按2%,可以放弃减税按照简易办法3%	

续表

项目	核算内容	成本费用项目明细	取得发票类型	是否可以抵扣	抵扣率/%	备注（假设供应商为一般纳税人，供应商为小规模或其他个人的，抵扣率为3%）
固定资产	企业为生产产品、提供劳务、出租或者经营管理而持有的、使用时间超过12个月的非货币性资产，包括房屋、建筑物、机器、机械、运输工具以及其他与生产经营活动有关的设备、器具、工具等	1.6 一般纳税人销售自己使用过的属于增值税暂行条例第十条规定不得抵扣且未抵扣进项税额的固定资产	增值税普通发票	否	3%征收率减按2%	计算方法：应税销售额＝含税销售额/(1＋3%)应纳税额＝销售额×2%
		1.7 纳税人购进或者自制固定资产时为小规模纳税人，认定为一般纳税人后销售该固定资产	增值税普通发票	否	3%征收率减按2%	
		2. 不动产				
		2.1 购置房屋	增值税专用发票	是	11,5	分两年分别按60%、40%抵扣
		2.2 购置土地	增值税专用发票	是	11	
临时设施	临时设施是指建筑施工企业为保证工程施工和管理的正常进行而建造的各种临时性生产、生活设施	1. 临建设施购买合同约定按照建筑业劳务统一开具增值税专用发票	增值税专用发票	是	11	
		2. 临建设施购买分别签订材料购销合同与劳务分包合同的，应分别取得增值税专用发票				
		2.1 签订材料购销合同部分	增值税专用发票	是	11	
		2.2 签订劳务分包合同部分	增值税专用发票	是	11	

续表

项目	核算内容	成本费用项目明细	取得发票类型	是否可以抵扣	抵扣率/%	备注(假设供应商为一般纳税人,供应商为小规模或其他个人的,抵扣率为3%)
无形资产	无形资产是指企业拥有或者控制的没有实物形态的可辨认非货币性资产	1. 土地使用权	增值税专用发票	是	11	仅限其他纳税人转让的土地使用权。房地产企业从政府部门通过招拍挂形式获取的土地,可以将土地价款从取得的全部销售额中扣除
		2. 特许经营权	增值税专用发票	是	6	
		3. 专利权	增值税专用发票	是	6	
		4. 软件研发服务	增值税专用发票	是	6	
		5. 其他(包括商标权、著作权、自然资源权等)	增值税专用发票	是	6	
人工费	人工费是指施工企业在工程施工过程中,直接从事施工人员发生的工资、福利费以及按照施工人员工资总额和国家规定的比例计算提取的其他职工薪酬	1. 内部人工(主要表现为内部工程队,以工资表形式入账)		否		
		2. 劳务分包(分包方为有建筑资质的公司)	增值税专用发票	是	11	
		3. 劳务分包(分包方为有建筑劳务资质的公司)	增值税专用发票	是	11	
		4. 劳务派遣费用	增值税专用发票	是	6	
		5. 员工工资及"五险一金"		否		
		6. 零星用工工费		否		
		7. 对劳务队伍的考核奖励	增值税专用发票	是	11、6	作为价外费用开票抵扣

续表

项目	核算内容	成本费用项目明细	取得发票类型	是否可以抵扣	抵扣率/%	备注（假设供应商为一般纳税人，供应商为小规模或其他个人的，抵扣率为3%）
机械使用费	工程施工过程中使用自有施工机械发生的机械使用费和租用外单位施工机械发生的租赁费以及施工机械的安装、拆卸和进出场费用等	1. 外购机械设备折旧费		否		
		2. 外租机械设备（包括吊车、挖掘机、装载机、塔吊、扶墙电梯、运输车辆等）	增值税专用发票	是	11	
		3. 外租机械设备进出场费	增值税专用发票	是	11	
		4. 燃料（汽油、柴油、附属油等）	增值税专用发票	是	11	
		5. 自有机械设备修理费	增值税专用发票	是	11	
		6. 机械操作人员工资及工资附加费		否		
工程成本-其他直接费及间接费	其他直接费：施工过程中发生的二次材料搬运费、生产工具用具使用费、临时设施摊销费、工程复测费、施工水电费、施工补偿费、征地拆迁费、环境保护费等	1. 电费				
		1.1 电费（一般纳税人）	增值税专用发票	是	11	
		1.2 电费（县级及县级以下小型水力发电单位生产的电力，且供应商采用简易征收）	增值税专用发票	是	3	
		1.3 电费（县级及县级以下小型水力发电单位生产的电力，供应商采用一般纳税人处理）	增值税专用发票	是	11	
		2. 水费				
		2.1 水费（自产的自来水或供应商为一般纳税人的自来水公司销售自来水采用简易征收）	增值税专用发票	是	3	
		2.2 水费（供应商采用一般纳税人处理）	增值税专用发票	是	11	
		3. 征地拆迁费		否		
		4. 房屋、道路、青苗补偿费		否		
		5. 生产安全用品	增值税专用发票	是	11	
		6. 检验试验费	增值税专用发票	是	6	
		7. 二次搬运费	增值税专用发票	是	6	
		8. 场地租赁费	增值税专用发票	是	11	

续表

项目	核算内容	成本费用项目明细	取得发票类型	是否可以抵扣	抵扣率/%	备注(假设供应商为一般纳税人,供应商为小规模或其他个人的,抵扣率为3%)
工程成本－其他直接费及间接费	间接费:施工单位在组织和管理施工生产活动中所发生的费用	1. 施工部门管理人员工资及工资附加费		否		
		2. 外聘人员工资		否		
		3. 工程、设备及人员的保险费用	增值税专用发票	是	6	
		4. 租赁费				
		4.1 房屋租赁费	增值税专用发票	是	11	
		4.2 汽车租赁费	增值税专用发票	是	11	
		4.3 其他租赁费,如电脑、打印机等	增值税专用发票	是	11	
		5. 会议费	增值税专用发票	是	6	
		6. 交通费		否		
		7. 车辆使用费				
		7.1 车辆修理费	增值税专用发票	是	11	
		7.2 油料费	增值税专用发票	是	11	
		7.3. 过路、过桥、停车费、养路费	增值税专用发票	是	11	
		7.4 车辆保险费	增值税专用发票	是	6	
		7.5. 司机行车费		否		
		8. 培训费				
		8.1 培训费(技术培训费)	增值税专用发票	是	6	
		8.2 培训费(生活讲堂等员工福利类培训)		否		
		9. 电话费、网络费				
		9.1 电话费、网络费(基础电信服务)	增值税专用发票	是	11	

续表

项目	核算内容	成本费用项目明细	取得发票类型	是否可以抵扣	抵扣率/%	备注(假设供应商为一般纳税人,供应商为小规模或其他个人的,抵扣率为3%)
工程成本-其他直接费及间接费	间接费:施工单位在组织和管理施工生产活动中所发生的费用	9.2 电话费、网络费(增值电信服务)	增值税专用发票	是	6	
		10. 临时设施费				
		10.1 临时设施费(材料设备及增值税应税劳务)	增值税专用发票	是	11	
		10.2 临时设施费(增值税应税服务)	增值税专用发票	是	6	
		11. 办公用品、物料消耗	增值税专用发票	是	11	
		12. 物业管理费	增值税专用发票	是	6	
		13. 污水及垃圾处理费	政府非税收入票据	否		
		14. 研发和技术服务(包括研发服务、技术转让服务、技术咨询服务、合同能源管理服务、工程勘察勘探服务)	增值税专用发票	是	6	
		15. 设计费	增值税专用发票	是	6	
		16. 工地宣传费用(条幅、展示牌等)	增值税专用发票	是	11	
		17. 食堂采购费用		否		例如食堂采购炊具、燃气

续表

项目	核算内容	成本费用项目明细	取得发票类型	是否可以抵扣	抵扣率/%	备注(假设供应商为一般纳税人,供应商为小规模或其他个人的,抵扣率为3%)
管理费用	施工单位管理部门在企业的经营管理中发生的或者应由企业统一负担的公司经费,包括行政管理部门职工薪酬、物料消耗、低值易耗品摊销、办公费和差旅费、经营租赁费、折旧费等	1. 管理部门职工工资及"五险一金"		否		
		2. 管理部门职工各项补贴津贴		否		
		3. 会议费	增值税专用发票	是	6	
		4. 办公用品、物料消耗	增值税专用发票	是	11	
		5. 交通费		否		
		6. 电话费、网络费				
		6.1 电话费、网络费(基础电信服务)	增值税专用发票	是	11	
		6.2 电话费、网络费(增值电信服务)	增值税专用发票	是	6	
		7. 车辆使用费				
		7.1 车辆修理费	增值税专用发票	是	11	
		7.2 油料费	增值税专用发票	是	11	
		7.3 过路、过桥、停车费	增值税专用发票	是	11	
		7.4 车辆保险费	增值税专用发票	是	6	
		7.5 司机行车费		否		
		8. 业务招待费		否		
		9. 劳动保护费	增值税专用发票	是	11	
		10. 暖气、冷气、热水、煤气、石油液化气、天然气	增值税专用发票	是	11	
		11. 租赁费				
		11.1 房屋租赁费	增值税专用发票	是	11	
		11.2 汽车租赁费	增值税专用发票	是	11	
		11.3 其他租赁费,如电脑、打印机等	增值税专用发票	是	11	

续表

项目	核算内容	成本费用项目明细	取得发票类型	是否可以抵扣	抵扣率/%	备注（假设供应商为一般纳税人，供应商为小规模或其他个人的，抵扣率为3%）
管理费用	施工单位管理部门在企业的经营管理中发生的或者应由企业统一负担的公司经费，包括行政管理部门职工薪酬、物料消耗、低值易耗品摊销、办公费和差旅费、经营租赁费、折旧费等	12. 图书、报纸、杂志	增值税专用发票	是	11	
		13. 修理费				
		13.1 房屋及附属设施维修费	增值税专用发票	是	11	
		13.2 办公设备维修费	增值税专用发票	是	11	
		14. 培训费				
		14.1 培训费（技术培训费）	增值税专用发票	是	6	
		14.2 培训费（生活讲堂等员工福利类培训）		否		
		15. 印刷费	增值税专用发票	是	11	
		16. 广告宣传费	增值税专用发票	是	6	
		17. 财产保险	增值税专用发票	是	6	
		18. 折旧费		否		
		19. 无形资产摊销		否		
		20. 鉴证服务（包括会计、税务、资产评估、律师、房地产土地评估、工程造价的鉴证）	增值税专用发票	是	6	
		21. 材料费（研发费用）	增值税专用发票	是	11	
		22. 物业管理费	增值税专用发票	是	6	
		23. 邮寄费	增值税专用发票	是	11	
		24. 安保费用				
		24.1 安保人员的工资薪酬		否		
		24.2 安保人员为劳务派遣性质	增值税专用发票	是	6	
		24.3 消防器材等安保用品	增值税专用发票	是	11	
		25. 绿化费（盆栽花草办公场所摆放）	增值税专用发票	是	11	

续表

项目	核算内容	成本费用项目明细	取得发票类型	是否可以抵扣	抵扣率/%	备注(假设供应商为一般纳税人,供应商为小规模或其他个人的,抵扣率为3%)
管理费用	施工单位管理部门在企业的经营管理中发生的或者应由企业统一负担的公司经费,包括行政管理部门职工薪酬、物料消耗、低值易耗品摊销、办公费和差旅费、经营租赁费、折旧费等	26. 食堂采购费用		否		例如食堂采购炊具、燃气
		27. 诉讼费		否		
		28. 污水及垃圾处理费	主要为政府非税收入票据	否		
		29. 各类组织会费、年费				
		29.1 各类组织会费、年费(通过会议展览公司组织)	增值税专用发票	是	6	
		29.2 各类组织会费、年费(直接向酒店采购)		否		
		30. 广告宣传费	增值税专用发票	是	6	
		31. 税金(包括印花税、车船使用税、房产税、土地使用税及其他税金等)	税票	否		
财务费用	财务费用是指企业在生产经营过程中为筹集资金而发生的筹资费用,包括企业生产经营期间发生的利息支出、汇兑损益、金融机构手续费等	1. 利息支出	增值税普通发票	否		
		2. 汇兑损益	增值税普通发票	否		
		3. 贷款相关服务手续费	增值税普通发票	否		
		4. 除贷款相关服务手续费以外的其他金融机构手续费	增值税专用发票	是	6	

第八部分 文宣工作策划

第31章 党群工作

31.1 项目党群组织机构设置

凡组建项目经理部,均应按照《中国共产党章程》《中国工会章程》《中国共产主义青年团章程》和《施工单位关于项目施工党群组织的管理办法》规定,报请公司或分(子)公司批准后,建立与项目规模、特点相适应的党群组织。

31.2 项目党群工作制度

项目经理部在建立各项制度时,要同时在上级印发的各项党组织工作制度的框架内建立项目党组织的工作制度,包括项目经理部党组织会议制度、"三会一课"制度、民主生活会制度、党员汇报和谈心制度、项目经理部党组织中心组学习制度、民主评议党员制度、职工思想分析会制度、职工大会制度、思想政治工作月报制度、"三重一大"问题集体讨论决策制度、重大问题集体讨论制度、重要工作情况通报制度、重大问题请示报告制度、党务公开制度、项目经理部党员管理教育制度、流动党员管理制度、党费收缴与管理制度、党风廉政建设责任制度等。此外,还应结合项目党组织考评办法有关要求,建立相应的奖惩制度。

31.3 党群工作目标

1)指导思想

坚持马克思列宁主义、毛泽东思想、邓小平理论和"三个代表"重要思想、科学发展观、习近平新时代中国特色社会主义思想为指导,紧密围绕公司中心工作,按照参与决策、带头执行、有效监督的要求,大力加强党的先进性建设,更好地发挥企业党组织的政治核心作用、党支部的战斗堡垒作用、党员的先锋模范作用,把党的思想政治优势、组织优势和群众工作优势,转化为企业的创新优势、竞争优势和发展优势。

2)工作总体目标

通过开展项目党群策划工作,提高项目党组织的自转能力,有效推动基层项目党组织建设,增强项目党组织的影响力和号召力,营造适应项目管理需要的党建活动氛围,总结一套具有普遍指导意义的项目党建工作经验,树立一批具有示范引导作用的先进项目党组织和优秀共产党员典型,促进和保障项目施工生产顺利进行。

31.4 党群工作重要工作事项安排

(1) 项目党建工作组织设置标准化

按照"五同步"原则,建立项目经理部党组织,选配好专(兼)职书记和党群工作协理员,明确责任分工;加强项目经理部领导班子建设,选配好领导班子成员;明确项目经理部党组织工作机构和具体工作人员,负责党建和思想政治工作。

(2) 项目党建工作制度建设标准化

建立领导班子政治理论学习制度、领导班子民主生活会制度、党务公开制度、"三会一课"制度、党风廉政建设责任制度、重要事项党政会签制度、党员管理教育制度。及时接转党员组织关系,按时收缴党费,定期开展党员思想状况分析,加强党员日常管理和培训,有针对性开展党性、党风、党纪教育,加强入党积极分子队伍建设,有步骤、有计划地做好发展党员工作。

(3) 项目党建工作主题活动标准化

结合工程项目实际,按照"策划、启动、推进、总结"四个步骤认真组织开展各类党建主题活动;大力弘扬企业精神,努力构建企业价值体系;认真贯彻落实《中国中铁航空港建设集团有限公司工程项目文化建设实施办法》,全方位展示企业良好形象;把项目文化建设融入项目生产管理,打造"四个一流"的职工队伍;加强对工会、共青团工作的领导,形成合力推进的互动机制。

(4) 项目党建工作资料管理标准化

按照"三本六盒一证"建立完善党建资料台账。

第 32 章 企业文化建设

32.1 精神文化

(1) 统一一套理念。公司理念识别系统,是在传承上级公司核心理念,结合自身企业历史、发展现状和战略目标的基础上,经过广泛征集、充分研讨提炼总结形成的全集团广大干部职工共同精神家园,要在全集团统一阐释、统一宣贯、统一践行,项目经理部要根据项目实际,通过形象展示、会议、培训宣贯等不同形式,向广大员工宣贯,并在日常的管理活动中充分践行企业文化理念。在统一公司理念基础上,项目经理部要结合自身生产经营特点和管理目标,以精炼的语言提炼出反映项目特点和要求的管理理念、目标和精神,在征求项目员工意见建议的基础上,由项目班子集体研究推出,把建设单位、公司和当地政府的有关要求融入理念中,变为全体员工的自觉行为,共同促进项目各项任务目标的实现。

(2) 开展形势任务教育。由项目党组织负责,各系统配合,做好开工前形势任务教育、施工中的凝心聚力教育、大干时的攻坚克难教育、撤场前的善始善终教育和全过程安全质量教育的"四阶段、一过程"思想教育工作。

(3) 创建学习型项目。严格落实公司《创建学习型组织指导意见》,建立"学习型项目"的组织、实施、考评系统,抓好党的理论、工作制度、业务知识的学习,开阔思路,强化技能,提高工作能力。

(4) 打造"四个一流"职工队伍。以上级公司《建设"四个一流"职工队伍实施方案》为要求,加强组织领导,完善工作机制,抓好日常教育,着力提高员工素质。

(5) 做好先进典型选树。根据项目特点和参建队伍情况,确定先进典型选树的思路和方向,制定具体实施方案,注重过程教育管理,使先进工作者及时脱颖而出,成为大家学习的榜样。

(6) 抓好党群协理员工作。严格落实《向协作队伍委派党群工作协理员的实施意见》,做好党群协理员的选拔委派,抓好协作队伍的思想教育工作,将企业文化"三大系统"及要求及时宣贯到协作队伍,实现协作队伍与企业同频共振、共同发展。

32.2 行为文化

(1) 加强执行力建设。严格落实公司《关于加强执行力建设若干意见》,以岗位职责为基本要求,贯彻公司"令行禁止"执行文化,完善项目管理制度和业务流程,建设高效执行的项目团队,营造不为失败找理由、只为成功想办法的执行文化氛围。

(2) 强化职业道德教育。以社会主义核心价值观为指导,按照公司行为理念基本要求,结合岗位职责,抓好员工职业道德教育,营造"爱岗敬业""干就最好、争就一流"的职业风尚。

(3) 开展安全主题活动。落实公司十三项文化之"本质安全"为主题的安全文化,通过班前讲话、安全宣誓、安全知识竞赛、安全讲评台、违章曝光台等形式,做好日常性的安全教育,使安全生产理念深入人心、落到实处。

(4) 打造廉洁优质工程。贯彻公司"风清气正、人和企兴"的廉洁文化理念,以效能监察为手段抓好制度落实。以廉洁宣誓、专题党课、参观教育基地等多种方式加强廉洁文化宣传教育,营造廉洁从业的良好氛围,实现"资金安全、工程优质、干部优秀"的工作目标。

32.3 物质文化

(1) 规范标识标牌。项目经理部要严格规范企业的标识标牌,以公司视觉识别系统为标准,制作各类标识标牌,选好制作单位,严格基本格局和色彩。临建区域重点做好彩门、道路指引牌等的制作;驻地做好企业名称、旗台围栏、宣传栏、标语、会议室、餐厅、员工宿舍等区域标识标牌制作;施工现场,重点做好"七牌一图"制作,各隧道口上方要有明显的企业承建标志；各桥梁墩柱、路基两侧开阔地带要做好企业精神、理念的宣传；大型制梁场的布局要有详细方案，拌和站要重点做好水泥罐体等区域的名称印制；用电设备要做好各类规范警示标志的悬挂；办公室内要规范统一制作岗位职责及工作制度牌，统一上墙。

（2）丰富文化活动和文化产品。组织开展摄影、书画、征文等各类有益的文化活动，组织开展"道德讲堂"创建工程，开展"工地文化随手拍"摄影大赛，形成一系列彰显企业风貌和员工精神的影视、文学、书画、摄影作品集；加强图书室、活动室等文化阵地设施建设，开展知识竞赛、技能比武、读书交流等活动，满足广大员工精神文化需求。创办项目简报，落实制作"一本大事记、一部宣传片、一本宣传册、一本纪念册和举办一次摄影展"的"五个一"要求。

（3）落实维护企业品牌责任。严格落实企业视觉识别系统，规范视觉形象展示的同时，认真落实创建文明单位相关要求，积极履行企业社会责任，积极参与抢险救灾、扶贫帮困、学雷锋等活动，融洽企地关系，彰显企业形象。

32.4　项目宣传工作

项目经理部要树立"宣传也是生产力"的理念，坚持"外宣树形象、内宣鼓干劲"原则，抓好项目文化宣传工作。

（1）建立宣传工作组织。成立以项目党组织书记为组长的宣传报道工作领导小组，建立通讯员队伍，配备必要宣传设备。制定宣传方案，明确宣传指标，出台奖惩措施，加大奖励力度，提升通讯员的写作积极性。定期开展宣传骨干业务培训，提升新闻敏感性和写作能力。

（2）加强对外宣传。要落实好公司《对外宣传管理办法》，主动加强与当地宣传主管部门和主流媒体的工作联系，掌握一批媒体资源，积极开展媒体进项目活动，加强对外宣传报道，树立企业良好形象，创造宽松的外部环境。遵守新闻宣传纪律，传递正能量。

（3）发挥新媒体作用。项目经理部要因地制宜建立微信公众号、微信群，规范命名，要按照《对外宣传管理办法》的有关要求，由分管领导严格把关，定期推送管理信息，发挥好新媒体的作用。

（4）重视舆论应对。根据集团《突发事件舆论应对办法》和《突发事故（事件）舆论应对预案》，结合项目风险特点，制定具体可行的应对预案。做到反应迅速、口径统一、积极主动、正面引导、结果可控。

（5）做好资料保存。综合办公室要设专人做好施工过程中影像资料的收集、上报工作，统计对内对外宣传报道稿件数量，做好评比奖惩记录，展现项目精神文明成果。

第33章　廉政建设

1）廉政宣教

根据企业法人及分（子）公司的要求，定期或不定期地通过各种方式向所属党员干部宣传党风廉政知识。

2）廉政监督

成立项目经理部党风廉政监督小组、合同招（议）标监督小组及效能监察自查小组，监督项目班子及各职能部门依法履职、廉洁从业情况，督促各项规章制度的落实。

3）项目岗位廉政风险识别

根据项目经理部实际情况进行项目岗位廉政风险识别和防控，项目党支部定期或不定期对控制情况进行督查。

第34章　共青团工作

（1）围绕党的中心工作和项目施工重点，组织团员、青年开展争当"青年岗位能手"、争创"青年文明号"活动，为创一流工程建功立业，岗位成才。

（2）搞好共青团的思想、组织、作风建设，坚持和健全团的"三会两制一课"制度，落实对团员、青年的政治教育任务，吸收优秀青年入团，做好向党组织推荐优秀团员入党工作。

（3）结合施工生产的实际，为完成急、难、险、重任务，发挥团员、青年的突击作用。

（4）适应团员、青年的特点，开展读书、知识等竞赛活动，全面提高团员、青年的思想水平和科学文化素质。

第35章　工会工作重要工作事项

1）工会组织建设

（1）项目经理部按照《中铁航空港集团工会组织办法》和《项目经理部工会工作实施细则》要求，配齐专（兼）职工会主席和工会干部；项目经理部开展"双亮"活动，及时组建工会，组织劳务工入会，职工入会率达100%，劳务工入会率达到90%以上。配备党群工作协理员，认真落实《党群工作协理员工会工作十五条》。

（2）认真贯彻项目经理部党组织和上级工会组织的决议、决定，履行工会基层组织的各项职能，确保项目目标的全面实现。

（3）按照《工会工作标准化建设》规定，项目经理部工会各项基础资料和台账齐全，各项记录完整，按时、准确上报各种统计报表和信息。建立工会财产登记台账，账物相符，专人管理,交接手续齐全。

2) 生产宣教工作

(1) 以创建"幸福之家"为标准,"三工"建设有组织、有规划、有实施、有效果,职工满意。办公区和生活区必须分开设置,严禁办公区与生活区在同一栋楼内;职工宿舍、图书室、活动室做到设施完备、功能齐全、有效利用;职工食堂配齐配全消毒、卫生用品,做到食品制度上墙、厨师持证上岗;洗澡间、洗漱间、卫生间做到合理配置、及时打扫、定期消毒;企业宣传栏、工程信息栏、厂务公开栏、安全文化墙、文化长廊等文化宣传阵地做到位置醒目、形式新颖、内容及时更新;业余文体活动有场地、有器械,活动多样化、经常化,满足职工基本文体需求,卫生环保优良。

(2) 围绕施工生产、安全质量等中心工作,以创建"工人先锋号"和"十三五"期间开展"×××杯"为载体,根据项目施工中的重点和难点,组织职工开展多形式、多层次的劳动竞赛、合理化建议、技术革新等群众性活动,开展技术达标、技术攻关及技能比武等活动;积极开展形势任务宣传教育活动,及时反映职工思想动态,开展有针对性的教育活动,确保职工队伍稳定,防止治安案件发生。

(3) 落实好项目班组长安全质量责任制工作,发挥好工会组织作用,采取各种积极有效措施,配合有关部门做好相关工作;深入开展工程项目全员安全教育培训,做到有教材、有记录、有考核。

(4) 广泛开展群众安全质量监督工作。认真贯彻上级公司"六化"要求,做到"五个纳入""两个延伸",按5%配置群众安质员,制度健全、培训到位、月度活动正常、交底到位、作用明显、记录全面。寻求有效载体,创新工作方式。深入开展"安全卫士百日竞赛"活动,坚决打好安全生产攻坚战。

(5) 开展"四个一流"活动,加强项目管理层和作业层骨干人才培养,做到培训有年度计划、有措施、有落实。建有职(民)工夜校,坚持开展职工业余文化技术教育和职业道德教育等,培训面达80%以上。开展岗位练兵、技术比武等活动,做到主要工种有能手。围绕生产经营组织职(民)工开展提合理化建议、技术改进和"五小"(小发明、小创造、小革新、小设计、小建议)创新活动,有计划、有成果、有应用。

(6) 项目设置工会通讯员,按照工会信息报送要求,每月撰写工会信息和新闻稿件。对重点工程要做好摄影和文字资料的保存。

(7) 协助做好各种安全事故的处理和善后工作。

3) 民主管理工作

(1) 项目经理部按规定每年召开一次项目职工(代表)大会,做到程序规范,各项职权得到落实,讨论审议项目中有关职工分配、奖惩、劳保福利等重大问题。开展对项目经理部领导成员的民主评议工作,开展"厂务公开"工作,维护职工民主监督、民主管理的权利。

(2) 项目经理部全面推行厂务公开,厂务公开组织健全,分工明确,制度落实,有固定公开栏、意见箱。物资采购、劳务队伍使用、工程分包等公开内容全面,形式规范、效果显著,厂务公开资料保存完整,台账详实。

4) 生活保障工作

(1) 贯彻落实公司集体合同。集体合同核心条款履约率达到100%,当年无侵犯职工合法权益事件发生。职工培训、职工体检、职工休假、职(民)工工资、待岗人员生活费等按规定执行。

(2) 劳动争议调解组织健全,作用发挥好,企业劳动关系和谐,年内未发生群体上访事件。

(3) 深入开展春送慰问、夏送清凉、金秋助学、冬送温暖、日常送关怀等工作。

(4) 女职工组织健全,活动多样化和经常化,做好女职工特殊保护工作,积极维护女职工合法权益。

(5) 积极推进"三让三不让"关爱工程,建立特困职工档案并实施动态管理、帮扶救助等活动经常化。

(6) 按照工会财务管理办法做好相关工会财务台账和经审等工作。项目经理部要树立"宣传也是生产力"的理念,坚持"外宣树形象、内宣鼓干劲"原则,抓好项目文化宣传工作。

参考文献

[1] 项目管理协会.项目管理知识体系指南(PMBOK ®指南)[M].4 版.王勇,张斌,译.北京:电子工业出版社,2009.

[2] 刘玉俊.简议建设工程项目管理过程中的前期规划与策划[J].大科技,2017,10(18):15.

[3] 林小鹏.浅谈电网建设项目前期管理工作中存在的问题[J].建筑工程技术与设计,2017,12(5):23 – 50.

[4] 张志伟.建设工程施工前期造价控制存在的问题及对策[J].工程技术(文摘版),2016,14(4):138.

[5] 乐云.工程项目前期策划[M].北京:中国建筑业出版社,2011.

[6] 曹聪慧.施工企业的成本管理问题及其对策[J].科学之友,2007(24):70,72.

[7] 郑立新.FIDIC 合同条件下的工程进度控制[J].国外建材科技,2008(3):129 – 131.

[8] 田威.FIDIC 合同条件应用实物[M].2 版.北京:中国建筑工业出版社,2009.

[9] 马旭晨.项目管理工具箱[M].北京:机械工业出版社,2009:10 – 11.

[10] 住房和城乡建设部.建设工程项目管理规范:GB/T 50326—2017[S].北京:中国建筑工业出版社,2017.

[11] 张卓.项目管理[M].2 版.北京:科技出版社,2009:2.

[12] 罗伯茨.项目管理指南[M].胡蓉,刘婵,译.大连:东北财经大学出版社,2009:3.

[13] 拉夫特里.项目管理风险分析[M].李清立,译.北京:机械工业出版社,2003:10 – 13.

[14] 周晓琪.建筑管理工程项目策划与实施分析研究[J].中外建筑,2008(7):148 – 150.

[15] 吴海生.浅析建筑工程项目管理的策划[J].城市建设与商业网点,2009(24):142 – 143.

[16] 李春群.试论项目施工管理之策划[J].企业科技与发展,2008(8):120 – 122.

[17] 琼斯.项目管理[M].龚敏玲,译.北京:中国铁道出版社,2008:10 – 11..

[18] 翁庆銮.论建筑施工项目管理[J].时代经贸,2008,6(11):135 – 136.

[19] 郭健,魏法杰.国外项目挣值管理研究及对我国的启示[J].生产力研究,2007(16):102 – 103.

[20] Vargas R V. Using earned value management indexes as team development factor and a compensation tool[C]. Cost Engineering,2005,47(5):20-25.

[21] Solomon P J. Integrating systems engineering with earned value management[J]. Defense AT-L,2004,33(3):42-46.

[22] 古尔德,乔伊斯.工程项目管理[M].2版.孟宪海,译.北京:清华大学出版社,2006:4-5.